本书出版得到刘迎胜老师的赞助与支持

南京大学民族与边疆研究丛书

风说书的世界

东亚视域下的明清鼎革

陈　波　著

上海古籍出版社

图书在版编目(CIP)数据

风说书的世界：东亚视域下的明清鼎革 / 陈波著
. —上海：上海古籍出版社，2022.7
（南京大学民族与边疆研究丛书）
ISBN 978-7-5732-0284-0

Ⅰ. ①风… Ⅱ. ①陈… Ⅲ. ①中国历史—研究—明清时代 Ⅳ. ①K248.07

中国版本图书馆 CIP 数据核字(2022)第 094469 号

南京大学民族与边疆研究丛书
风说书的世界：东亚视域下的明清鼎革
陈 波 著
上海古籍出版社出版发行
（上海市闵行区号景路 159 弄 1-5 号 A 座 5F 邮政编码 201101）
（1）网址：www.guji.com.cn
（2）E-mail：guji1@guji.com.cn
（3）易文网网址：www.ewen.co
上海展强印刷有限公司印刷
开本 850×1168 1/32 印张 8.25 插页 2 字数 192,000
2022 年 7 月第 1 版 2022 年 7 月第 1 次印刷
ISBN 978-7-5732-0284-0
K·3151 定价：42.00 元
如有质量问题，请与承印公司联系
电话：021-66366565

目　录

绪　论

（一）关于风说书的既有研究：以《华夷变态》为中心

《华夷变态》是日本江户时代以中日贸易为背景形成的一种口述史料集——“风说书”的汇编。日语“风说”有传闻、传说、谣传之意，所谓“风说书”是唐通事对抵日商船进行问询后采录并上呈江户幕府（有时简称为“江府”）的有关来船情况及中国内地、东南亚一带消息的报告。谢国桢在《增订晚明史籍考》中曾对五卷本《华夷变态》作如下评述：“是书为日本德川幕府锁国时期，吾国闽粤福漳等地商船及南洋群岛吕宋、咬𠺕吧、和兰各国船只，来往长崎，其通事即调查其情况，征收税额，防止金银流出，加以限制；并将各地消息，海外风说，传闻之辞，据以汇报政府。”①日本学者大庭修在《江户时代日中秘话》一书中对此有云：“所谓‘唐人风说书’，是指唐通事经询问入港唐船船头后写成的报告书。其内容包括中国国内形势、他国形势、航海情形、船头与其役人情况、乘员情况等。报告书写成后，必须提交给长崎奉行，再由长崎

① 谢国桢《增订晚明史籍考》，上海古籍出版社，1981 年，页 994。

奉行向江户报告。”[①]此外,《华夷变态》也收有少量荷兰风说书以及一定数量的汉文文书。

作为在清、日闭关锁国时代的民间贸易流程中产生的特殊文献,“风说书”在当时属于机密文件,其本质可以说是日本政府特意搜集的海外情报,而尤以中国情报为主。江户幕府儒官世家出身的林春胜(1618~1680)[②]及其子林信笃(1644~1732)[③]利用职务之便,将所经眼的“风说书”陆续结集收入《华夷变态》和《崎港商说》中。从《华夷变态》的序言可以明确看出汇编者的初衷:“朱氏失鹿,当我正保年中,尔来三十年所,福漳商船往来长崎,所传说有达江府者。其中闻于公件,件读进之,和解之,吾家无不与之。其草案留在反古堆,恐其亡失,故叙其次第,录为册子,号《华夷变态》。”[④]结集汇编成的《华夷变态》和《崎港商说》在当时也属于“罕传之秘籍”,虽间有抄本流传于外,但民间人士实难寓目。这两种资料集后经广岛大学教授浦廉一博士整理,1958 年由日本东洋文库排版印行,1981 年由东方书店再版,存世的“风说书”基本囊括其中。1958 年东洋文库本《华夷变态》内容包括内阁文库

① 大庭修著、徐世虹译《江户时代日中秘话》,中华书局,1997 年,页 21。

② 初名三郎春胜,又名恕,号鹅峰,又号春斋,道春第三子。年少仕幕府,为家纲侍读。道春卒后,袭封家禄 920 石。宽文三年(1663),被授予弘文院学士称号。重修孔庙,宽文四年(1664),请京都名伶来,筝笛齐奏,礼乐完备,周王室古礼于东国恢复。同年,建国史馆,续修本朝通鉴。宽文十年(1670)成书,共三百余卷。加赐 200 石(江户末家禄增至 3 000 石)。宽文十二年,建学寮,收容诸生,教育大兴。

③ 春斋第二子。初名又四郎信笃,又名春常,号凤冈。宽文六年(1666)兄春信病逝,遂断发为僧,十二年(1672)为法眼。资性英明,将军纲吉宠遇殊厚。林家隆盛于此时,与父祖并称林家三代。贞享四年(1687),继号弘文院学士。元禄元年,将军亲临孔庙。更孔庙所在地为昌平坂,孔子诞生之乡也。元禄四年(1691),将孔庙定为与神社诸寺等同格,信笃叙官从五位下大学头,子孙相承,代代主祀。至此孔庙祭祀为林家世代公职,并负责为将军侍读、外国事务交涉、法制起草等事务。元禄十一年,江户大火,林家宅第及圣堂再被焚。元禄十六年大地震,孔庙之大成殿、学寮火灾。宽永元年再建。享保八年,大学头职让予子信允,信笃转受大内记。

④ 林恕、林凤冈《华夷变态》(东方书店,1981 年重印版)卷首序文,题款曰:“延宝二年(1674)甲寅六月八日,弘文学士林叟发题。”林叟发即指林恕,初名春胜,乃德川幕府大学头林家第二代家督,幕府御用朱子学者林道春(号罗山)之子。

本《华夷变态》三十五卷和《崎港商说》三卷，并利用岛原市立图书馆松平文库本《华夷变态》和内阁文库藏"长崎御用留"中的相关记录补充了若干资料。日本东方书店再刊本（第二版）在东洋文库初版本的基础上，增补了中村质从山口县文书馆藏"毛利家文书"中发现的若干资料，以及大庭修发表的"岛原松平家本唐人风说书"。这个再刊本号称搜罗了现存所有与《华夷变态》有关的资料。

《华夷变态》一书的编纂，由林春胜于 1674 年开始着手。林春胜逝于 1680 年，晚年由其子林信笃继续编纂，所收风说书止于 1721 年。可基本认定内阁文库藏《华夷变态》三十五卷本出自林氏家藏本，而前五卷出自林春胜之手，后续的编纂工作则由林信笃完成[①]。需要提到的是，《华夷变态》卷一所收如《李贼覆史军门书》《崇祯宾天弘光登位》《崔芝请援兵》《郑芝龙请援兵》《芝龙败军》《郑彩寄书二篇》《琉球传闻》《鲁王谕琉球》《建国公遣琉球书》《朱成功献日本书》等，主要关乎南明史事，有一部分由林罗山经手，但林罗山本人并没有参与编纂。明历三年（1657）江户发生大火，林家藏书损失严重[②]，可以推断遭大火焚毁的文书亦不在少数，这可能是造成该书有关南明史事的部分异常单薄（仅存一卷）的重要原因。《华夷变态》卷二至卷七，大部都是与三藩之乱有关的风说书，几乎所有与这一动乱相关的重要史事与人物都有涉及。需要提及的是，东洋文库排印本《华夷变态》卷五有两种，卷五的第二种系根据通行五卷本《华夷变态》补入，主要收录涉及郑经与投降清朝的延平户官郑泰后裔围绕长崎存银而在日本

① 参见浦廉一《〈華夷変態〉解題——唐船風説書の研究》，原载《広岛大学文学部纪要》第 6 号，1954 年 12 月。东洋文库本整理本《华夷变态》刊行后，全文被作为刊行本的解题收录于书首。

② 林信笃《自叙谱略》（早稻田大学藏亨保十六年自写本，页 7）："（明历）三年丁酉，正月十八、九日，江城大火，父祖本宅罹灾，藏书亦半煨烬。"

进行诉讼的风说书与往来文书。卷八则主要收录有关清朝统一台湾的风说书。《华夷变态》主要收录的内容，可称为“唐船风说书”，所谓“唐船”主要是指自中国大陆诸港出发的华人贸易商船，但由于当时东南亚诸国也多以华人为贸易中间商，故来自东南亚诸国的华人商船亦在“唐船”所指范围内。除唐船风说书之外，《华夷变态》还收录少量的朝鲜、琉球、荷兰风说书，以及少量汉文文书。

林恕、林凤冈父子将“风说书”辑录成《华夷变态》，是“风说书”整理阶段的重要成果，也是其后风说书研究及利用其史料开展相关历史研究的必要基础。但由于风说书在当时是机密文件，除了在现场听取记录的通事及长崎奉行（幕府指派的长崎最高行政长官）之外，能了解其内容的仅是幕府将军及其周围的几位高级幕僚。因此，“风说书”的研究最初是在幕府将军及其幕僚之间进行的，目的只是从施政者的角度出发，期望从中获得制定政策的某些参考。如川口长孺（1172—1835）《台湾割据志》《郑氏台湾纪事》以及林复斋[①]（1801—1859）《通航一览》之中就大量征引《华夷变态》，二人都是幕府儒官，其研究即属于上述类型[②]。真正对《华夷变态》进行现代学术解析的是日本学者浦廉一，他所撰写《华夷变态解题——唐船风说书之研究》一文，至今仍是有关《华夷变态》及风说书的最重要、最权威的研究成果，迄今也是有关“风说书”及《华夷变态》文献学研究的唯一成果，大约与其同时及其后从事长崎贸易和清代中日关系史研究的学者无不

---

① 德川幕府大学头林家第十一代家督，名炜，字弸中，号复斋、梧南、藕潢等。

② 川口长孺《台湾割据志》《台湾郑氏纪事》，收入“台湾文献史料丛刊”第六辑“明郑史料专辑”第115册，卷首有林复斋生父林衡文政十一年（道光八年，1828）所题的序。林衡乃德川幕府大学头林家第八代家督，初名乘衡，后改名衡，字熊藏，号述斋、焦轩、焦隐等。

受惠于此。①

日本学者在中日关系史研究方面底蕴深厚，加之占有天时地利，可以及时利用这些资料进行相关研究，成果较多且问世较早。如岩生成一、大庭修、山脇悌二郎、中村质、川胜守、松浦章等人的研究，均属于成功的范例②。在唐船贸易相关史料的文献学研究领域，必须提到的学者是大庭修。为他赢得1986年日本学术研究最高殊荣——日本学士院奖的《江戸時代における中国文化受容の研究》一书，以唐船输入的汉籍作为基本课题，特别是利用中国史料《雍正朱批谕旨》《大清会典》和日本文献中的记录，对赴日贸易的中国商船及商人进行了细致的考察，对十数位唐船头的行迹进行了考证，使以往隐没在历史洪流中的这些普通人物的形象清晰明朗起来。大庭修对于《华夷变态》和唐船风说书研究最直接的贡献是从"岛原松平家本唐人风说书"中发现了可以补充东洋文库刊行本《华夷变态》的资料，并将其于1974年(昭和四十九年)3月作为"关西大学东西学术研究资料集刊九"发表，后被编入《华夷变态》再刊本③。另外必须提到的是中村质，作为浦廉

① 此文原载《広島大学文学部纪要》第6号，1954年12月。"东洋文库"整理本《华夷变态》刊行后，全文被作为刊行本的解题收录于书首。整理本刊行后，伊東隆夫、石原道博、山脇悌二郎等学者先后撰文介绍浦廉一的成果，参见山脇悌二郎《東洋文庫叢刊第15・華夷変態》，《史学雑誌》第69卷第12号，页64—7，1960年12月。石原道博《林春勝・林信篤編「華夷変態」》，《東洋学報》第42卷第2号，页226—304，1959年9月。伊東隆夫《浦先生と『華夷変態』》《史学研究》第72号，页82—85，1959年4月。

② 岩生成一《近世日支貿易に関する数量的考察》，《史学雑誌》1953年第11号；大庭修《江戸時代における唐船持渡書の研究》(大阪：关西大学出版部，1967年)、《江戸時代における中国文化受容の研究》(京都：同朋舍，1984年)。后者有戚印平、王勇、王宝平等人的汉译本，题为《江户时代中国典籍流播日本之研究》(杭州大学出版社，1998年)；山脇悌二郎《近世日中貿易史の研究》(东京：吉川弘文馆，1960年)、《長崎の唐人貿易》，(东京：吉川弘文馆，1964年)；中村质《近世長崎貿易の研究》，东京：吉川弘文馆，1988年；川胜守《日本近世と東アジア》，东京：吉川弘文馆，2000年；松浦章《清代海外貿易史の研究》，(京都：朋友书店，2002年)、《海外情報からみる東アジア：唐船風説書の世界》(大阪：清文堂出版，2009年)。

③ 大庭修编《唐船進港回棹録・島原本唐人風説書・割符留帳》，关西大学东西学术研究所，1974年。

一的学生，他也对唐船风说书资料的整理做出了极大贡献。早在就读广岛大学研究生时期，中村质就协助浦廉一进行《华夷变态》的整理工作，并在山口县文书馆所藏毛利家文书中发现了一些可以补充东洋文库刊行本《华夷变态》的资料，后来收入东方书店刊行的《华夷变态》再刊本。中村质以江户时代中日关系史，特别是长崎贸易史研究为主要研究方向，其代表作《近世長崎貿易の研究》一书乃由其博士学位论文完善而成，书中广泛搜集散见日本各地的相关史料，对江户时代中期以后代表长崎贸易官营化的中枢机构——长崎会所的经营内容、财务资料作了细致的分析，对"丝割符制"的研究状况等作了较系统的梳理，推进了舶来商品在日本国内市场上的价格问题的研究，论著显示了作者对琐碎零星史料的缜密分析能力和深厚的考证功力。松浦章是近年来以清代中日关系史为课题进行相关研究并取得重要成果的学者，他发表的一系列成果中最具代表性的是《清代海外贸易史的研究》，从多方面揭示了风说书内容的丰富及其史料价值。2009 年又将其多年研究风说书的成果结集于《海外情報からみる東アジア：唐船風説書の世界》（大阪：清文堂出版，2009 年 7 月）一书，其中所收论文不少已陆续翻译为中文①。另外，早稻田大学的纸屋敦之为学界编纂了便于利用的工具书，题为《唐船風説書データベース1674～1728 年》（早稻田大学特定课题研究助成费研究成果报告书，2009 年），覆盖了东方书店再刊本《华夷变态》所收的全部内容，势必嘉惠学林，为相关研究的推进作出极大贡献②。长期从事东南亚研究的京都大学石井米雄教授，将唐船风说书中有关东南亚的部分英译发表，很快就在英语

① 参见松浦章著、郑洁西译《明清时代东亚海域的文化交流》第四编《清代中国情报之传播海外》，江苏人民出版社，2009 年。

② 参见紙屋敦之《唐船風説書の編綴について》，收入《江戸時代長崎来航中国船 （转下页）

学术界引起了反响①。

对于《华夷变态》及其收录的“风说书”,中国人也早有关注。1906 年,一本署名小林叟发、发行者为源光鉴的汉译本《华夷变态》在东京出版。该书编辑者的署名显然是根据《华夷变态》“序言”的落款“林叟发题”而来,发行者的署名则被认为是假托之名。这本只有 78 页的小册子,是从通行的五卷本《华夷变态》中选录了与明清鼎革之际复明势力及日本有关的 18 件汉文资料,做了些微变动,还不能算是完全意义上的翻译。谢国桢以为是书“盖吾国留学日本同盟会中人士,为鼓吹革命而作也”②,浦廉一也附会此说。汉文本《华夷变态》对中日关系史研究似乎没有产生什么影响。此后数十年,国内在《华夷变态》和“唐船风说书”的研究与利用方面不见任何进展。这本“汉译华夷变态”,是从通行的五卷本《华夷变态》中,选录了与明清鼎革之际复明势力相关的 18 件资料(第一卷 12 件,第二卷 2 件,第三卷 2 件,第四卷 2 件)汇编而成的。若与东洋文库本《华夷变态》作比较就会发现,这本“汉译华夷变态”所收录的资料原本基本为汉文,因此不能算是严格意义上的“汉译”。在浦廉一整理的东洋文库排印本刊行以后,此汉译本虽有学术史之意义,但作为研究资料而言,可谓毫无利用价值。早在 20 世纪 90 年代中期,周一良先生指出《华夷变态》的重要价值并期望史学界能将其译介到中国来,表明国内学者对此是非常关注的。只是因为《华夷变态》的各种底本——“风说

(接上页)の情報分析》(2003·2004 年度科学研究費補助金基盤研究(C)(2)研究成果報告書),2005 年。

① Yoneo Ishii(石井米雄), The Junk Trade from Southeast Asia: Translations of Tosen Fusetsugaki, 1674 - 1723, Singapore: Institute of Southeast Asian Studies, 1998. 另参见 Reviewed work(s): *The Junk Trade from Southeast Asia: Translations from the Tosen Fusetsugaki, 1674 - 1723* by Yoneo Ishii, *Monumenta Nipponica*, Vol. 54, No. 2 (Summer, 1999), pp. 272 - 274.

② 谢国桢《增订晚明史籍考》,页 995。

书”均秘藏于日本各有关机构，难以寓目，再加上“此书所收报告为当时流行文体‘候文’，比较难懂”[①]，致使我国学者虽知其于中日关系史研究之重要，但却徒叹奈何。

华语世界较早发表有关《华夷变态》和“长崎贸易”的研究成果是在20世纪50年代，海外华人学者陈荆和（1917—1995）陆续撰文，对于南洋各地商船的风说书作了较为系统的梳理，其方法具有较大启发意义[②]。20世纪80年代至90年代，中国大陆地区陆续有学者开始从文献学和史料应用方面对《华夷变态》及与之相关的清日贸易问题展开研究，有冯佐哲、张劲松、陈自强、郭松义、华立等人的代表性成果问世[③]。进入21世纪以来，相关研究进展迅速。2001年商务印书馆出版的于桂芬专著《西风东渐：中日摄取西方文化的比较研究》用专节讨论“风说书”制度。明史专家南炳文先后撰写《南明首次乞师日本将领之姓名考》《“朱成功献日本书”的送达者非桂梧、如昔和尚说》二文，对《华夷变态》卷一所收有关南明诸将乞师日本的汉文史料进行了考辨。王勇、刘小珊先后撰文，对风说书采录者长崎唐通事的起始和世袭、规模和职责等问题作了探讨[④]。大陆学者牛建强及旅日学者华立对风说书所见的清朝声息

① 周一良《评〈入唐求法巡礼记校注〉》，王元化主编《学术集林》卷一，上海远东出版社，1994年，页321。

② 陈荆和《清初华舶之长崎贸易及日南航运》，《南洋学报》第13卷第1辑，1958年；《十七、十八世纪之会安唐人街及其商业》，（香港）《新亚学报》第3卷第1期，1957年；《十七世纪之暹罗对外贸易与华侨》，（台北）《中泰文化论集》，1958年；《清初郑成功残部移植南圻》（上、下），（香港）《新亚学报》第5卷第1期（1960）、第8卷第2期（1968）等。

③ 冯佐哲《日本德川幕府对乾隆南巡的反应》，《紫禁城》1987年第1期；张劲松《日本德川幕府锁国时期的日中日荷贸易及其比较》，《日本研究》1987年第3期；陈自强《就〈华夷变态〉谈康熙年间海外交通贸易的若干问题》，《海交史研究》1990年第2期；郭松义《明清两代诏选“淑女”引起的动乱——由日本史籍谈起》，《故宫博物院院刊》1991年第1期；华立《“唐船风说书”与流传在日本的乾隆南巡史料》，《清史研究》1997年第3期。

④ 王勇《明代旅居日本的萧山人徐敬云及其后裔》，吕洪年、吕顺长主编《中日关系史上的浙江》，2001年，页73—75；刘小珊《活跃在中日交通史上的使者——明清时代的唐通事研究》，《江西社会科学》2004年第8期。

之海外流传以及华人海外贸易网络进行了探讨[①]。而近年来旅日学者庞新平关于清代海禁政策的两篇论文，材料充实，特别值得关注[②]。近期尤须提及的重要成果是孙文的博士论文《〈华夷变态〉研究》（浙江大学，2009 年）[③]。这是目前大陆学界关于《华夷变态》一书最为系统的研究。但由于《华夷变态》一书部头巨大，该文目前主要还是基于是书上册所作的研究，关注焦点也多集中于南明乞师日本、唐船贸易、清朝禁海与展海等前人有较多研究的议题，还存在缺陷，但毕竟对于国内学术界而言不失其筚路蓝缕之功。

中国台湾地区的学者于清初中日贸易史研究领域用力甚深，在《华夷变态》的研究方面与日本学者互动十分密切，代表性的成果有朱德兰[④]、刘序枫[⑤]、郑瑞明[⑥]等人的研究。其中朱德兰与刘

---

① 牛建强《从风说书看日本德川幕府对清朝情势的关注》，《郑州大学学报》（哲学社会科学版）2008 年第 6 期；华立《从日本的"唐船风说书"看康熙二十九年的乌兰布通之战》，《中国边疆史地研究》2010 年第 3 期。

② 庞新平《〈華夷変態〉から見た清初の海禁と長崎貿易》，《大阪经大论集》第 55 卷第 1 号，2004 年 5 月，页 227—242；《清初海禁における広東地域の長崎貿易》，《東洋学報》第九十一卷第四号，2010 年。

③ 参见王勇、孙文《华夷变态与清代史料》（《浙江大学学报》（人文社会科学版）第 38 卷第 1 期，2008 年）及孙文《〈华夷变态〉所辑"风说书"非全为长崎原件》（《文献》2009 年第 4 期），此二文皆与孙文的博士论文有关。

④ 朱德兰《清初迁界令时明郑商船之研究》，《史联杂志》第 7 期，1985 年；《清初迁界令时中国船海上贸易之研究》，《中国海洋发展史论文集》第 2 辑，"中研院"三民主义研究所，1986 年；《明郑时期台湾海商经营日暹贸易之研究：以胡秋官、蓝泽两艘商船为例》，《东海学报》第 28 卷，1987 年；《清康熙年间台湾长崎贸易与国内商品流通关系》，《东海大学历史学报》第 9 期，1988 年；《清开海令后的中日长崎贸易商与国内沿岸贸易（1684—1722）》，《中国海洋发展史论文集》第 3 辑，"中研院"三民主义研究所，1988 年；《近世台灣長崎貿易——"華夷變態"を中心として》，收入近代日本华侨学术研究会编《近代日本华侨・华人研究》，长崎：近代日本华侨学术研究会，1998 年。

⑤ 刘序枫《清代前期の福建商人と長崎貿易》，《九州大学东洋史论集》第 16 号，1988 年。《清代的乍浦港与中日贸易》，《中国海洋发展史论文集》第五辑，"中研院"中山人文社会科学研究所，1994 年。《清康熙、乾隆年间洋铜的进口与流通问题》，《中国海洋发展史论文集》第七辑上册，"中研院"人文社会科学研究中心，1999 年；《清代环中国海域的海难事件研究——以清日两国间对外国难民的救助及遣返制度为中心（1644—1681）》，《中国海洋发展史论文集》第八辑，2002 年；《由〈华夷变态〉看清初东亚海域的海上交通情况——以船只的往来和人员的移动为中心（1674—1728）》，载李庆新主编《海洋史研究》第一辑，社会科学文献出版社，2010 年。

⑥ 郑瑞明《台湾明郑与东南亚之贸易关系初探：发展东南亚贸易之动机、实务及（转下页）

序枫都曾留学九州大学，又先后就职于台湾的海洋史研究重镇——“中研院”人文社会科学研究中心暨海洋史研究专题中心，并参与编纂《中国海洋发展史论文集》。郑瑞明则长期供职于台湾师范大学，也与日本学人关系匪浅。

截至目前，应该说日本学者在唐船风说书的研究方面，具有起步较早、积累深厚、系谱明晰、薪火相传的特点。其中关西大学东西学术研究所以及九州大学是其中的两大重镇，如大庭修和松浦章二人有师生之谊，并且先后担任关西大学东西学术研究所的领导职务。而浦廉一的学生中村质后来长期担任九州大学的教职，与先后担任九州大学东洋史研究室教职的山脇悌二郎以及川胜守皆交往密切。日本学者的研究也深深影响到华语学界，如中国台湾学者受日本学者影响的痕迹较深，毋庸讳言。中国大陆地区的学者相对而言，起步较晚，研究多不成体系，从这种意义上说，孙文的博士论文，无疑具有开创性的学术意义。但细究目前关于唐船风说书的研究，可说极大地偏重海上交通与贸易等领域，这从日本学者和中国台湾学者的研究中可以看出来。可是近年专长于中日贸易史的东洋史学者松浦章所著《海外情報からみる東アジア：唐船風説書の世界 》一书，从情报传递以及异文化相互认知的视角出发，似乎提供了一种新的研究路径，尽管这种研究路径可能深受日本史学者对于荷兰风说书研究思路的影响。对于日本学者而言，制度化的风说书采录是“锁国体制”之下日本认识海外世界的重要途径之一，通过对风说书的解析，与清朝和朝鲜对于外部世界的无知颟顸形成比照，为日本在东亚范围内率先

(接上页)外商之前来》，《台湾师大历史学报》第 14 期，1986 年；《日本古籍〈华夷变态〉的东南亚华人史料》，《海外华人研究》第 2 辑，台北海外华人研究学会，1992 年；《从明郑户官郑泰长崎存银事件看十七世纪中叶的日本唐通事》，《笠征教授花甲纪念论文集》，台北学生书局，2001 年；《清领初期的台日贸易关系(1684—1722)》，《台湾师大历史学报》第 32 期，2004 年。

迈入近代提供历史依据。但对于中国学者而言,研究旨趣还是自然地有所不同,更多地还是习惯于将唐船风说书视为弥足珍贵的域外史料,为反观当时中国政治、经济和社会心理等各方面的历史过程提供新的参照。那么,是否有可能在海上交通与贸易之外开辟关于唐船风说书研究的新路径呢?这似乎还是要回到对于唐船风说书这一特殊史料自身特质的把握上来。

(二)研究视角、结构安排及史料利用

值得一提的是,日本学者岩生成一在20世纪60年代提出"锁国"说,曾长期影响到日本学界乃至普通国民对于近世日本对外交往状态的整体认识[①]。考虑到对外关系史的研究,向来与现实的国家对外交往状态有着千丝万缕之关联,这种认识之发生,或与当时日本学界与普通国民,对于日本在东西两大阵营对峙情势下何去何从的孤立感有一定关系。然而,自70年代初开始,日本学界产生了将近世日本统一权力置于对外关系的脉络中加以揭示的意识,开始注重日本与东亚世界的关联,如山口启二提出与近世日本交往的国家分为"通信之国"及"通商之国",而朝尾直弘更是提出所谓基于"武威"的"日本型华夷秩序"的概念[②]。到70年代后半叶,荒野泰典进一步提出所谓"四口"(长崎口、对马口、萨摩口、松前口)论,试图以之把握近世日本对外关系的全貌,这已经不同于此前长期以来所谓锁国论框架下"作为唯一窗

---

① 参见岩生成一《日本の歴史一四　鎖国》(中央公论社,1966年)、《鎖国》(岩波讲座日本历史近世二,岩波书店,1967年)。

② 参见山口启二《日本の鎖国》[收入《近代世界の形成》(岩波講座世界歴史近代三),岩波书店,1970年]、朝尾直弘《鎖国制の成立》(收入《講座日本史四　幕藩制社会》,东京大学出版会,1970年)。

口之长崎"的基本观点，到 1988 年，进而直接否定"锁国"论，而提倡代之以使用"海禁"以及"日本型华夷秩序"等概念①。可以说在日本历史学界扬弃"锁国"论的过程中，对外关系史研究起到了重大的作用，而这一研究领域内，基于"情报"的历史分析，在 80 年代末 90 年代初蔚为时尚，之所以如此，或许正如日本学者所言："可以视为由于面临 1980 年代到 90 年代初苏联、东欧共产圈的历史性变动与变革，'情报'所起作用之重大，为历史学所认识的结果。"②而制度化的风说书采录，是"锁国体制"之下日本海外情报的重要来源，通过对风说书的解析，无疑有将对于锁国体制的固有认识相对化的重要意义。因此，自 20 世纪 90 年代以来，"风说书的研究，作为'海外情报'研究，担当起 1990 年代以来情报史研究的一翼"③。直至近年，仍然呈现方兴未艾的迅猛势头。荷兰风说书的研究，有松方冬子的专著问世，而唐船风说书的研究方面，松浦章迭有新著刊行④，可见一斑。

与朝鲜王朝可以岁岁遣使北京，直接获取对华情报不同，日本主要借由唐船乘员之口，获知大部分有关中国各方面的消息与情报。今天收入《华夷变态》的风说书，都经由唐通事和解为江户时代的通行文书体——候文，并撮其要旨进呈给幕府，严格来说并非风说书的原件。因为唐通事所习为汉文汉语，而当时大多数唐船乘员应不懂日语，唐通事向唐船乘员询问中国的情况，无疑

---

① 参见荒野泰典《幕藩制国家と外交—対馬藩を素材として—》(《歴史学研究》别册特集，1978)及氏著《近世日本と東アジア》(东京大学出版会，1988 年)。

② 参见岩石哲典、真荣平房昭编《近世日本の海外情報・序言》，东京：岩田书院，1997 年。

③ 参见松方冬子《オランダ風説書と近世日本》，东京大学出版社，2007 年，页 9。

④ 松方冬子专著参前揭注。关于唐船风说书，松浦章有《14 世紀~20 世紀初頭の東アジア海域諸国における海外情報の研究》(平成 15—17 年度科学研究費補助金(基盤研究 C)研究成果報告書，[吹田]：松浦章，2006 年)、《海外情報からみる東アジア：唐船風説書の世界》(大阪：清文堂出版，2009 年)、《東アジアにおける文化情報の発信と受容》(东京：雄松堂出版，2010 年)等三本著作陆续问世，除第二本书外，余二书笔者暂未见。

皆操汉语并以汉文记录，有问有答，而和解乃是其下一步的工作。是以现存经过和解的唐船风说书，则仅为唐船乘员回答之概要而已。并且，须考虑到问答之际，提问者对于回答者总是会有某种牵引或暗示的作用，唐船乘员只能根据唐通事的询问来提供相关信息或情报，而唐通事又将其回答的要旨加以和解，因此可以说，最后成形的风说书必然渗入了唐通事的意志、情感、好恶乃至想象，或多或少都与原件有所差异，而至于这种差异到底有多大，则难以推知。唐船风说书中很多有关中国时局的描述，真伪错杂，有时异常准确，而有时则显得荒诞不经，但可能正因为如此，使得它有引人探究的非凡魅力，很早就被相关领域的学者所珍视。可是《华夷变态》的史料价值经过浦廉一等学者大力宣扬以来，虽然不乏学者加以关注，但是不难看出，与其三巨册的部头相比，目前被利用的多为与唐船贸易相关的部分。之所以如此，或与此前研究思路的固化有关。史学研究者很容易产生一种过头的自信，满以为凭借文字记载所留下的蛛丝马迹，通过严密的排比综合，便可以像考古人员复原破碎的出土文物一样，将历史的实相加以呈现。作为后学，笔者亦常常不自觉地抱有这种自信。不过通过反复咀嚼《华夷变态》中的记载，笔者的这种潜在自信相当程度上宣告破产。《华夷变态》所收风说书，是当时赴日贸易的中国船员口述的日文笔录，当时中国发生的重大事件，往往不到数月便凭借风帆之便传至日本，就时效而言，不能不说史料价值极高①。但问题是，在明清鼎革这样一个动荡的年代，这种类似国际新闻的口耳相传也渗入了当时人们的复杂立场、感情甚至想象。如朝鲜好事者提供给对马宗氏的情报往往夸大吴三桂及其盟友郑经军队

① 《琼浦偶笔》卷六《唐船互市杂记》提到：凡唐船入港，即日邮报，蛮舶则速到飞报，亦皆问取外域风说以报闻。转引自浦廉一《华夷变态解题》，载《华夷变态》卷首，页2。

之战绩，甚至有郑氏是朝鲜六大姓之一，可能君临朝鲜之类危言耸听的传闻。又如吴三桂出身在明背明，入清反清，就儒家伦理的尺度衡量，实为两朝乱贼、无父无君之徒，然而在《华夷变态》中却俨然是英雄人物。如果期望利用《华夷变态》所收风说书的记载，来补充中国史籍对于某人某事记载之缺失，固然不时会有所斩获，但是据笔者目前阅读之感受，大部分时候要空手而回。可能是出于上述原因，以前学者往往只利用其中信而有征的部分，而对于夸诞失实之记载则弃若敝履，造成对《华夷变态》所收史料利用极不均衡的研究现状。如书中汉文文书大部分已被反复征引，至于和解的风说书，其中关涉中日贸易之记载，信而有征，也利用极多。但是船员口述关于中国的重大事件，如李自成入京、满清入关、三藩之乱的部分，多系道听途说，无益于考订史实，则征引极少。可是，实际上“历史只要翻过当下这一页，后人的解释就从时间的后门溜进去，把历史变成记忆，再把记忆变成想象”①。或许在利用《华夷变态》考订史实之同时，探询这种异域风闻视野中的“华夷变态”，与中国史料所呈现的“明清鼎革”两种历史叙事之间的差异，以及这种差异之所以发生的思想历程，亦不失为一种新的研究路径。如此，目前相对逼仄的研究局面或许会豁然开朗。

基于上述思路，笔者主要试图利用《华夷变态》一书卷一至卷八的史料进行自己的研究。其收录风说书及少量汉文文献，时间上起于顺治元年(1644)，止于康熙二十三年(1683)，这无疑是中国历史上一个非常特殊的时期。自1644年李自成攻占北京，崇祯帝自经，清军入关拉开序幕，到1683年奉南明正朔的延平王郑克塽降清为止，可以认为是清朝与明朝残余势力争夺天命攸归与

① 葛兆光《堂子乃祀邓将军》，《书城》2006年第7期，页9。

牧民正统的殊死角力时期，可称之为明清鼎革期。而这一时期几乎所有中国所发生的大事，都经由赴日贸易的“唐船”，通过风说书的形式为日本幕府高层所知。需要提及的是，东洋文库所刊行的《华夷变态》卷一至卷八实际包含九卷的内容，因为第五卷有两种，卷五的第二种系根据通行五卷本《华夷变态》补入，主要收录涉及郑经与投降清朝的延平户官郑泰后裔围绕长崎存银而在日本进行诉讼的相关文书与记录。对此，日本学者浦廉一撰有《延平王户官郑泰长崎存银之研究》（《台湾风物》第 11 卷 3 期，1961 年）一文，以长达一百余页的篇幅，作了巨细无遗的详尽研究，因此本文不拟过多利用。《华夷变态》第一卷主要涉及南明时期的史事及与日本的交往情况，本文第一章即以它为主干史料写作；而自卷二至卷七，则收录了有关三藩之乱的详细情况，几乎所有与之相关的重要史事与人物都有所涉及，目前的研究十分单薄，本文第二章即以此为主干资料写作。此外，东方书店 1981 年再版的《华夷变态》将岛原松平家藏本异于内阁文库底本的风说书以补遗的形式收入，其中卷一、卷二都是三藩之乱期间的风说书，本文也加以利用；第三章以卷八为主干史料，讨论南明以来郑氏集团覆亡前后遗民与海商之用舍行藏。

本文第一章主要讨论明末清初东亚诸国相互搜集情报的大致情况。自后金政权建立开始，东亚的地缘政治平衡就已经被打破，自此东亚诸国相互的情报收集进入非常活跃的时期，新兴势力后金、明朝、朝鲜与日本之间展开了错综复杂的情报攻防。而本章主要利用《华夷变态》卷一中的风说书史料，以清朝、朝鲜、日本的三方关系展开叙述，讨论以朝鲜半岛为中介的清朝与日本之间的相互情报收集情况。《华夷变态》卷一的内容异常单薄，其中《崔芝请援兵》《郑芝龙请援兵》《芝龙败军》《郑彩寄书二篇》《琉球传闻》《鲁王谕琉球》《建国公遣琉球书》《朱成功献日本书》大部分都是关于南明政权中各武装实力派别向日本乞师的文书，目前已经有非常充分的研究，进一步研究的余地并不大。因此本章仅分析其中题为“大明兵乱传闻”的风说书二则、汉文《李贼覆史军门书》，讨论李自成事迹的海外传闻，以及这种传闻演绎背后传播者情感、意志以及好恶的渗入。

第二章主要讨论三藩之乱期间中国情报流传日本的大致情况。“三藩之乱”的爆发，引发当时德川幕府的高度关注。不同于南明时期“唐鲁才保南隅”的颓败之势，以复明为旗号的吴三桂、耿精忠及郑经政治军事联盟，在很短时间内就占领长江以南大部分地区，更将战线推向陕西、甘肃等地，甚至蒙古察哈儿地区还爆发布尔尼之乱，这使得清朝统治至少从表面看来，的确呈现岌岌可危的态势。而实际上风说书采录的逐步制度化，就肇始于三藩之乱；林春斋开始着手编纂《华夷变态》，也是在吴三桂、郑经的反清檄文被商人赍至长崎并被送达江户之后，故而他在自序中才有“顷闻吴郑檄各省，有恢复之举，其胜败不可知焉。若夫有为夷变于华之态，则纵异方域，不亦快乎？”的告白，这种告白是否出自幕府的真实意志姑且不论，它起码表明江户幕府高层不得不应因这种华夷格局重新调整的可能性，为此必须从各种途径获取当时中国大陆的情报，以为日后采取相应举措做准备。而幕府主要通过三种途径获取中国情报，一是通过问询来航唐船乘员及荷兰船乘员，二是通过对马宗氏与朝鲜的交涉多方打探，三是通过附庸国琉球搜集情报。相应本章分别以唐船风说书、朝鲜风说书、琉球风说书为主线，探讨此期间日本情报所见之三藩之乱的各个侧面。由于唐船乘员隶属不同、背景各异，而朝鲜与日本为交邻关系，琉球则是萨摩藩的属国，这使得异域风闻之中的三藩之乱，呈现复杂而多样的面貌。

第三章考察明郑政权覆亡之际，该政权翼卵之下的明朝遗民以及支撑政权的海上势力的行藏用舍与出处进退。南明永历朝灭亡之后,明朝宗室遗臣有不少东渡台湾,在郑氏政权之下求得庇护,明太祖朱元璋八世孙宁靖王朱术桂也在台湾任监国,因此,台湾郑氏政权上下颇以东宁为正闰所在为傲。另一方面,台湾郑氏采取五大商组织之公营方式积极进行海外贸易,满足其养兵给饷的要求,有强大的水师以为贸易之保障。而本章试图利用《华夷变态》卷八所收风说书,分析台湾郑氏政权覆灭前后,长期受其庇护的明朝遗民的出处进退以及海上势力的土崩瓦解,以揭示明清鼎革之陈旧政权悲壮落幕的某些侧面。

第四章则试图将明清鼎革期间朝鲜《燕行录》中的记述与风说书置于东亚区域的历史空间加以对比,分析两者在历史叙事方面的关联及差异,并探索风说书研究的可能途径。燕行使的派遣与风说书的采录及其制度化,就朝鲜与日本而言,在获取中国情报方面具有相似的性质与功能,从而使得燕行记录与唐船风说书这两种文献在内容上有千丝万缕的联系,不能孤立地加以看待。二者对于明清鼎革之中国既有从旁观者角度出发的敏锐洞察,也不乏基于华夷观念的历史想象。截至目前,将二者内容予以具体对比,探究其历史叙事的关联及差异,并追询这种异域文献所呈现的“华夷变态”,与“明清鼎革”的历史实相之间的区别,类似研究似乎尚付阙如,而笔者正是试图从这个角度做一些初步尝试。燕行记录与唐船风说书所体现的华夷观念虽表面相似,而其实则有本质区别。燕行记录所折射出的“尊周思明”观念缺乏自外于朝贡体制的内在动力,而是将朝鲜置于继承明朝道统的定位,这使得朝鲜可以满足于“小中华”的自我想象,同时心安理得地向清朝贡不辍。但“华夷变态”则不同,它是一种欲取中国而代之的道统自立宣言,成为江户时代日本构筑以自我为中心的所谓日本型“华夷秩序”的思想源泉。在阅读燕行记录及唐船风说书这两类史料时,不能仅仅看到二者描述的相似性，还需认识到二者在历史叙事上的巨大差异，这种总体把握对于细部研究的深入，或亦不无裨益。

资料利用方面，主要以《华夷变态》所收和解风说书为主，并结合中国、朝鲜及琉球史料。对于具有重要史料价值的风说书，在正文里没有全文引用者，在附录中全文译出，以供学界参考。需要提及的是，风说书往往以“某番某船之唐人共申口”为题，其中“某番”系该船抵达长崎入港之先后编号，“某船”则是按照出航地或出航地一带之总名称作为船名。例如由江苏崇明、苏州等地起航之船，总称为南京船。原籍台湾而先到广东搭载客货，再由广东开往长崎之船，则称之为广东船。至于“唐人共申口”，意为唐人一起所作之口述，本文一概译为“唐人口述”。风说书的内容方面，有起航地、起程日期、搭载客货经过、商情变化、海上航行状况、政治军事情报，等等。而明清鼎革期间，风说书中关于政治军事情报的内容占据了大部分篇幅，而这正是这一历史阶段风说书的特点所在，也是本文利用的重点所在。

一、明末清初东亚诸国的海外情报收集

“明清鼎革”，在中国载籍中多称“甲申之变”，即在当时的遗民看来，这场变局已非“改姓易号”的朝代更替，而无疑是“天崩地解”式的绝大变局。这场变局，不仅仅引发中国内地复明势力与满清政权长达数十年的殊死较量，也成为引发东亚国际秩序大震荡的主要契机。经由此次大变局，东亚诸国都对以中国为中心的“华夷秩序”发生程度不同的态度变化。骑墙观望者以越南代表，越南虽然也接受了中国传统的华夷观念，当时的黎氏政权也曾明里暗里支持明朝孑遗桂王一系，试图兴亡续绝，但眼看亡命缅甸的桂王大势已去，而清不久就将君临中国全境，便于桂王被俘获的前一年(1660)，主动遣使赴清，请求缔结朝贡关系。与越南相比，朝鲜君臣对“明清鼎革”的反应，则相对激烈。揆诸文献，明朝时期称前往北京的朝贡使行为“朝天”，使行记录为“朝天录”，而入清之后则改为“燕行”或“燕行录”，这无疑表明当时朝鲜王朝不认同清朝宗主国地位的基本态度，只是迫于清朝的强大军事压力而屈事之。表面上朝鲜还是于崇德二年(1637)，“去明年号，纳明所赐诰命册印，质二子，奉大清正朔”。[①] 而东亚地区态度转换最为剧烈者，毫无疑问是日本。其

---

① 《清史稿》卷五二六《朝鲜传》，中华书局，1977 年，页 14578。

以往闪烁其词的道统自立情节，终于化为欲建立日式“华夷秩序”的现实冲动。林鹅峰（春胜）及其子林凤冈（信笃）搜集、编撰而成的海外情报集——《华夷变态》，其实已表现出编撰者或者说是幕府的价值取向，即“明清鼎革”，已使以中国为中心的华夷秩序，从此发生易位。东亚诸国对明清鼎革的态度有差异，但为因应可能的华夷秩序调整之变局，都不遗余力地搜集中国情报，其中以日本与朝鲜表现得最为明显。

（一）清入关前的对日情报搜集

满族崛起于白山黑水以后，特别是天聪元年（1627）正月皇太极率后金军队进入朝鲜的所谓“丁卯虏乱”发生，朝鲜仁祖被迫与后金“约为兄弟之国”后，[①]东亚的地缘政治平衡实际上就已经被打破。自此东亚诸国相互的情报收集进入非常活跃的时期，新兴势力后金、明朝、朝鲜与日本之间错综复杂的情报攻防十分引人注目，而其中朝鲜面临“南倭北虏”的国际形势，必须小心周旋于明朝、后金与日本之间，所以非常注意搜集海外情报。这里就以朝鲜史料为主，试图探讨东亚诸国相互搜集情报的大致情形。

朝鲜虽然于仁祖五年（1627）被迫与清缔结友好关系，但是并未立即断绝与明朝的朝贡关系。在丁卯虏乱发生后的仁祖八年（1630），朝鲜就派郑斗源任陈慰使经海路出使明朝，要求更改航海贡道，向明朝重申忠诚之意。而后金方面，于崇祯九年（1636）四月，改元崇德，改国号为清，同年十一月乙丑（二十五日）冬至决定进军

① 《清史稿》卷五二六《朝鲜传》，页 14577。

朝鲜,不久即攻入朝鲜境内,兵临汉城。朝鲜仁祖虽于南汉山城试图对抗,但不就即势屈力穷,次年正月在汉江东岸三田渡设幄筑坛降清,正式与明断绝关系,而与清建立宗藩关系。而十分意外的是,清朝大度地允许朝鲜,“日本贸易,听尔如旧”[①]。也就是说日本是朝鲜经清朝允许唯一保持正式外交关系的国家。

另一方面,自丰臣秀吉入侵朝鲜之后,朝鲜与日本的关系曾一度处于断绝状态。德川家康统一日本建立江户幕府之后,试图恢复两国外交关系,历经数度交涉,终于在万历三十七年(光海君元年、庆长十九年、1609),在对马岛主宗义智的斡旋下,通过所谓“万历己酉约条”的形式,重新缔结了日朝两国的邦交[②]。根据该约条,朝鲜对于对马倭使也设置了极其苛刻的条件。约条规定,无论是日本所遣国王使,还是对马岛所遣特使抑或受职人(差倭),抵达朝鲜后只能入住釜山“倭馆”,在此处展开对朝交涉,但对马岛毕竟借此取得了日本对朝交涉事务方面的独占地位。然而好景不长,宽永十年(崇祯六年、天聪七年、仁祖十一年、1633),对马岛主宗义成与其家老柳川调兴发生矛盾,后者遂向幕府老中告发对马改窜国书之事,此事虽在宽永十二年(1635)得到解决,但迫使宗义成向幕府请求轮番派遣五山僧人至对马以酊庵监管与朝鲜文书往来之事[③],以求自明。自此也开始了五山僧人与对马藩儒共同执掌对朝交涉的时代。

朝鲜这种对外关系格局,使得它在东亚诸国尤其是清朝、日本对外情报搜集中处于一种特殊地位。日本需要通过朝鲜来打探清朝的情况,而向清朝通报所谓“倭情”,也是朝鲜作为清朝朝

① 《清史稿》卷五二六《朝鲜传》,页14578。
② 《通文馆志》卷五《约条》,首尔大学奎章阁韩国学研究院影印本,2006年,页326。
③ 松浦霞沼《朝鲜通交大纪》卷七:“此时(宽永十二年)公有以五山硕学监修两国书契之请,此年十一月,东福寺璘西堂(玉峰光璘)奉钧命,始来我州。”

贡国的义务之一。日本自17世纪30年代以后确立了所谓“锁国”体制，通过朝鲜搜集对华情报，就显得更加重要，凡清朝与朝鲜之间发生的重大事件，日本莫不保持高度关注，例如丁卯虏乱发生后的崇祯二年（1629），对马使节“正官玄方、副官平智广等，持书契出来，决欲上京亲达所事”，理由是“关白视贵国如兄弟，闻贵国被衄于山戎，欲发兵相援”①。又如朝鲜与清朝刚订立城下之盟的同年五月，“差倭藤智绳，伴从三人，以酋贼讨平致贺事，持书契出来，以乡官接待”②。另一方面，朝鲜与日本恢复关系之后，对于日本的动向也极为关注，并且往往将日本发生的重大事件，转咨清朝。其中尤为典型者，是朝鲜将日本所发生的“岛原之乱”的消息，非常详细地报告给了清朝③。其中一则关键的咨文，不仅保留在朝鲜史籍《同文汇考》中，其原件还保存于中国国家博物馆④。关于清朝入关前朝鲜向其咨报“倭情”的大致情况，松浦章先生综合诸种史料，列如下表所示：

表一　清入关前李朝通报倭情一览表

年　次	出　处
1638年（崇祯十一年、崇德三年、仁祖十六年、宽永十五年）	《报日本吉伊施端作变及馆倭动静咨》（李朝3月）……《太宗实录》卷四一，4月17日（清4月14日）A，B
	《报日本诛灭施端余党咨》（李朝5月25日）……（清7月3日）A，B

① 《边例集要》卷一《别差倭》己巳（1629）四月，首尔：韩国国史编纂委员会，1971年，页2—3。

② 《边例集要》卷一《别差倭》丁丑（1637）五月，页12。

③ 参见松浦章《清に通報された「島原の乱」の動静》，载《関西大学東西学術研究所紀要》第19辑，1986年，页1—27。

④ 参见“中国国家博物馆馆藏文物研究丛书·明清档案卷（清代）”所收《后金崇德三年六月朝鲜国王为申报倭情差陪臣左赞成洪宝赉兵部咨文》，上海古籍出版社，2007年，页12—13。此咨文与下表所列《报日本诛灭施端余党咨》（收入《同文汇考》别编卷四）内容相同。

（续表）

年　次	出　处
1639年（崇祯十二年，崇德四年，仁祖十七年，宽永十六年）	朝鲜国王来与兵部咨文（转报倭情，李朝8月13日）及倭书一纸（清9月9日）（《太宗实录》卷四八，9月11日）B
1642年（崇祯十五年、崇德七年、仁祖二十年、宽永十九年）	《报岛倭来请信使缘由咨》（李朝2月24日）A
	朝鲜国王与兵部咨文（倭情，李朝3月2日）；《太宗实录》卷五九，3月29日（清3月29日）C
	○《兵部知会详阅日本情形咨》（清4月1日）（《太宗实录》卷六○，4月1日）A
1643年（崇祯十六年、崇德八年、仁祖二十一年、宽永二十年）	《因致贺致祭兼察情形发遣信使咨》（李朝2月1日）；《太宗实录》卷六四，3月1日（清3月1日）A，C
	○《兵部知会遣使日本详察情形咨》（清3月3日）A
	《报信使回还及倭国闻见情形咨》（李朝12月22日）A

注　A=《同文汇考》别编卷四　B=《朝鲜国王来书簿》　C=《朝鲜国王来书》
咨文内带有○者系清朝发给朝鲜的咨文。

关于岛原之乱的咨报过程，松浦章先生已经有详尽的研究，无烦赘述。如果细细揣摩上表所列史料，不难发现，清朝在入关之前，对于僻处海东的日本的动向，表现出相当程度的关切。如岛原之乱被镇压后不久，朝鲜所遣使臣将当时日本的情形以咨文形式呈兵部，内容十分详细，且保留于《清实录》中：

是日，朝鲜国王李倧，遣陪臣赍咨赴兵部，求代题。并以日本国书呈送。咨云：朝鲜国王为传报倭情事，本年八月初六日，东莱府使李民宾牒呈，据庆尚道观察使李命雄状启节该，七月二十九日，倭差平智连、藤智绳等，持岛主书自倭京来，即遣译官洪喜男、李长生等，就馆相见。平智连等称：“去年大君有疾，久不听政，今春始瘳，山猎船游，与前无异。岛主辄得陪侍，连被恩赏，此诚一岛之荣幸。而大君左右用事之人，需索贵国土产者甚多，稍违其意，谗谤随之，此岛主之深患也。自调兴、元方两人差遣停废以来，贵国土产，其数无多。且唐货交易之路又绝，大君左右所求，无以应之。调兴、元方两人奉使，代以麟书堂等三人、及岛主管下三人更番乘船来往，乙亥(1635)以后未给之物，一一追给，然后两国可保无事矣。萨摩州太守主和琉球，肥前州太守主和南蛮，每岁所得不赀。而岛主名为主和贵国，所得零星，视二州何如哉？自贵国被兵之后，日本国中讹言甚多，年少喜事之辈，希望功赏，造不测之言，处处蜂起。而岛主竭力周旋，以为贵国诚信，贵国何以尽知之哉！岛主谓我等曰：今所请送船事，若未蒙许可，则不必强请，即速回棹，直告大君，庶免主和朝鲜之责。”恐喝之言，不一而足等情，具启。据此，为照所谓大君者，乃日本国君之号。所谓调兴者，乃岛主副官之名。所谓元方者，乃岛主书记之名也。初约和时，本国授两人章服、图书，许令每岁送船，来致胡椒、苏木等物。本国因以土产估给。乙亥年间，调兴、元方得罪于国君，流配远方。而岛主犹望前给之物。本国以为两人得罪远谪，则仍旧送使，事涉无据，须待其代差出，方可许也。自此绝不复言。今忽诉于国君，有此来请之举。观其书辞，文字僻涩，殆不可晓。而差倭所陈，情涉叵测，著令边臣照旧施行，以冀弥缝。一面戒饬防守，以备不虞。此后如别有所闻，亦当随即咨报。缘系倭情，理宜转闻。烦乞贵部，照详咨内事意，转奏施行。日本国平义成与朝鲜国书曰：“日本国对马州太守拾遗官平义成，奉书朝鲜国礼曹大人阁下。维时暑月郁抑，台候若何？恭惟本邦，益固金汤，贵国弥安磐石，千里其致一也。先是，乙亥载遣去使臣回时，以贵国答书之情由，禀奏于东武执事，即令攀旧例，可图议之。自今更始，须差使船，故姑为先容，附去土宜二百片。"①

在朝鲜使臣呈送给清朝兵部的咨文中,对于对马岛外交执掌及其与朝鲜的关系交代得十分清楚,其中与对马岛主宗义成发生矛盾的柳川调兴,以及幕府派往对马岛以酊庵监管外交文翰的五山僧人麟书堂(日本史籍多作璘西堂)都有出现,并且咨文交代了当年(1639)对马使节平智连、藤智绳至朝鲜的目的是要与朝鲜恢复对马岛外交人事格局变动(即指五山僧璘西堂进驻对马,而对马旧臣柳川调兴等二人被流放)以后一度断绝的贸易,朝鲜君臣以柳川调兴被贬谪流放为由,拟不允对马使臣之请。对于此事,皇太极似乎较为重视,并且给出意见,见于《同文汇考》记载:

> 兵部为倭情事,本年三月二十九日据贵国咨内事理,一一奏闻,随奉圣旨:"详阅日本情形,语言虽无大戾,似亦有要挟之意。然朝鲜与日本谊属邻邦,着国王可斟酌行之,勿听群小之言。钦此。"钦遵。拟合回咨贵国,照验施行云云。崇德七年四月初一日。②

除此之外,《清实录》中还保留有朝鲜使臣向清朝通告通信使派遣情况的记载,以《清太宗文皇帝实录》卷五九崇德七年(1642)三月戊戌(29日)条所记较详:

> 戊戌,朝鲜国王李倧,移咨到部,咨云:据议政府状启,本年二月初十日,该石城军丁贵生告称,初三日下午时,有异样船一只,行至扭岛外洋,遭飓风大作,泊于多大浦镇前。即着通事崔义吉驰往泊船处,详探事情去后,回据本官口报:本差

---

① 《清太宗文皇帝实录》卷四八,崇德四年(1639)九月乙丑。
② 《同文汇考》别编卷四《兵部知会详阅日本情形咨》,页1559。

系是倭差平城幸坐船，封进押物人一名、侍奉一名、伴从三名、梢工四十名，诘问得本倭称有公干。有许首座、滕智绳等，亦从后而来。当俟洪、李两通事至，面悉之等情。据此，行据本府状启，差礼曹官一员，与通事官洪喜男、李长生等，前往釜山。细问本倭情由去后。续据东莱府节制使丁好恕驰报，洪喜男、李长生等，就馆探问，本倭言："我国大君，年将四十，每以无嗣为忧。上年八月，始生一男，名之曰若君，大小官员，咸聚江浒致贺。"大君言于岛主曰："吾以无功无德之人，承袭关白，三世于兹，年将四十，尚无一子，惟得罪先世是惧，幸而天祐神助，晚得此男，朝鲜闻之，亦必喜悦矣。"有一执政言于岛主曰："此是日本国之大庆，朝鲜必有遣使致贺之举。"因着岛主通知，故岛主差我等来者。且日光山有甲康庙堂，而庙堂之后，新创社堂，梁柱四壁，皆以玉石营造，华丽无比。有守僧二人，其一年一百二十岁，即甲康生时亲信者也。其一即天皇之子也。上年冬，大君率众官亲往焚香，后与众官及两僧会坐相贺。老僧言曰："今为甲康营建社堂，而甲康为朝鲜歼灭秀吉，和好诚信，于今四十余年。朝鲜若闻大君为甲康至诚追远之事，则必有相贺之礼，又有送物留迹之举。令岛主将此意报知朝鲜，请得国王殿下亲笔一纸，及诸臣赞通诗篇，以为万世传流之宝。至如大藏佛经，乃是寺刹极重之书。大钟、香炉、烛台、花瓶等器，虽是我国易得之物，若得朝鲜所铸，以为社堂传玩之宝，此亦朝鲜之功德也。"又言上年冬，执政等问于岛主曰，近闻汉人商贾之言，朝鲜与清国和好之事，岛主何不报知于大君耶？岛主答称，朝鲜既与清国和好，别无他情。执政但唯唯而已等情。卑职等答称："贵国大君生子，果是庆事，大藏经则壬辰兵火之后，经板散失，今难印出。大钟等器，我国原非产铜之地，如此大器，决难铸

> 成。"本倭回言:"铜蜡当自鄙岛量入送来,但欲得贵国一铸,以为流传之物耳。"卑职等再三搪塞,答以即系国王亲笔,亦难准请,则本倭多有愠色,曰"岛主欲与朝鲜永结和好,以为两国安宁之计,如此相恳,而终不之许,则从前相好之意,尽为虚假"等语,及观其书契,有本邦雍容垂拱,云八月上旬,若君庆诞之日,太平盛事,莫大于此,想贵国亦不胜欢惬也。先奉贺缄以闻。他词俱令平城幸口述。平差又言:"我等不日当回棹,转报大君,慎勿等闲视之。"卑职等多方开谕,令其且待朝廷分付等情具报。据此,窃照彼方隆创佛宇,庆幸生男,其在邻国之道,惟当顺适其心,助成其事,实合机宜。且其所欲者,俱非难办之物。况倭情巧诈褊急,多张恐吓之语,今若不许,亦虑失其欢心,姑依其愿,许其准请。合无移咨该部,以便转奏等因。据此,为照倭差所言,系是边情,理宜转报。烦乞贵部,查照转奏施行。

此次朝鲜呈送清朝兵部的咨文,是关于宽永十九年(1642)日本幕府将军德川家光因中年得子(即德川家纲)要求朝鲜派遣使臣的始末。对于此事,皇太极不久就给予答复:

> 夏四月庚子朔,兵部移咨朝鲜国王李倧,咨云:据王咨内所言,倭国情事本部一一奏闻。奉上谕曰:"详倭国之言,虽无大恶,实有欺压朝鲜之意,既修邻好,王当量其可否而行,勿为众挠。"钦此钦遵。理合咨覆贵国。[①]

而据《同文汇考》所记,朝鲜使臣于次年(1643)派出通信使团前的三月初一,再次咨呈清朝兵部,要求转奏皇帝,而皇太极于次日(3月2日)即给予批复:

---

① 《清太宗文皇帝实录》卷六〇,崇德七年夏四月庚子朔。

遣使致贺，固交邻之道，然详察情形，尤为紧要，尔部里可传与知道。钦此。[①]

皇太极的意思再明显不过，他要求朝鲜借派遣通信使之机，乘机详察日本情形，这说明早在清朝入关之前，对日本已有相当程度的关注。而朝鲜也的确依据皇太极的意思，在通信使正使尹顺之于当年（1643）十月二十九日到泊釜山后，立即向清朝咨报使团一行所见日本情形，于十二月二十二日即达清朝兵部，咨文中称“凡干应待之理，比前加厚”，然而“绝不及上国”，称对马岛主“语言矜肆，言语张大”，言日本“民物殷盛，加于前所闻，大板、江户等地，城池壮固……室屋华丽，寺观相望，金碧照耀”[②]。

目前在中国一侧的史料中，很少看到清朝关注日本的有关记载，更何况此时清朝还并未定鼎中原。从清朝对朝鲜与日本交往的关注，可以看出这一新兴政权或已有重新构筑东亚秩序的意图。其实早在崇德二年（1637）九月六日，清朝固山额真英俄尔岱及户部参政马福塔二人就曾向羁质沈阳的朝鲜世子陪臣表达过通好日本的愿望，理由是“通信之意，曾于约条言之矣”，而后者对以“日本海路甚远，我国使臣十年一番往来”为辞[③]。但是清军入关的当年，清廷又得到一个直接通问日本的机会，这一年四月一日，日本商人竹内藤右卫门等五十八人，自越前藩三国浦新保村乘船出海，途中遇风，于六月初的某一天漂流至今俄罗斯境内的图们江口以北海滨，为当时清朝治下的瓦尔喀人追杀，四十三人

① 《同文汇考》别编卷四《兵部知会遣使日本详察情形咨》，页 1560。另可参见《清太宗文皇帝实录》卷六四，崇德八年三月甲午朔。

② 《同文汇考》别编卷四《报信使回还及日本闻见情形咨》。

③ 《沈阳状启》丁丑年九月初六日：“龙、马又言：‘日本使出来乎？我国欲为通信之意，曾于约条时言之矣。’臣等答曰：‘日本海路甚远，我国使臣十年一番往来，使臣则近无出来之事矣。’龙、马唯唯，别无它语为白乎矣。则欲使我国通于此处是白齐。”辽宁大学历史系，1983 年，页 35。

遇害,幸存的十五人被解送至清故都沈阳,又转送至北京,次年十二月被清朝转送朝鲜,顺治三年(1646)三月十七日被朝鲜送至对马,六月至大阪,当年八月,这批漂流人中的国田兵右卫门、宇野与三郎还被召至江户,由幕府老中亲自询问其漂流始末[①]。朝鲜君臣认为清朝之所以送还日本漂人,“非等闲之事,欲铺张夸大,以观日本之所答如何”,清朝专为此事所派敕使欲面见“倭人护去之官”“使之听其所言而去”,直接与日本建立关系的意图十分明显,而终为朝鲜官员以“本无前例”所阻[②]。而后日本所遣使节于顺治三年十一月至朝鲜,所递致谢书契中“全没归美清国之语,而至以鞑靼国为言,显有轻视之状”[③]。朝鲜与之交涉无果,遂将此事转咨清朝[④]。出乎意料地是,次年前来朝鲜的清朝敕使竟认为“彼虽辱语清国,不以为关,况中原之人,曾称鞑子,倭国所云,必出于此,何足怪哉?”[⑤]丝毫不以为意,但是同时反复叮嘱朝鲜馆伴大臣,“俺等未发行前,如有东莱可闻之端,即为来告宜当”,告之以“今后日本事情报知一事,专责于兵判”[⑥],“倭情好不好消息,令兵曹判书专管,随事报知”,朝鲜馆伴对以“日本书契酬酢,礼曹主之,衙门移咨,备局(指备边司)为之,兵曹所管,只是军务而已,以此等说,反复论辩”,但清朝敕使非常不耐烦,曰:“上国则凡干边情,无论大小,兵部尚书,无不主管,修送文书,虽是他司之事,有所闻见辄即驰报者,兵部之责也,俺之此言,非出己意,上副使如是讲定,将归报摄政王,俺则既已面言于户判馆伴,

---

① 相关研究可参见园田一亀《韃靼漂流記の研究》,东京:平凡社,1991年。
② 《备边司謄录》仁祖二十四年(1646)正月初五日,首尔:韩国国史编纂委员会,1959—1960年,第1册,页818。
③ 《备边司謄录》仁祖二十四年十一月初六日,第1册,页865。
④ 《同文汇考》原编卷七八《报岛倭书契误称鞑靼字咨》,页1455。
⑤ 《备边司謄录》仁祖二十五年三月初六日,第1册,页885。
⑥ 《备边司謄录》仁祖二十五年三月初九日,第1册,页886—888。

他日有事，勿谓俺不言也。”[1]清使此言，仍然显示出对日本相当关注，并且试图规范朝鲜咨报“倭情”的程序，要求朝鲜方面由兵曹判书专门负责此事，有事则驰报清朝兵部。

但虽有来自清朝的种种压力，朝鲜转咨“倭情”方面绝非无所保留，而是有所选择。实际上自“丙子胡乱”之后，朝鲜向清朝咨报日本情形乃出于利用日本牵制清朝的意图，于仁祖二十一年（1643）担任通信使团副使出使日本的司谏赵絅，此前曾上书仁祖力陈这一外交战略：

> 其九曰：诚信交邻，以壮国势。日本与我既已通好，非始谋结援也，唯不诚信耳。若遣一介之使，明陈我困于虏之状，则彼之然诺为我国，必不待辞之毕也。议者曰：“日本非亲信之国。”此虏独可亲信乎？事之交之，俱出于不得已也。与其均出于不得已，无宁借既和之势，以报敌怨之虏乎？况臣之计，唯欲助声势而已，非即曰请倭兵，同我前驱也。彼虏亦常问倭来否，且曰吾亦欲送使至彼，盖惮彼也。诚将如此情实，密谕日本，使之飞一书于虏中，以责侵我邻好，则彼虽始怒我使之，而知我与倭深结，终不能轻易加兵于我矣。此真所谓落其机牙者也。[2]

赵絅所主张的“诚信交邻、以壮国势”之外交策略，大部分情况下清朝似乎不以为意。但一旦稍有逾矩，也会十分敏感，例如清朝入关之后的顺治七年，清帝福临就识破朝鲜要求筑城备倭的背后意图[3]，于敕谕中切责当时有“北伐”之意的朝鲜孝宗：

---

① 《备边司謄录》仁祖二十五年三月十日，第1册，页891。
② 《朝鲜王朝仁祖实录》卷四〇，仁祖十八年（1640）五月己丑（9日），首尔：韩国国史编纂委员会，1973年，页87。
③ 《同文汇考》原编卷七八《陈请筑城备倭奏》，页1455—1456。

> 皇帝敕谕朝鲜国王某,据奏倭国相恶,欲修城集兵,整顿器械,此语不止一二次。自尔先王以至今日,亦不知凡几。缘此,所以遣巴哈纳祁充格等赍敕,往问真伪,巴哈纳祁充格等回奏云:臣等提取庆尚道观察使李䙗、东莱府使卢协等仔细讯问,答云"倭国、朝鲜素向和好,并无怨乱兵戈之事,前奏系欺罔巧诈"等语。由此观之,其修城集兵、整顿器械之事,原与倭国无涉,专欲与朕为难也。意图进修城池,招集兵马,整顿器械,所以期罔巧诈,礼节有违,朕惟备之而已,夫复何言。顺治七年(1650)七月二十日。[①]

孝宗以日本举动异常为由,向清朝陈奏要求"修城集兵、整顿器械",而终未获清廷许可,且酿成重大的外交风波,此后朝鲜一再因此事上表清朝,给予解释,且孝宗要求严厉处置向清廷走漏消息的庆尚道观察使李䙗、东莱府使卢协等二人,亦未被顺治所许可[②],最终此事到顺治八年才告一段落。

综上所述,自清朝迫使朝鲜于崇德二年(1637)与之缔结宗藩关系之后,朝鲜按照事大外交的原则,向清朝不定期地咨报日本情形。尽管朝鲜并非机械地将日本情形转咨清朝,而是出于一种以倭制虏的牵制策略,但是清朝在未彻底击败南明之前,亦无其他途径获知日本的情况,对于朝鲜的倭情咨文似较为依赖。并且,清朝入关以后对于朝鲜的倭情咨文亦有不满之处,例如顺治六年至八年围绕倭情咨文清朝与朝鲜的外交纷争即是其中比较显著的一例。而清朝统一中国全境之后,对于日本亦日渐关切,例如康熙十五年,就针对朝鲜所呈对马岛关于吴三桂举兵的咨

---

① 《同文汇考》原编卷七八《饬虚张倭情敕》,页1456—1457。

② 《同文汇考》原编卷七八《谢饬谕表》《摄政王前谢饬谕及赐缎表》《辨明倭情饬谕及一表兼谢奏》《摄政王前辨明奏》(文同御前奏,文略)《谕李䙗等复职斥和臣等免罪敕》《谢降敕及赐缎表》,页1455—1461。

文，特别晓谕朝鲜勿为日本所“煽惑”①。康熙四十年（1701）六月，杭州织造乌林达莫尔森受康熙帝派遣，亲往日本刺探情报②，这无疑突破了依赖倭情咨文的单一情报搜集方式。可以看出，虽然相对于日本对清朝的关注程度而言，清朝对日本的关注度或许并不高，但清朝早在入关之前通过朝鲜洞悉“倭情”这一点，或许对于突破清朝对日本漠不关心的固有认识，不无启发之处。

（二）清朝入关前后日本的对华情报搜集：以李自成事迹为例

日本对于明清易代的相关情报最初得自两个渠道，其一是来自赴日商船船员的口述，即所谓“唐船风说书”。《华夷变态》卷一收有题为“大明兵乱传闻”的风说书二则，一则署期为“申八月四日 正保元年（1644）”，另一则署期为“酉六月三日”，内容是唐通事询问当时明朝灭亡及清军入关等一系列大事的基本情形。可见清军入关仅仅数月，消息即传至日本。而日本证实这一消息，则是由于上文所述日商竹内藤右卫门等人漂抵清朝境内的偶然事件。日本为答谢朝鲜送还漂流人一事，派遣橘成税、藤智绳等二人到达朝鲜东莱府。二人向朝鲜官员透露，德川幕府当局认为清朝送还漂流人是向日本夸耀武力，而关白叔父甚至“欲赴援南京”，对马岛宗氏则居中弥缝周旋。其实日使系由对马派出，不免有虚张声势、市恩朝鲜之嫌，但德川幕府高层中有相当一部分

① 《同文汇考》原编卷七八《报岛倭来报吴三桂举兵咨》《礼部知会晓谕岛倭勿为煽惑咨》，页1461—1463。
② 参见大庭修《徳川吉宗と康熙帝》，东京：大修馆书店，1999年，页142—145。

人对于清朝攻占北京反应激烈，当是事实①。而二使所递书契则甚为傲慢，“全无归美清国之语，而至以韃靼国为言”②，使得朝鲜当局十分为难，认为事涉不敬，难以原样“报知北京”。但橘成税、藤智绳二人态度强硬，以书契系“皆出于道春之手，岛主亦不得改一字”③（道春即林罗山）为由坚拒修改，反而借机向朝鲜东莱府使闵应协探问朝鲜与清朝的关系。当得知朝鲜臣服清朝之事实后，即出言威胁，“关白、执政辈以朝鲜与韃靼合，莫不骇愤，将欲兴师而来”④。实际日使不过虚张声势，回到对马之后，似乎并没有向德川幕府当局报告朝鲜臣服清朝的事实。不久幕府将军德川家光专门为清朝与朝鲜缔交之事诘问对马岛主，“此处则南、北京消息连续相闻，而岛主素与朝鲜相厚，一不通报，是何故耶……以漂民之事言之，则清国送于朝鲜，朝鲜转送于我国，朝鲜与清国，果非相好而然耶？大明时朝鲜为藩邦。即今贵国之于清国，亦如是耶？”⑤此事可见日本对于明清易代之情报，已开始经由多个渠道极力搜集，而不仅仅是经由对马倭使至釜山打探。

《华夷变态》卷一收有题为“大明兵乱传闻”的风说书二则，其中一则对于李自成事迹的记载颇异于中国史籍，兹引其局部并试译如下：

> 起义大将名为李自成者，乃陕西下辖延安府人氏，祖父官至兵部尚书，父亲在其幼年时期亡故。李自成二十八岁之时，正值崇祯七年，当年饥荒，大量百姓未能上缴赋税，因此延安府米脂县官衙逮捕百姓，加以为难。李自成见怜，代为

---

① 《朝鲜王朝仁祖实录》卷四七，仁祖二十四年十一月辛亥，韩国国史编纂委员会，1973年，第35册，页289。
② 《承政院日记》，仁祖二十四年十一月六日。
③ 《朝鲜王朝仁祖实录》卷四七，仁祖二十四年（1646）十二月甲午，第35册，页291。
④ 《朝鲜王朝仁祖实录》卷四八，仁祖二十五年（1647）二月丁丑，第35册，页293。
⑤ 《朝鲜王朝仁祖实录》卷四八，仁祖二十五年三月丙寅，第35册，页297。

缴纳逋赋，百姓悉免于罪。但崇祯八年又饥荒大作，米脂县衙因上年李自成代为缴纳逋赋，此次又勒令其缴纳。李自成回复："上年鄙人顾虑百姓不便，因而出银缴纳，此次鄙人家计艰难，难以代为缴纳赋税。"职此之故，县衙将李自成逮捕入狱，朝夕摧残。当时受恩之百姓商议，李自成身陷囹圄，莫保朝夕，皆因怜悯我等，出银纳税之故，于是皆疾视县衙，一致欲救李自成出狱，以报前恩。乃集合百姓约四五百人攻取县衙，决然救出李自成。并因此人数渐增，乃成大势。①

李自成《明史》有传，其他中国传世史籍亦不乏记载。综合各种记载可知，李自成出身贫苦，其父祖未尝为官绅。李自成少年喜好枪马棍棒，父亲死后充当驿卒为生。崇祯元年（1628）很多驿站被裁撤，他因丢失公文，失业回家。同年冬季李自成因不能偿举人艾诏之欠债，被后者告至米脂县衙。县令晏子宾将治其死罪，后由亲友救出。年底李自成杀死债主艾诏，并同侄儿李过于崇祯二年（1629）二月至甘州（今张掖市甘州区）投军，不久便被参将王国提升为军中把总。同年在榆中（今甘肃兰州榆中县）因欠饷问题杀死王国和当地县令，发动兵变②。总之上引风说书所述与中国史籍记载出入很大。这份风说书末尾所署日期是"申八月四日 正宝元年"，即公历 1644 年，这一年无疑是中国历史上的一个大关节，李自成入京、崇祯自缢、山海关大战、吴三桂降清、清军入关、南明建立等山河变色之大事件接连不断地发生，可以想

① 林恕、林凤冈《华夷变态》卷一《大明兵乱传闻》，东方书店 1981 年重印"东洋文库"本，页 5。顾诚《再谈李岩问题》（《北京师范大学学报》社会科学版 1979 年第 2 期）一文中托他人代译并引用了这段文字，笔者参照并作了一些修改。顾诚引用这段史料，是想证明李岩本无其人，后来封建史家为了丑化李自成，在史籍中制造出一个举人出身含冤而死的制将军李岩形象。但新近的研究表明，这种说法是错误的。下文还将提及。

② 参见吴伟业《鹿樵纪闻》卷下《闯献发难》、康熙《米脂县志》卷一《舆地第一》、康熙《陕西通志》卷三一《李自成》《明史》卷三〇九《流贼·李自成传》。

见，即便是当时的人们，在局势一片混乱的情况下，也是惶然不知所措，难以知晓诸多大事发生的前后始末。实际上，在“大明兵乱传闻”这则风说书后，有按语曰：“虽一直向唐人各各相询，然因他们是远离北京之人，十人便有十种说法，全无一致口径。”并且，在这则风说书后，又有一则署期作“酉六月三日”（1645 年 6 月 26 日），亦题为“大明兵乱传闻”。其中提及：“日本宽永二十一年三月十九日，义军大将名为李公子者攻陷北京，崇祯自杀。”[①]由此，可知李自成又被称为“李公子”。结合上一则风说书，可知明末民间曾广泛流传李自成不仅出身贵胄，而且仗义疏财，迫于官府淫威才被逼上梁山。

姑不论上述传闻真实如否，它起码反映了李自成在明清鼎革之际，一时确为民望之所归。《华夷变态》所记的李自成，与后来《明史》塑造的“流贼”，形象上判然有霄壤之别。这并不是说李自成真就是所谓“李公子”，的确是堂堂大明兵部尚书之后。不妨先看看清初官修正史《明史》卷三〇九《流贼 · 李自成传》的一段记载：

> 杞县举人李信者，逆案中尚书李精白子也，尝出粟振饥民，民德之曰：“李公子活我。”会绳妓红娘子反掳信，强委身焉。信逃归，官以为贼，囚狱中。红娘子来救，饥民应之，共出信。

这段史料实际说的是李自成部将李信加入李自成义军的经过，而清初以布衣加入明史纂修行列的著名史家万斯同，在其私撰《明史》卷四〇八《盗贼传 · 李自成》中对于李信事迹所记较详：

> 河南举人李岩者，大司马李精白子也。原名信，信以

① 《华夷变态》卷一《大明兵乱传闻》，页 8—9。

父阉党，思湔其丑，尝出粟千石活饥民，饥民德之，称李公子。会红娘子蹋绳妓也，重信，掳信去，强委身事信。信乘间归，囚于官。红娘子来救，破囚，饥民之德之者，同时起曰："李公子活我，今有急。"乃杀令反，而信投自成，改名岩。[1]

这位李信，就是广泛见诸明清史籍记载的传奇式人物——李自成部将制将军李岩。根据各种史籍记载，李岩颇具远略，在李自成部将之中可谓人中之龙。崇祯十三年(1640)李自成本来已被督师杨嗣昌"四正六隅，十面张网"的围剿逼得走投无路，仅带少数部众自商洛山(在陕西东南)溃围轻骑间道奔河南。正是李岩在危急关头投靠李自成，劝李自成"尊贤礼士，除暴恤民"，行均田免赋，编童谣传唱："吃他娘，穿他娘，开了大门迎闯王，闯王来时不纳粮。"才使得河南饥民如大旱之望云霓，纷纷投入李自成麾下。实力大增的李自成军也从此一改流寇杀掠之作风，而决意问鼎中原。但李岩似乎是个悲剧性的人物。李自成进京之后，便对他日益疏远，山海关之战大败后农民军自北京仓皇撤退途中，大顺丞相牛金星向李自成进谗言，言李岩有异图，李自成乃"令金星与岩饮，杀之"[2]。李信的人生经历，是正统史书讲述功臣宿将鸟尽弓藏兔死狗烹一类故事的极好注脚。李岩以贵胄之裔而见疑于官府，不得已投身事"贼"，胸怀远略却不遇明主，终于在小人攻讦之下含冤而死，所幸他有一位红颜知己红娘子，从而给他悲苦的人生增添了一抹暖色。行文至此，如果把他的故事与上引

① 清末徐鼒《小腆纪年附考》卷一庚辰九月条综合了各种记载，最为详尽："杞县举人李岩者，初名信，逆案尚书李精白子也。士大夫羞与齿，信以为憾，因乱请之督府，捍卫乡里，权宜窃兵柄，以报其所不平。尝出家粟千石赈饥民，民德之曰：'李公子活我。'会绳妓红娘子作乱，掳信去，强委身事之。信不从，逃归有司，疑其为内应，执下狱。红娘子来救，城中民应之，共出信，往归自成，改名岩，伪署制将军。"

② 《明史》卷三〇九《流贼·李自成传》。

风说书进行比较，不难发现后者所述，其实不过是将李岩事迹改头换面，加到李自成身上，但不见红娘子的事迹，并且年代稍有提前。实际上，根据中国史料记载，明末的江南地区曾长期将李自成与李岩误作一人，对此，计六奇《明季北略》卷十三《李岩归自成》有曰：

> 予幼时闻贼信急，咸云李公子乱。而不知有李自成。及自成入京，世间犹疑即李公子，而不知李公子乃李岩也，故详志之。①

计六奇出身明末南直隶的无锡，根据他的记忆，李自成起兵时，在当时江南地区就已经将其误作贵胄公子，而非草莽匹夫出身，并且在李自成入京之后，这种传闻仍然广泛流传民间。而赴日本的商船多从江南滨海地区出发，将此传闻带到日本是毫不奇怪的。

但是如果继续追询下去，会发现历史的真相更加邈远难求。上引史料中屡屡提及李岩原名李信，乃明朝兵部尚书李精白之子，对此，清代学者俞樾一再力辟其非：

> 余因有李栩事，存疑一条，已刻入《壶东漫录》矣。疑李精白为逆案中人，海内之所切齿，故一闻有以李氏子从贼者，皆曰此必李精白之子也。实则李精白之子是李栩，而非李信，在修《明史》诸公亦未知此耳。惟李精白止见魏忠贤崔呈秀传，不知何处人，杞县乎？颍州乎？此事迄未能定。光绪辛巳岁，汪柳门侍读主讲西湖学海堂，与余时相过从，余以柳门前官少司成，因问："有前明进士题名碑乎？"次日以刻本数册见示，盖非全者。余初不知李精白何科进士，随

① 计六奇《明季北略》，中华书局，1984 年，页 226。

取一册，信手翻览，即见“李精白”三字，乃万历癸丑科三甲九十五名进士，河南颍州卫军籍，直隶颍州人。然则杞县李信诚非其子矣。且以河南颍州卫军籍中式，则世以杞县李信为其子，其传讹亦非无因。数载之疑，一朝而释。夫李栩以贵游子弟，毁家抒难，为国捐躯，是亦一奇士。观其降箕之言，毅魄英魂，至今未泯。余因为考论之，如此庶足慰彼九泉乎？①

俞樾仅仅指出李岩非李精白之子，李精白之子另有其人。而明末曾亲身参加大顺军的河南人郑廉在《豫变纪略》中则否认杞县有李岩其人，康熙《杞县志》中附有一篇《李公子辨》，也断然否认李岩是李精白之子，更认定杞县举人李岩实为乌有。顾诚曾依据上述史料，撰文主张李岩是封建史家出于丑化李自成的需要而捏造的人物，其说一度产生广泛影响②。可是2002年河南博爱县唐村撰成于康熙五十五年的“李氏家谱”被发现，其中明确记载了李岩事迹，无疑又在学界掀起轩然大波③。目前看来，李岩实有其人当无疑义。

① 俞樾《右台仙馆笔记》卷十六，清光绪二十五年刻春在堂全书本。

② 参见顾诚《李岩质疑》（《历史研究》1978年第5期）、《再谈李岩问题》，《北京师范大学学报》1979年第2期。顾诚《再谈李岩问题》一文是针对同期刊载的张国光《关于〈李岩质疑〉的质疑》一文的回应。顾诚认定李岩实无其人，他推断李岩最早见于“反动”小说《剿闯小说》所载，乃小说家言，不足取信，是《剿闯小说》作者懒道人塑造出来的。

③ 王兴亚（第二作者为马怀云）《博爱发现明末李岩李牟的重要资料——唐村〈李氏家谱〉历史价值探析》（《中原文物》2005年第5期）、《对李岩籍贯问题的再考证——兼论博爱唐村〈李氏家谱〉的可信性》（《中州学刊》2007年第4期）、《李岩故里、家世与身世考实》（《焦作师范高等专科学校学报》2008年第1期）。程峰《从博爱唐村〈李氏家谱〉看李岩的籍贯》、（《河南科技大学学报》社会科学版2006年第5期）《博爱唐村李岩故里调查》（《中原文物》2007年第4期）。《明末农民起义军将领李岩籍贯考》、（《安阳师范学院学报》2006年第4期）。李信事迹唐村《李氏家谱》记载如下：“李信，字岩，号威，配陈氏、孔氏。行四。生一子元斌，少亡。贡生。生于万历三十四年，卒于崇祯十七年。早年依父济源读习。后与兄仲、陈沟姑表奏廷千载寺三圣门太极宫，拜师结义，树志文武，双杰成名，创艺太极养生功十三势拳，创箭艺，名传数省。故奏廷考举，考官不平，之抱打诛辞，避开封杞城姨母家传拳，嗣叔父春玉粮行，主账银，造赈谣，石粟危，粮行破，入千载寺再拳，崇祯十三年堂弟牟牵诱入闯贼营将焉，十七年遭贼冤杀。”

与李岩相比，李自成的事迹则争议较少。可是《华夷变态》卷一收有《抄录李贼覆史军门书》，其中亦有费解之处：

孤谓，天命无常，任人自为，故不惜他兵费饷，御马牵车。君涉道路，与朱天子共镇山河。集兵聚众，业已四百余万。南面称孤，挺刃横行，改元年、上尊号，谁得而非之？乃犹服诸侯之服，名诸侯之名。然所行所为，皆里节制，但不奉昭代律令耳。岂欲比明公忠于朱皇帝之职分也？顷者，接明公谕，中间致抚剿之说，陈布阵之法，度费支之用，既井井昭明勤王之事，明公真朱家第一人也。第职业有不克逮者。明公远引往事，近援昭代，如某某兴废以谕孤，孤岂不知。然乇辈或以夷狄乱华，或以土司召衅。乌而合者，翼而奔；鼠而窜者，徐而毙，时势不同，而攻取之术非也。今以乇概孤，谬矣。孤之始末，明公虽知，然未得其详。孤本山东人，父业履，母织衽。二弟乘骏乘虎，皆读书，独孤屡试不遇。逃兵二百余人，奔小路，走河南，慨然有戏犹之志。不意为众获，孤述平生品行，遂推孤为盟主。而不自量力而追捕之，孤遂与二百余人挑戈接战，决乇首领，因归帐中，计招募义兵，一日数百余人，十日之外，连归几万，会云雨聚，若天之所使，神之所翼，而招携所到，无往不附，近古以来未尝有也。然初无图大之志，与天子抗礼。乃众公不亮，数上征伐之议，驱策百万之师，仓忙之际，无以逃命，始安志触天子之怒，勤明公之力，耗有限之帑金，杀无辜之赤子。孤虽死罪万，亦由众公激云也。众公太孤媚主，不能佐朝廷，今日欲图孤，明日欲抚孤，聚讼盈庭，无有定准，是诈伪先自朝廷。孤即欲仆戈统甲，放马归牛，安知不为笼络之计？众公既抚孤，而议伏兵襄侧，列阵河南，孤是以有太行之役。且命数下罪，师复诡名，捣我巢穴，入我心腹，孤是以有半路之师。去年八月，孤以用兵劳苦，稍出安息，于武官[①]小偶，一卒不残，一人不杀也。而众公议率诸将，(双)〔?〕我士卒，乱我大军，孤是以有平复之役，何往不由诸公激者哉。今明公鞠躬尽瘁，何啻武侯；战胜攻取，何亚淮阴；爱人养士，岂言吴起；牡垒兵法，奚孙膑如，(北)〔此〕数长谁可当之？而独事利害，计之得失[②]，何明公不能逆睹也。夫孤自起兵二十年，少者壮，壮者老，当时岂无议灭孤而朝食者。而势有不可，恐大师一动，安危倚伏，稍有败乱，即孤乘胜之余，谁敢当者。雷震风疾，天下可席卷而(府)〔附〕矣。即来谕云，其动精兵二十万，饷四十万，集兵某处，结某地某山某水，何以即死，降者免戮，战者依法。呜呼，将安用此诡词耶？孤虽驽心，尝窃读兵书云，上将泄者一军役，中军泄者罢金鼓。今以万难度云事，而明公泄言，所谓愚将军、散士卒而已，非所以愚孤也。孤之略步兵六十万，马四万匹，与明公会猎于襄江。此太行之左，法河南之右，前向武当，复皆广水。东南西北阵伍俱齐，旗帜金鼓号令森严，兵有纪律之先，(鍑)〔复〕何敢侮明公而夸口哉。至于抚孤一说，更有可叹。降兵有叙，越次者无一年之赏，无一米之施，或头领愿降者，仅一官半职而已。且明公以饵诱头领也，掩耳盗铃也。呜呼！孤即愿降，岂爱一官半职而已被诱哉？能割荆襄一带以属孤，自此以往，奉昭代律令，万明朝(朝)历朔，有逆事即为外援，无事即为内镇，至便也。给赏虽小必加，罪过虽微必罚，至当也。所谓独(座)〔坐〕穷山，放虎自卫，此之

① 疑为“武关”之误。根据中国史籍记载，顺治元年(1644)七月李自成军渡黄河败归西安，不久，弃西安，经蓝田、商州，走武关。

② 浦廉一断句为“今明公鞠躬尽瘁、何啻武侯战胜攻取、何亚淮阴爱人养士。岂言吴起牡垒兵法、奚孙膑如(北)〔此〕数长。谁可当之、而独事利害，计之得失”。明显有误。

谓也。明公若奉之，奏之朱天子，得孤无异心，彼此两休，何待战服？如不我允，以孤为矫妄云谈，孤好自此绝矣，孤武自有奋矣，孤与明公议自有对矣，明公又何辞为？呜呼，大丈夫处世，不为明帝明王，即为首君尊肇。俛首求活，虽妇人女子不肯，况堂堂英雄，时有血惟哉？

根据该书末尾按语①，可知它是李自成写给史可法的书信。此书是由到长崎贸易的中国商人持至日本，来历不明。谢国桢曾提及："李自成覆史军门书、吴三桂檄文、朱成功献日本书、郑锦舍檄文……等数篇，皆为中土所佚。但有人疑李自成覆史阁部书为伪者。"细阅此书，确实有与多数史籍扞格难通之处。如其中李自成自述身世云，"孤本山东人，父业履，母织衽。二弟乘骏、乘虎皆读书，独孤屡试不遇"，不见于中国任何传世史籍记载。并且按语中有南明建立后"随即檄召三边总制吴三桂歼降流寇，生擒元凶李闯。当即割肝祭庙，大快敷天"等语，无疑与书信内容自相矛盾。根据信中"能割荆襄一带以属孤，自此以往，奉昭代律令，万明朝（朝）历朔，有逆事即为外援，无事即为内镇，至便也"等语来看，则应是李自成为清军所迫放弃大顺旧都西安，南下襄阳、邓州之后，其时约在顺治二年（弘光元年，1645）二三月间②，当时李自成迫于清军压力，确实有通过南明军阀左良玉（时驻军武昌）与史可法通书谋求联合抗清之可能③。可是李自成若在北京为吴三桂所擒，

① 按语曰：先帝崇祯十七载……触尔宾天，即有南京兵部尚书史可法，力扶新主……徙都南京，大登宝位，诏播天下。随即檄召三边总制吴三桂歼降流寇，生擒元凶李闯。当即割肝祭庙，大快敷天。

② 顺治《邓州志》卷二《郡乱》："顺治二年春二月，李自成屠邓州。清兵入潼关，自成败奔邓州，弥漫千里，老弱尽杀之，壮者驱而南下，留精兵三千平城、塞井灶。自武关至襄、汉间，千里无烟。"转引自顾诚《南明史》第147页。

③ 韦祖辉《从何璘观点、夹山文物看奉天玉和尚不是李自成——兼论李自成结局》，王春瑜主编《明史论丛》，中国社会科学出版社，1997年，页8—31。韦祖辉认为此信"辗转流传，舛处难免，无损全信重要史料价值"。

被"割肝祭庙"，自不可能复书史可法。但该信确与李自成南下襄邓后的历史情境若合符节。至于李自成自述"孤本山东人……二弟乘骏、乘虎皆读书，独孤屡试不遇"，或出于一种自我标榜和谋求和解之策略亦未可知。信中李自成自述"然初无图大之志，与天子抗礼。乃众公不亮，数上征伐之议，驱策百万之师，仓忙之际，无以逃命，始安志触天子之怒，勤明公之力，耗有限之帑金，杀无辜之赤子"，这是说崇祯十三年自商洛山（在陕西东南）溃围轻骑间道奔河南之后他才开始真正有问鼎之心，亦甚合情理。信末按语提到吴三桂擒获李自成之事，在南明境内确曾广为流传，以至于史可法不得不上书弘光帝请颁诏以稳定人心①，其无非反映了南明建立之初朝野急于复君父之仇的普遍心态，为此甚至不惜以"联虏平寇"为基本国策。在笔者看来，该书即为时人伪作，其史料价值亦不容等闲视之，至少其中有相当多的公道话，反映了当时的舆论对李自成有同情之处，也为我们今天认识李自成这样一个乱世枭雄提供了不同于官修正史立场的新视角。

① 史可法《史忠正公集》卷一《请颁诏敕定人心疏》："或云辽帅吴三桂杀贼数万，闯贼西奔。或云唐通内应，闯已授首。"中华书局，1985年，页6。

二、“三藩之乱”及其风闻

清初，由于吴三桂、孔有德、耿精忠、尚可喜等明朝降将在清朝平定中原的过程中起了积极的作用，四人被授予了只有满族皇族才有特权拥有的王位，并领有长江以南大片地区。于是，在清初的几十年中，在云贵、广西、广东、福建一带形成了拥兵自重的局面。随着清朝对中原本土统治的稳定，清廷开始着手撤藩，此举招致占据云贵地区的平西亲王吴三桂的反对。吴三桂于康熙十二年(1673)十一月举起反清大旗，接着耿精忠和孔有德的后继者孙延龄亦响应之，很快尚可喜之子尚之信投降吴三桂军，郑成功之后继者郑经、陕西的王辅臣亦站在吴三桂一方，长江以南处于反清势力的支配之下。长城以内的动乱亦波及周边地域，内蒙古有察哈尔部布尔尼亲王的反叛，西藏达赖喇嘛亦威胁着西北边境。对于三藩之乱的发生，当时周边国家的反应也不尽相同。越南的莫元清依附于吴三桂，朝鲜李朝内部的亲明势力亦开始抬头，日本积极搜集对华情报，而作为日本附属国的琉球则依违于叛王耿精忠与清廷之间。

《华夷变态》卷二至卷七收录了有关三藩之乱的大量风说书，其中以唐船风说书为主，兼收少量的朝鲜及琉球风说书，另外，也收有少量的汉文文书。相对于南明时期，《华夷变态》对于三藩之乱的记载可谓极其丰富。并且，这一时期的风说书与此后有较大不同，颇详于政治、军事以及东亚诸国的外交等方面，而对唐船本身的情况则着墨不多，可以说是研究三藩之乱弥足珍贵的域外文献。然而，或许是由于此前对于《华夷变态》的研究，过多偏重唐船贸易等领域，利用这一时期的风说书对于三藩之乱本身的研究竟然非常有限。据笔者所知，仅有松浦章《東アジア世界を巡る「三藩の乱」の情報》[1]及细谷良夫《三藩の乱をめぐって：呉三桂の反乱と楊起隆朱三太子事件》[2]二文，对于三藩之乱初起阶段相关情报的海外播迁作了比较详尽的研究。故此，笔者试图分别以唐船风说书、朝鲜风说书、琉球风说书为主线，探讨此期间三藩之乱有关情报流传日本的大致情况。

（一）对马倭书与朝鲜传闻

《华夷变态》所收关于三藩之乱的风说书占了很大篇幅。《华夷变态》卷首序文，乃林恕题于"延宝二年（1674）甲寅六月八日"，也就是在三藩之乱发生之后约半年。康熙十二年十二月丙辰（二十一日）吴三桂正式起兵，康熙十三年四月二十六日自福州起航于五月到达长崎的福州二番船就将吴三桂和郑经起兵反清的檄文持至日本，六月四日檄文送达幕府老中久世大和守处，次日交付林恕和写，六月六日，"吴三桂、郑锦舍檄，并和解及福州商船风说，于殿中春常读之，雅乐头、美浓守、大和守、但马守、播磨守列座听之"[3]。春常是林恕之子林凤冈，雅乐头等五人位居幕府

① 原载《关西大学东西学术研究所纪要》第 46 号（1987 年），后收入氏著《海外情報からみる東アジア：唐船風説書の世界》一书作为第三章。

② 收入日本历史研究会编《戦争と平和の中近世史》，东京：青木书店，2001 年。

③ 《华夷变态》卷三《吴三桂檄》《郑锦舍檄》《二番福州船风说》《改定吴檄和解》《改定郑檄和解》，页 53—68。

五大老，林恕在两天之后写下了流传至今的《华夷变态》序文，显然此时《华夷变态》尚处于编纂过程中。这也说明三藩之乱引起德川幕府高层的极大关注，此后开始通过各种途径努力搜集相关情报。从《华夷变态》留下的记载看，德川幕府搜集中国情报主要有三个途径，一是由唐通事笔录来航"唐船"乘员的口述，并和解之，以"风说书"的形式呈报幕府；二是在对马宗氏与朝鲜的交涉过程中多方打探；三是通过附庸国琉球搜集情报。以下以《华夷变态》中保留的朝鲜风说书为中心，结合朝鲜史料，展现日本和朝鲜之间关于三藩之乱的情报搜集、交换概况，并探讨双方围绕情报交换而展开的交涉过程。

(1) 对马倭书——日本对朝鲜的情报讹诈

康熙十二年十二月朝鲜谢恩及冬至使入京，正逢三藩之乱发生后不久。朝鲜使臣迅速以"别单"的形式，向国内及时报告吴三桂起兵事以及耿、尚二藩的动向。吴三桂在康熙十二年十二月二十一日正式起兵，仅仅两天之后"杨应龙之乱"爆发，因此朝鲜使臣至北京时，得以亲睹京城的骚乱情形："入城门则处处设幕伏兵，街巷持弓矢佩剑之徒，作队驰骛，显有惊动之状。"经多方打听，得知"有人自称崇祯皇帝第三子，而缔结诸王及诸将管下人，各着白色帽，荷红色带，藏火药于怀中，期以今月(念)〔廿〕三日纵火于城中各处。人临期告发，故逮捕徒党，举皆诛杀，而所谓朱三太子知几逃躲，今方物色购捕云"①。朝鲜使臣甚至设法获取了湖广总督蔡毓荣告变密本。康熙十三年(显宗十五年)三月二日，

① 《同文汇考》补编卷二《使臣别单·谢恩兼冬至行书状官李宇鼎闻见事件》，首尔：韩国国史编纂委员会，1978年，页1578—1580。

谢恩使金寿恒所派译官到达汉城，禀报吴三桂叛乱之事[①]。朝鲜君臣闻知后大为兴奋，儒生罗硕佐、赵显期相继疏陈“天下事变，迫在目前”，应“乘此机会，炼兵峙粮，大可以复仇雪耻，小可以安国保民”[②]。继而大臣尹鑴（1617—1680）[③]又进密疏，力促显宗借机北伐，以完成孝宗未竟之志。未几显宗驾崩，肃宗以冲龄继位，“南人派”的尹鑴得到重用，继续力倡北伐，主张朝鲜应实行三策，“北伐一也，渡海通郑二也，与北绝和三也”。而领议政许积（1610—1680）[④]则力陈朝鲜积弱，不宜妄兴大事，主张按兵不动，静观局势发展，不少实务大臣亦相附和[⑤]。围绕三藩之乱期间的对清外交问题，手握权柄的“南人派”内部两派政见相乖，分别以许积与尹鑴为首，聚讼不已，但二者实无原则分歧，仅策略有别。盖因此时朝鲜虽已屈事清朝业数十年，但朝野普遍对于有再造之恩的明朝抱有强烈之思怀，而仁祖年间遭受城下之盟的屈辱历史记忆，则已渗入朝鲜君臣之骨髓。而三藩之乱的发生，更是促使反清思明成为一种政治正确，任何政治派别都不敢也无法挑战。

另一方面，与朝鲜一衣带水的江户幕府当局，甫闻巨变，即有不测举动。日本在康熙十三年（1674）五月获知三藩之乱的情报，六月报至江户，七月对马宗守就将所获情报知会朝鲜东莱府使：

> 府使权大载时，云贵守将平西王吴三桂，上年冬起义兵，杀四川守将张部院，因得湖广九府及陕西之半。传檄于平南

---

① 《朝鲜王朝显宗实录》卷二二，显宗十五年三月丙寅，首尔：韩国国史编纂委员会，1973年，第37册，页61。

② 《朝鲜王朝显宗实录》卷二二，显宗十五年五月乙卯，第37册，页65。

③ 尹鑴，字希仲，号白湖。仕孝宗、肃宗朝，南人派的首领，与西人派精神领袖宋时烈（1607—1689，字英甫，号尤庵）不睦，庚申换局（1680）后，宋时烈还朝，攻尹鑴为“谗贼”，后者遂见杀。

④ 与尹鑴同为南人派首领人物，庚申换局（1680）后不容于宋时烈，见杀。

⑤ 《朝鲜王朝肃宗实录》卷二，肃宗元年二月丁酉，第38册，页244。

> 王、靖南王、东(亭)〔宁〕锦舍,与之连谋。平南、靖南皆连兵相应,锦舍亦以十万兵、九百艘,海陆合势,期以六月,进取南京。南京形势,必不能抵挡是如为旀。崇祯第三子,以今年正月元旦即位,年号周启,皇子即甲申三岁之儿,而周氏、田氏二人及大监王奉与平西王,潜藏保护这也是如。因倭人所言译官等手本处,缘由驰启。[1]

实际上康熙十三年(1674)三月朝鲜君臣即已正式获知三藩掀起叛乱,但尚不能确定三藩是否都已起兵,而日本因在当年五月获得了吴三桂和郑经的檄文,以及福州二番船船员的口述,所知较详。日本向朝鲜通报三藩之乱的情报,表面上是基于两国"交邻"关系主动提供。但是,"交邻"的外交理念一旦面临严酷的地缘政治现实,不免要大打折扣。朝鲜在清朝与三藩角力之结局尚未明朗之际,一方面对于清朝不得不极力掩饰萌动已久的不臣之心,另一方面,对于曾经蹂躏朝鲜国土且时有狼顾之心的日本,也必须时刻提防其情报讹诈。

而日本将所获情报知会朝鲜的同时,也向朝鲜打探消息。在此过程中,釜山倭馆[2]发挥了情报枢纽的作用。康熙十四年(1675)正月,釜山倭馆从朝鲜那里打听到一则重要信息,传播者可能为朝鲜好事之徒。据《华夷变态》卷三《朝鲜传说》:

---

① 《边例集要》卷一七《杂条》甲寅七月,首尔:探求堂,1969—1970年,页490。

② 倭馆(왜관)是朝鲜王朝在朝鲜半岛南部设立的日本人居留地。万历朝鲜战争以前,朝鲜境内曾有多个倭馆存在,江户时代倭馆被限定在釜山,日本方面由对马府中藩(쓰시마후추번)与朝鲜进行外交来往和贸易通商。1607年,朝鲜派出通信使赴日,对马藩独占了朝日恢复邦交以及相关外交的使命,在釜山设立了倭馆,被赋予了对朝贸易的独占权。1609年己酉条约缔结后,对马藩名义上成为朝鲜的外藩,朝鲜授予对马藩藩主官职,承认其作为"日本国王使者"所拥有的特权。然而除了一次例外,日本使节赴汉城的行为是不被允许的。而日本人离开倭馆外出也是被禁止的。1876年《江华条约》签订后被废除。参见米谷均《対馬口における朝鮮・中国情報》,收入岩石哲典、真荣平房昭编《近世日本の海外情報》,东京:岩田书院,1997年,页113—126。

> (乙卯正月十六日)唐国大部落入吴三桂之手,目前已进围南北两京,南京已攻占大部。如南京失陷,北京之鞑王亦难城居,或将撤往鞑靼本土。如据目前所知声息,因蒙古军及诸外国军大举入援,北京鞑王或无灭亡之患,吴三桂独自面临如许情势,北京乃得稍安。据风闻,鞑靼军可能战败,或在当年决出胜负。[①]

根据所附按语,对马宗守平义真将该风说书与一幅三藩与清朝军队的攻守形势图一起,进呈酒井雅乐头和稻叶美浓守两位幕府大老,在得到幕府指示后,迅速派出使者,据载在当年闰五月,有所谓"头倭一人,欲探吴三桂事情及南北声息",急于向朝鲜当局印证吴三桂军"围两北两京"的情报是否属实[②],书简在六月三日送达朝鲜京城,略云:

> 大明旧臣吴三桂,辅翊先帝幼子,久怀立孤,丕运恢复之筹,分札倡良将,杖节举义兵,方欲树创业守成之功,而今业已图南北两京。各天异地,未详斗乱情形。贵国地近靺鞨,道通中原,不知干戈余殃,无及边徼耶?

对马来书便如负薪救火,使得本就不得安宁的朝鲜政局更形动荡。诸大臣围绕如何处理来书,聚讼盈庭,"尹鑴欲因日本通锦,庙堂欲以倭书告清,相争不决"[③]。一方面顾虑若将来书告之清朝,会使原本就风声鹤唳的清廷更加怀疑朝鲜有不臣之心。同时必须稳住日本,使之不得滋生假途灭虢抑或问鼎中原等妄念。或出于上述考虑,礼曹参议南天汉于六月复书日本,试图打消日本的妄念,书信中一方面说"滇闽兵端,此亦略有所闻",但又强调

---

① 《华夷变态》卷三《朝鲜传说》,页100。
② 《边例集要》卷一七《杂条》乙卯闰五月,页490。
③ 《朝鲜王朝肃宗实录》卷四,肃宗元年六月庚申,第38册,页287。

"交南朔易,道途踔远,军筹战略,机事又秘,流听流说,盖鲜情实"。并且提到近来朝鲜派往北京的燕行使节已经回京,而使行人员"俱言燕市之市肆自如,南都之迹辙不绝",至于朝鲜目前"亦幸无他警,壤界粗安",并没有受到三藩之乱的波及①。从复书内容看,似乎朝鲜惟恐清朝战败,这当然不是朝鲜的真实愿望,而无非是针对居心叵测之日本的外交辞令而已。

可是,树欲静而风不止,即使朝鲜官方向日本极力掩饰,但日本还是通过釜山倭馆,从朝鲜的好事之徒那里获取截然不同的情报,一窥朝鲜的真实底牌。一方面朝鲜当局固然向日本力证吴三桂进围两京的消息不确,但吴三桂盟友郑经军队的动向却委实使得朝鲜君臣大为紧张,一则朝鲜风说书十分能说明问题:

> 锦舍如今势强之故,吴三桂锦舍之谋士,建言如此番获胜,应进图朝鲜而治之。其中缘由,亦流传于朝鲜国。锦舍乃郑氏,为朝鲜六大姓之一,有此渊源,可知上述传闻大抵真实,是为可虑。尤其在五六百年以前,有所谓释氏道说者,其所留预言末世之谶书中,言及五百年而后,将有郑氏之人君临朝鲜。朝野忧虑此事会否发生……上系派驻朝鲜之家臣所报,民间传闻之类,虽或多不实,仍据所言,书以上呈。
>
> (康熙十四年 1675)十一月八日　对马宗守②

所谓郑经有举兵入侵朝鲜之谋,自然多系夸诞不实之词。但是这些传闻真实地反映了朝鲜君臣举棋不定的复杂心态以及进退两难的决策困局,而这一点无疑在日方掌握之中,揆之朝鲜史籍,亦历历可考。如有好事者陈绚上疏力陈"请择能胡语、汉语者,间行

---

① 泉澄一编《宗氏氏录》,延宝三年(康熙十四年,1675)五月,大阪:清文堂,1981 年,页 112—113。

② 《华夷变态》卷三《朝鲜国ニ而風説之覚書》(朝鲜国风闻之概要),页 135—136。

深入，以觇贼奴虚实，又察吴将胜败。文武中择智谋异等者，为通信使，送于郑锦海岛，凭寄檄书于吴三桂，以约某月某日兴兵协力之期”①。公然要求加强对清情报工作，同时努力寻求与三藩及郑经结盟之途径。无独有偶，极力主张与清绝和的大臣尹鑴于康熙十四年(1675)年初正月二十四日向肃宗进言：“今日之忧，唯在于郑锦之猝迫海边，清虏之充斥西路，前秋虚警，亦非无根之事。以此告急于清国，请得缮治兵事，且我服事清国，郑锦之所尝疑而忿之者也。今与吴三桂合力，其势甚张，恐有(声)〔申〕罪致讨之患。”未获肃宗应允②。四月三日，尹鑴因唐人黄功上疏通使郑经，乘机向肃宗进言：“天下大乱，皆叛胡，而独我国服事。他日中原恢复，我国何面目可立？今送一介使，通问于郑锦，则庶有辞于他日。”亦为许积等执政大臣所阻③。十月二十二日，右副承旨李同揆上疏言：“今日之隐忧，最在海上，会猎之书，一朝南来，则东吴谋士，争献迎贼之策，虽殿下手斫奏事之案，亦无及矣。”并要求“合天下之力，并东南之势……风便顺利，张帆过海”，进攻清朝。肃宗嘉其慷慨，但以时势不合不允其请，态度上已有所动摇④。

康熙十四年五月对马来书事件才刚刚落幕，次年(1676)二月二日，朝鲜领议政(宰辅)许积在出席“御昼讲”(相当于中国的经筵)之际，突然自袖中出进一册对马“来书”上呈肃宗，并建言送示清廷，以求自明⑤。二月十日，肃宗对于倭书所示“郑锦之睥睨、海岛之乘机”深感忧虑，要求大臣未雨绸缪，有所准备⑥。可是二月十五日，肃宗召见许积，许积又一口咬定倭书系伪造，并建议援引

① 《朝鲜王朝肃宗实录》卷三，肃宗元年五月辛未，第38册，页274。
② 《朝鲜王朝肃宗实录》卷二，肃宗元年一月癸未，第38册，页240。
③ 《朝鲜王朝肃宗实录》卷三，肃宗元年四月己丑、辛卯，第38册，页260。
④ 《朝鲜王朝肃宗实录》卷四，肃宗元年十月丙子，第38册，页307。
⑤ 《朝鲜王朝肃宗实录》卷五，肃宗二年二月甲寅，第38册，页321。
⑥ 《朝鲜王朝肃宗实录》卷五，肃二年二月壬戌，第38册，页322。

仁祖朝故事处死肇事者赵昌汉,肃宗遂诛之了事[①]。此事亦见于《备边司誊录》肃宗二年(1676)丙辰三月十一日条:

> 启曰:自上年秋,闾阎间骚屑大起,有若变乱,朝夕将发者,及至冬间而益甚。人皆言倭书再来,其中有郑锦之兵将到之语,而庙堂之臣,讳而不泄,至于士夫,亦多有来问虚实于臣等者,莫知其由。只以人心不淑,胥动浮言,为可骇是白如乎。正月之初,臣积偶闻武宰有目见所谓倭书者,招而问之,则言果得见于朝士家云。其伪造倭书,以惊惑人心者,意在乐祸。[②]

如此说来似乎连一向持重谨慎的许积也中了圈套,可见在三藩之乱时期,对马倭书颇能煽动舆情,进而影响到朝鲜决策。但是,这份倭书是否伪造实未可知,《华夷变态》卷四载有《朝鲜译官答对马州家臣书》云:

> 一自佐浦旋帆以来,风潮累变,节序已三换矣。缅惟太守大人鼎茵崇毖,亦惟诸奉行佥执事,动止珍迪,区区胆傃,不容言喻。日者敝职留贵州时,伏荷大人损示札翰,细讯以中国变乱颠末,而行人之出疆者,其不及受辞者,亦不敢以其所不知为知。故泯泯墨墨,有扣不响,归来怅悒,亦何可言。敝职西还之日,偶值燕都使者,又自北来,仍得以详刺事情,闻有宁南靖寇大将军顺承郡王驻兵荆州,安远靖寇大将军多罗贝勒尚善驻兵岳州,多罗贝勒栋格进剿陕西,大将军和硕安亲王进剿长沙,和硕康亲王由浙江,和硕简亲王由江西,并取福建。兵马则分九路攻战,已阅三岁。其向荆岳者,盖拒

---

① 《朝鲜王朝肃宗实录》卷五,肃宗二年二月丁卯,第38册,页322。
② 《备边司誊录》,首尔:韩国国史编纂委员会,1959—1960年,第2册,页234。

平西也。其向闽浙者，盖备东宁也。其向陕西者，盖讨王辅臣也。或进或北，乍失旋收。江浙之间，尚为楚汉之京索成皋。北兵既未能弃原野之便，而入篝棘之险；南人亦难舍舟楫之利，而犯介马之锋。胜败之形，殆未有所分，则书中所谓战围南京之说，似是远外虚声，非的报也。茅闻燕齐之境，又方专意海防云。此则似亦有虑，夫东宁之风船出没无常矣。前书中辞意，既极勤恳，开诲良多，则敝职已布之于南公诸大夫[①]之侧，相与嘉悦赞叹，深感太守大人暨诸执政君子能念邻好之笃，至于如此也。每欲一以竿尺仰覆，兼陈谢悃，而因仍不遑以迄于兹。适闻橘成陈方戒，惟辑端此奉敷。千万不尽，惟希鉴照。

丙辰年（1676）八月　日

对马州家臣　金尊公　阁下

韩佥事兴　　判

金判事夏　　判[②]

这则答书署期为“丙辰年八月 日”，可见此前对马岛的确曾致书朝鲜译官，细讯“中国变乱颠末”，并提供所谓“战围南京”等情报。而因公逗留对马岛的朝鲜译官自述回朝鲜以后，“节序已三换矣”，可推知来书约在丙辰年（1676）年春季。又据金锡胄《息庵先生遗稿》卷十九《以马岛来问中国事情事移礼部咨》：

朝鲜国王为委报邻岛移书语意非常事，议政府状启节该：上年夏秋间，东莱倭馆译学等，偶因馆倭得所谓福商所传吴三桂檄文者，察其满纸辞意，决是卉服伎俩，不类汉人文字，既已毁弃勿留，亦不敢烦闻大朝矣。又近于本年六月，东

① 指朝鲜礼曹参议南天汉。
② 《华夷变态》卷四，页170。

莱府使鱼震翼报称对马岛主平义真委送差倭十三人,持书契出来馆所等因。臣等取见其书,盖即岛主抵本国礼曹参议者也。其中有曰"大明旧臣吴三桂,辅翼先帝遗子,分札倡良将,仗节举义兵,今业已围南北两京,而各天异地,未详斗乱情形,贵国地近中原,不知干戈余殃无及边徼"等语。臣等因此窃念:本国与彼倭通好羁縻今已七十年,凡岛中情状,皆本国之素所惯悉,言多狡谲,俗喜欺诈,种种事端,虽属可骇,本国并皆捐置不察而已。今此书契之辞,又明是卖弄哄人诳人之计者。本国之专赖大朝字恤之泽,邦内乂安,亭障无警,固岛人之所已悉。今乃以边徼干戈为问,此外荧惑之言窥伺之态。诚有不可以测知者。即今缘边郡邑,船舰久已废缺,城池一无所恃,疏忽之忧,有倍常时。且此岛主之端使特讯,有非前日倭译私相传授者之比,语涉上国,理难隐蔽,合无备将前因,咨报该部,允为便益等因,具启。据此,为照倭情异常,腰领难得,其在捍卫之道,既不可有虞不戒,揆以藩服之义,亦不可有闻不奏,为此,合行移咨。烦乞贵部照详转奏施行。再移咨云云。

窃照日者岛倭致书,托称邻好,信息非常,情诈难测,而语复有关系乎大朝者,当职不幸于非意之中,遭此事端,既不敢不以实状上奏,以自尽藩服之义。又不得不以私悃仰慕,以兼伸捍卫之诚,方且悚耸跼蹐,以俟裁察。乃者伏蒙皇上特垂矜轸,谧降明谕,凡诸睿算之所运,天威之所震,各路征讨之竞捷,诸省变乱之渐除者,悉皆赫然布昭于十行之间。至于先行晓谕之至计,预许拯援之洪恩,尤足以逆折奸萌,消弭祸孽。而东土民庶,亦将凭借宠灵,以永有奠枕之安,则当职窃不胜感戢欣戴,以攒祝我皇上字恤之大德。而惟彼岛人,又于今春间,因渡海舌官,续有詗讯,再申前说,比之上年书契,转益张惶捭阖,显有侦试哄胁之意,委属骇愕。今方另

> 差折冲将军韩时说，司译院正金振夏等驰至釜山，馆接着岛中干事头倭，以宣扬大朝威德。仍且谕之以逆顺，开之以利害，庶几遵奉成算，获保偏壤。以自附于守在四裔之训。为此合行回复。烦乞贵部照详施行。[1]

这则咨文不署日期，且从内容和格式来看，似由署期不同的两则咨文组成，第一通与《同文汇考》原编卷七八《报岛倭来报吴三桂举兵咨》（页 1461—1462）文字基本相同，而据《同文汇考》，该咨文署期为“康熙十四年（1676）十月 日”。并且咨文中的“折冲将军韩时说，司译院正金振夏”，应该就是上文《朝鲜译官答对马州家臣书》后署名的韩佥事及金判事等二人。而据《备边司誊录》，许积在正月初已经得知倭书系伪造，并断定“以惊惑人心者，意在乐祸”，若果如此，为何他在二月二日又将此书煞有介事地上呈肃宗，引起肃宗严重关切，这岂非自相矛盾？一种可能是，许积进呈给肃宗的对马倭书，即是得自写作这封回信的朝鲜译官，但事后见浮言四起，政局动摇，为稳定人心，遂断然宣称倭书系伪造，杀赵昌汉以塞悠悠众口。大致可以推知，郑经将自海路进攻朝鲜的消息似乎已远远超出朝议范围，间接造成民间舆情汹涌，进而迫使执政当局不得不加强舆论控制，并引发了政治血案。

对马来书中所一再提及的吴三桂檄文，直到乱局之后还一再引起朝鲜士人之嗟叹，如成海应题吴三桂檄文[2]提到：“檄中云甲寅元朝，奉太子即位，建元周启。然三桂实自立而国号周也。三桂事清……执永历而弑之。遂据永历故宫，缮修颇壮丽。陈古玉彝器之属，布列珍禽名花，拥陈沅而酣嬉。

---

① 金锡胄《息庵先生遗稿》卷一九《对马岛来问中国事情事移礼部咨》，“影印标点韩国文集丛刊”，首尔：景仁文化社，1995 年，第 145 册，页 463。

② 《边例集要》卷一七《杂条 · 丙辰》（页 491）全文抄录了吴三桂檄文。

此其心岂复思明室乎?”[①]朝鲜士人最终恍然大悟,吴三桂反清实为一己之私欲,与复明实在没有太大关系。成海应题檄之后觉得意犹未尽,又复题该檄文,认为朝鲜君臣之于吴三桂檄文,“以为倭人假托”,并断定是“因福建商人微有传信。而欲钩取我货”[②]。其实他们的担心亦非全无道理。吴三桂于康熙十七年(1678)三月即帝位后不久,消息就传入日本。《华夷变态》的编者同时也是三藩之乱期间对清情报工作的幕后主持者林恕获知消息后,于当年七月三十日作《吴郑论》,表示:“若其果然,则三十年来之素心,至是而见,而非忠义,而篡夺也。盖彼亦效曹操、朱温之迹,而有刘裕衰暮之叹,而不克终而然乎?”总之对于吴三桂称帝颇不以为然。即便对于台湾郑氏反清的政治动机,也有所怀疑:“闻先是郑氏亦奉一帝,建永历之号,不知自今而后,其事成而不变所守乎?有私营之谋乎?”而鉴于参与三藩之乱的军阀集团“如福建耿氏及孙将军、平南王,各割据一方,然始与吴郑相应,又降鞑寇”。林恕察觉到参与三藩之乱的诸势力同床异梦,各怀私意,缺乏明确的政治目标,因此断定“吴郑则蜂蚁之类,不足算也”[③]。可谓对于三藩之乱的黯淡前景已有深刻洞见。须知林恕的看法也很大程度上能够真正影响或者代表日本幕府最高当局的意志,然而对马岛主平义真却在次年(1679)一如既往,向朝鲜传达吴三桂军已围南北两京的假情报[④]。实际上直到康熙二十二

---

① 成海应《研经斋全集》卷三三《风泉录三·题吴三桂檄后》,“影印标点韩国文集丛刊”第274册,首尔:韩国民族文化推进会,2001年,页237上栏。

② 成海应《研经斋全集》卷三三《风泉录三·复题吴三桂檄后》,页237下栏。

③ 林恕《鹅峰林学士文集》卷四八《论二·吴郑论》,东京:ぺりかん社,1997年,页510。

④ 成海应《研经斋全集》卷四四《杂录·吴三桂搬家案解》:肃庙戊午(1678)夏秋间,东莱倭馆译学等,因馆倭得福商所传吴三桂檄文。己未(1679)六月,东莱府使鱼震翼报称对马岛主平义直(即平义真),委送差倭。持书契出馆所,书契有“大明旧臣吴三桂辅翼先帝遗子,分札良将,仗节举义兵,今已围南北两京。而各天异地,未详斗乱情,贵国地近中原,不知干戈余殃无及边徼”语。“影印标点韩国文集丛刊”第274册,页453。

年(1683)十二月郑克塽业已降清后，对马岛主致书朝鲜礼曹，依然危言耸听："窃闻……东宁郑锦舍丕募奇兵，风舶万里，侵于贵国地方、良哈直入北京，而将决战攻。又闻，清王雄奸傲强，以不道之难，而谴责贵国矣。"并且要求朝鲜当局"若有急变，速须申喻，希勿含糊"[①]。须知当年七月郑克塽所遣使者已赍降表至提督施琅军前投降[②]，八月十一日长崎当局就从来航二十五番东宁船船员口中获知确切消息[③]。对此朝鲜君臣甚为愤懑，肃宗命大提学南九万与庙堂诸臣相议撰答书，切责日本有悖交邻之道：

> 近者，我国使价回自燕京，传言闽兵深入台湾，扼其要害，郑锦势穷力屈，率兵民男妇数十万，出就招抚。信斯言也，与来书一何相反耶？谴责之说，尤无端绪，流听多舛，不足为怪。交邻之道，有急则相告，希勿含糊之示，恐虑我太过也。然毋论虚实，闻则相报，足见邻好之至意。[④]

不唯如此，此次对马来书事件不知何故辗转传入清朝，导致康熙二十八年三月朝鲜告讣使李濡入京之际，清朝重臣明珠亲自过问，从而又在朝鲜国内引起一场问责的政治风波[⑤]。这也充分说明，对马来书大幅夸大三藩及其盟友郑经的战绩，实际上是一种情报讹诈，意在试探朝鲜当局对于三藩之乱的真实反应，而其实际上也的确起到动摇朝鲜舆情，并且对于朝鲜执政当局的决策产生了相当程度的干扰。

---

① 《朝鲜王朝肃宗实录》卷一四，肃宗九年(1683)十二月己未，第38册，页668。
② 蒋良骐《东华录》卷一二，康熙二十二年癸亥(1683年)七月，中华书局，1980年，页202。
③ 《华夷变态》卷八《二十五番东宁船之唐人共申口》，页406—408。
④ 《朝鲜王朝肃宗实录》卷一四，肃宗九年(1682)十二月己未，第38册，页668。
⑤ 《朝鲜王朝肃宗实录》卷二〇，肃宗十五年(1689)闰三月戊戌(三月一日)，第39册，页164。

(2)朝鲜传闻——以釜山倭馆为中心的日朝情报战

另一方面,日本固然常常对朝鲜进行情报讹诈,而朝鲜官方也力图向日本隐瞒战局发展,釜山倭馆的日本使节虽极力打探,但往往不能通过正式途径,所获悉之消息多来自朝鲜好事之徒,不能反映当时战局发展的实况。兹将收入三藩之乱期间对马进呈的朝鲜风说书列如表二所示:

据表二所见,总体而言,《华夷变态》所收朝鲜风说书有如下几个特点:一是缺乏可靠的消息来源,除有两次是倭馆日本使臣询问朝鲜译官所得。二是仅为口述概要,模糊笼统而语焉不详。三是对于清朝覆灭、三藩战胜盲目乐观,对于叛乱一方的战绩不无夸大失实之处。例如,卷二《吴三桂逆心之次第》有如下记载:

> "红头天子二十年",上述文字,显于北京之山所出玉石。据闻鞑靼人赤发,且其进入北京,占领唐国全境,已有二十年,现今此乱发生,玉石文字或为北京鞑王灭亡之奇瑞。必于唐乱发生之际,方有如此奇瑞。

关于此点,似乎在中文及朝鲜史料中找不到相应记载。另外清军入关到三藩之乱爆发,业已有三十年,且满族赤发之说更是无稽之谈。又如,卷三《朝鲜传说二通》里提到,清朝向蒙古请援,蒙古派出十万援军参与蒋山之战,然大部被歼灭。清人没有兑现每人给赏十两之允诺,蒙古军心生不满,遂饱掠乡村而去①,此亦偏离史实甚远。一则整个三藩之乱期间,三藩军队兵锋从未至蒋山,二则十万蒙军入援之说,亦缺乏根据。至于当年之战场态势,则描述如下:

---

① 《华夷变态》卷三《朝鲜传说二通》,页 102—103。

表二　三藩之乱期间朝鲜风说书一览表

卷次	目录标题	细目	年次	署期	内容摘要	备注
卷二	对马风闻	1. 唐鞑战之事 2. 吴三桂逆心之次第	甲寅（康熙十三年 1674）	六月廿三日	○吴三桂之子乃清朝兵曹判书，自杀于北京。吴三桂奉朱太子即位 ○吴三桂与清刑部尚书勾结，派遣军士二千扮作商人入京，企图杀死鞑王 ○清人掘吴三桂先祖之墓，而吴三桂早在三十年前即将先祖墓迁至云南 ○红头天子二十年奇瑞出现，预示清朝将亡	十月十八日，自宗对马守处报来 所谓吴三桂派军士二千入北京欲刺鞑王之事，乃指“杨应龙之乱”无疑
		3. 觉（备忘录）		九月十一日	○吴三桂占领唐国大部，现正攻打南京，即将陷之。而北京鞑军集居，一时难决胜负 ○锦舍造战船数百，大部以木塞船底，诱南京清军乘之，清军中计大败	十月廿六日，来自宗对马守

（续表）

卷次	目录标题	细目	年次	署期	内容摘要	备注
卷三	朝鲜传说二通	4. 朝鲜传说	乙卯（康熙十四年 1675）	正月八日	○吴三桂战围两京，或当年与清决出胜负 ○清帝接见朝鲜使臣，欲请兵朝鲜，朝鲜拖延未遣援军	此二则风说书连同绘图一通，于二月十九日被进呈酒井雅乐头、稻叶美浓守过目
		5. 同上		正月十六	○蒙古应清朝之请派十万援军参与蒋山之战，然大部被歼灭。清人没有兑现每人给赏十两之承诺，蒙古军心生不满，遂饱掠乡村而去	
	对马注进	6. 对马注进		四月廿八日	○蒙王叛变，攻入辽阳及山海关，则吴三桂与蒙古南北相攻，清朝或有灭亡之虞 ○传闻朝鲜虑清朝将亡，或向吴三桂派出援军。一说朝鲜抽调除庆尚道外之七道兵力，配置义州边境，备御鞑靼及蒙古	此所谓蒙王叛变事，乃指布尔尼之乱无疑
	朝鲜国之风说	7. 朝鲜国风闻之纪要		十一月八日	○郑氏为朝鲜六大姓，据五六百年前之谶书，或将君临朝鲜 ○吴三桂遣使请兵于朝鲜，朝鲜将来使杀害，或言将来使递送北京	

（续表）

卷次	目录标题	细　目	年　次	署　期	内容摘要	备　注
卷三	朝鲜译官觉书	8. 译官两使所述概要	乙卯（康熙十四年 1675）	十一月八日	○朝鲜使臣禁锢馆内，不得擅自与北京人交接，故未知战局详情 ○四川成都被吴三桂占领，南京是否攻占未能的知。北京鞑军共八百万，吴三桂虽攻入北京近郊，骤然难决胜负	
卷四	朝鲜风说	9. 朝鲜国关于唐乱之风说纪要	丙辰（康熙十五年 1676）	辰四月朔日	○北京敕使来朝鲜，乃因前年朝鲜王妃崩，为去年新立王后赐号而来 ○自去年冬季北京人迹渐稀，乃因南方战局不利，派遣大量援军之故。北京先后派出数十万军队，大部战死	此卷还收有《朝鲜译官答对马家臣书》，兹不计入风说书内
	唐乱に付朝鮮にての風説	10. 朝鲜国关于唐乱之风说纪要		六月朔日	○鞑靼遣沈阳驻军南下，至今已无军可遣 ○北京大臣大半曾为明人，吴三桂起兵以后，或有叛变之举 ○近年唐乱愈炽，朝鲜在平安筑二十余城，于开城府筑北汉、南汗二山城。亦将于全罗道及庆尚道筑城 ○朝鲜大臣或因北京危殆，无有愿出使者	

（续表）

卷次	目录标题	细目	年次	署期	内容摘要	备注
卷七	宗对马守朝鲜注进三通	11. 此次向译官所询唐兵乱之风说	己未（康熙十八年 1679）	午十二月廿五日	○吴三桂称帝，百姓悉归附 ○蒙古王之女为清人之妃，怀孕被遣回，蒙王遂有谋反之意	
		12. 唐兵乱之风说		未正月廿五日	○据闻吴三桂去世，朝鲜国疑为诈死 ○吴三桂虽有忠臣之誉，而除朱太子称帝，以其孙为皇太子	
		13. 觉（备忘录）		二月八日	○朝鲜于都城近畿修筑城池，配置军粮，每日操演弓矢、铁炮（鸟枪）	
	宗对馬守よりの注進	14. 唐兵乱之风说		五月十二日	○去年吴三桂紧逼南京近郊，如攻取南京，则北京或不战而陷 ○北京传闻吴三桂或老病而死，而不能确信 ○清朝向赴京朝鲜使臣封锁战况	

唐国大部为吴三桂所占，现攻入南京附近，尚未攻占之地极少……迄至近日，南京境内之蒋山有大合战，其时吴三桂方面进攻南京之大将军靖南王，三十年以前与吴三桂等三人同为人臣，进入鞑靼时代，担任福州守护，此时与吴三桂联合。福州与南京相近，故而思为先锋，担任主将，独自率领锦舍属下二员大将进攻南京。而吴三桂七子皆在各处，受命开辟战场，清人似不知吴三桂所居何地，各处布网打探，北京一旦得悉吴三桂居所，或将不顾一切企图杀之，清人吩咐下去，此前吴三桂病死之传闻，乃出于谋略，吴三桂仍健在。①

其中靖南王担任吴三桂先锋，领锦舍属下两员大将试图进取南京之消息，虽一定程度上反映了三藩起初的战略安排，但风说书中却将此战略安排描述为既成事实。基本可以说，朝鲜风说书对于三藩一方之战绩，往往夸诞不实。而在署期“正月十六日”（康熙十四年，1675）的“朝鲜传闻”最后，有宗对马守所加按语，其中提到关于朝鲜到底是入援清朝或是与吴三桂联合，“私下似有传闻，然译官或有隐瞒，未及此事，然因入援人数众多，纵使隐瞒，届时和馆亦将闻知”。可见对马宗氏对于朝鲜方面之刻意封锁消息，亦心知肚明。

当然，朝鲜风说又并非完全是空穴来风，其中关于朝鲜与清廷之交往以及朝鲜政局的描述，大多可与朝鲜史料相互印证。例如卷二关于郑经用计赚清南京守军上战船而歼灭一事，似乎在《朝鲜王朝实录》中可找到类似记载：

庆尚观察使郑重徽以问慰渡海译官韩时说手本驰启曰：

① 《华夷变态》卷三《朝鲜传说二通》，页103。

吴三桂、郑锦舍事情,探问岛倭,则吴三桂与郑锦舍、耿靖忠、王辅臣,连横合势,湖广、四川、陕西等地,不动一兵,传檄而定,声势日振,南方郡邑,太半归顺。郑锦舍造战船四百余只,皆作隐穴,与清人战,佯败弃船而走,清人不知其有穴,乘其船,乘胜逐之,才至洋中,水自隐穴入,清兵万余皆溺死,无一生者。[①]

二者关于郑经水军之战法基本雷同,只是《华夷变态》记作郑军进攻南京使用此种战法,是一木塞船底,待清军上船,郑军派出水手将木塞去掉,然后回船相攻(页95—96),上船清军皆遭歼灭。而《朝鲜王朝实录》则不记郑军在何处使用此战法,而对清军损失人数,则记作"万余皆溺死,无一生者"。尽管描述的细节有所差异,但基本可断定是同一件事,至于此种传闻的真实性则十分可疑。又如,关于清朝向朝鲜求援之举,卷三《朝鲜传说》记曰:

朝鲜国定期遣往北京之使者,近日归国。鞑王于北京接见使者,有秘密口谕,定是向朝鲜国有请兵之托。据闻,朝鲜都城诸大臣商议,如北京鞑王败兆显现,如何能派遣援军?姑且延迟派援之举。如北京来诘问,根据使者之情形,或转而商议决定与吴三桂联合。故此迄今为止,未派援军。且各处遍传,朝鲜军队急往都城集中。然未知的否,先据以上闻。(页101)

这则风说书署期"正月八日",此事实见于《朝鲜王朝肃宗实录》肃宗元年(1674)十一月壬申(13日)条记载:

壬申,引见大臣、备局诸臣。上曰:"进香使先来别单,有请兵之语,将何以处之?"领议政许积曰:"若只求军器,则

① 《朝鲜王朝肃宗实录》卷五,肃宗二年一月丙申(13日),第38册,页318。

无辞可防，固当从略给之，至于请兵，则事甚难处。椵岛、锦州之役皆送兵，此则出于万不获已，犹有可诿。今者吴三桂拥立崇祯之子，再造大明，我乃兴兵助伐，非但义理之所不忍为，虽以利害言之，清国之势，似难久保。大明兴复之后，若有问罪之举，则无辞自解。若虑此不从其请，则清国虽疲，制我则有余。以数万兵侵轶我疆域，则将何以待之？彼果若请兵，则我以丁丑后专抛兵政，加之以饥馑，兵民散亡，无以调发之意，具奏以送，则使臣必有系縶杀戮之患，而如是往复之际，可以观天下形势而处之。”左议政郑致和曰：“大明之恩，何可忘之？向者锦州之役，或曰：‘宁以国毙，决不可从。’或曰：‘皇朝远隔，而虎狼迫之，岂可不从？’终以若干兵助之。今依领相之言陈奏，得请则大善。彼既发言，终无抗拒之路，到此地头，实无善策。我国人心善为骚屑，不必预先烦论，临时讲定可矣。”礼曹判书权大运曰：“我无自强之策，而不从其请，则彼以一枝兵临我，其于目前之急何哉？”知事柳赫然曰：“夏间敕行其来甚急。先朝虑有请兵之举，问臣以海西兵额，而有许给之意矣。吴三桂举事，名正言顺，我当乘此机会，以雪丙丁之耻，而乃反送兵助伐乎？但不从令，则便是生衅，自量兵力，后可为之耳。”右尹申汝哲曰：“当知天下之胜负，然后可决此议。”刑曹判书吴挺纬曰：“先朝为宗社、为生民，既有定计，有何他策？”刑曹参判南九万曰：“孝庙以来，三十年治兵以待。如此事机，以此军兵、以此器械，岂可反应彼人之索乎？”修撰任相元曰：“宁以国毙云者，堂堂正论，而国事异于匹夫。以我国人心兵力，不可遽尔绝和，而送兵助伐，义所不忍。不计数三辈使臣之杀死，姑以难从之意，恳辞哀乞。设令终不得已从之，奏文俱在，可以有辞于他日。”承旨郑维岳曰：“自古国家之兴，必乘危乱之势。若于今日先讲自强之策,岂非急务乎?”积曰:“臣所陈缓祸之计,正是自强之策也。江都古为保障之地,今有难恃之势,而海寇则尤不可防也。西路城池,不能任意修筑。今番别单通官张孝礼有城池修筑之问,移咨兵部,陈请修治,则必将见许。”上曰:“速成奏文,付诸使行可也。”九万曰:“西路兵事,不至全废,何必咨请然后为之?且今欲以久不治兵,将塞彼请,而预请治兵,未知其可也。”积曰:“今有北汉筑城之议,而犹以彼人为难,西路治兵,岂可任意为之乎?”赫然曰:“脱有事变,无可驻跸之所。北汉山势险固,四面阻塞,独有洞口一路,筑役无多。且是都城咫尺之地,虽有仓卒之变,军兵器械、人民蓄积,可以避入无遗。形势之便,莫如此处,宜速讲定修筑之策矣。”上曰:“然则修筑可也。”积曰:“臣等相议久矣。上意既如此,当令备局堂上一人,往见形势后,措置之方,可以次第议定矣。”①

此次朝鲜进京进香使臣,系指“灵慎君滢”,使团一行于十一月七日到山海关,即“先来驰启”,报告三藩之乱的最新消息②,数日之后消息就传至朝鲜京城,朝鲜使臣对于清帝请兵之举之因应各执一次,相争不决,而这种情况于次年(1674)的“正月八月”就被对马倭馆获知,可见单就此事而言,对马岛掌握了当时朝鲜政局的真实状况。另外,朝鲜风说书中关于朝鲜在境内筑城之事、朝鲜使臣不愿出使清朝等,亦在在有据。

另外需要提到的是,一方面日本处心积虑通过倭馆搜集三藩之乱的情报,另一方面,朝鲜方面也极力通过倭馆打探最新战况,例如肃宗六年(1680)七月,朝鲜译官名安慎徽者,就从与

① 《朝鲜王朝肃宗实录》卷一,第38册,页219。
② 《朝鲜王朝肃宗实录》卷一,肃宗元年十一月丙寅(7日),页218。

之相厚的“馆倭”处得到“一张倭书”，内容是关于当年郑锦败退台湾一事，并迅速将其译成汉文上报东莱府使，此倭书即风说书，今仍见存于《华夷变态》一书中，此在下文中仍将再次提到，兹不赘述①。

综上所述，可知日本在三藩之乱发生过程中屡屡以虚假情报试探朝鲜的反应，朝鲜则极力不让日本看清自己的真实意向。有着交邻之谊的日朝两国，表面上依据交邻原则彼此互通声气，实则同床异梦，时刻提防对方的情报讹诈。之所以如此，或许既是出于日本曾经野蛮入侵朝鲜的历史积怨，而又面临朝鲜业已屈事满清的现实分野。对于三藩之乱的发生，从义理的层面考虑，屈事清朝且有强烈思明情结的朝鲜君臣自然欢欣鼓舞，但对有着抗礼中国传统的日本而言，明清易代华变于夷的历史机遇则有付诸东流之患。有着儒者和幕府大学头双重身份的林恕，尽管对三藩之乱有“若夫有为夷变于华之态，则纵异方域，不亦快乎”的告白，可是这多大程度上真实反映当时日本的国家意志，却是大可考究的问题。但就现实的地缘政治而言，日本与大陆隔海相望，而朝鲜则与清朝壤界相连，三藩之乱所导致的华夷秩序调整之可能，对于日本不啻秦越肥瘠，而对朝鲜实为休戚攸关。日本大可以极力鼓吹尊王攘夷高自标榜，而行太阿倒持、道统自立之实。而对于朝鲜，清朝胜利不符朝鲜尊周思明之本心，三藩胜出则朝鲜有“服事清国”之耻并遭“申罪致讨”之患，从而不得不在礼义与现实乖离的紧张感中首鼠两端。了解日本和朝鲜错综激烈的情报攻防，或许也是理解日、朝两国对于三藩之乱具体态度有所差异的一个极好注脚。

---

① 《朝鲜王朝肃宗实录》卷九，肃宗六年七月丁酉（10日），第38册，页463；《华夷变态》补遗《二番普陀山船之唐人口述》，页3003。

（二）唐船风说书所见"三藩之乱"战局

自康熙十二年十一月二十一日吴三桂起兵反清。至康熙二十年十月二十九日吴世璠自杀，清军攻占昆明，三藩之乱历时八年，大致可分为三个阶段。第一阶段自康熙十二年（1673）十一月至十五年（1676）四月，乃是三藩的战略进攻阶段。吴三桂兵出云贵，进据湖南澧州、常德、岳州、长沙；清军云集荆州、武昌、宜昌，但不敢渡江撄其锋。孙延龄叛于广西，罗森、郑蛟麟、吴之茂叛于四川，耿精忠叛于福建，台湾郑经渡海进兵福建漳州、泉州和广东潮州，提督王辅臣又叛于宁羌，击杀清陕西经略莫洛。四方震动，人心动摇。康熙帝欲亲征，经议政内大臣密议谏止。清军东征西讨，顾此失彼。随后尚之信又叛于广东，总督、巡抚俱附之，清廷增兵两江。第二阶段自康熙十五年（1676）五月至十七年（1678）七月。以王辅臣败降于平凉为转机，形势向有利于清军发展。随后，因郑经部割据福建漳、泉、兴、汀等地，耿精忠腹背受敌，仓促撤兵请降。尚之信也相继投降。孙延龄又被吴世璠杀于桂林。于是，清军集中兵力进逼长沙、岳州，吴三桂聚众固守。两军在江西吉、袁二州、广东韶关、永兴和广西梧、浔二州及桂林等湖南外围要地反复争夺。清军将帅每多观望，旷日糜饷，在军事上仍处于相持阶段。第三阶段自康熙十七年（1678）八月至二十年（1681）十月。康熙十七年，年已七十四岁的吴三桂在衡州称帝，国号大周，但未能改变叛军的困境。同年秋，吴三桂病死，形势陡变。叛军无首，众心瓦解，其孙吴世璠继承帝位。清军趁机发动进攻，从此叛军一蹶不振，湖南、广西、贵州、四川等地逐步为清军恢复。但马宝、胡国柱等叛军仍困兽犹斗，节节顽抗；满洲将帅仍多迁延，以致时逾两年，清军才进逼云南，康熙二十年底，围攻省城昆明。吴世璠势穷自杀，余众出降，三藩之乱终告平定。

三藩之乱期间，为筹措军需，无论是郑经，抑或是靖南王耿精忠、平南王尚可喜及其子尚之信，皆派遣商船赴日贸易，另外也有清朝管辖区的走私船赴日贸易，各方都向日本提供有关三藩之乱的消息。来日商船由于隶属关系不同，各为其主，立场有所差异，因此关于战局的描述不免有一定的倾向性，以下就这个问题稍作分析。

（1）三藩叛军所属商船之风说

先说靖南王所属商船。三藩之乱发生不久，首先将三藩及郑经联合反清消息传至日本的是延宝二年（1674）五月入港的二番福州船，其所带来的相关消息如下：

> 云南、贵州两省之守护平西王名吴三桂者，并广东守护平南王、福建守护靖南王，均为明朝之恩臣。至大清之代，皆随运而成亲王，登得高位。因累代为明朝恩臣，故郁愤难拂，特别是平西王，在明朝失国之时，匿藏崇祯帝之三岁的三王子抚养之。但是，前年大清康熙帝钦命削去三藩之兵权，调配彼等兵马前往北京。认为这正是时机，平西王向广东、福建的两位王爷秘密通告举兵之企图，平西王前年十一月假托入京奏事，自云南入四川，于四川起义兵一百六十余万，杀四川守将张部院，四川轻易降伏，此后又返回云南，清朝诸官或降或见杀，事态稍稳后，于当月朔日寅刻，奉所抚育之王子即位，改年号为周启元年。乃发檄文与福州靖南王及诸处官员，亦发檄文与东宁锦舍，决定自海陆两路讨伐清朝。平西王于本年正月中旬赴湖广，攻取湖广十五府中的九府，遣子

> 侄辈攻陕西，据闻，陕西半数民众降附。广西乃有女王之处，亦同意起兵。广东守将平南王虽同意此事，然部卒无多，暂未仓促起兵，先曾向靖南王及锦舍乞援，彼此心照不宣，当随后起兵。靖南王于本年三月十五日于福州起义军，同月十五日于福州立制札，靖南王及麾下诸官自不待言，迄至万民皆蓄发，使戴网巾，服制亦改为明朝之样式，亦无攘夺百姓之事，并使安堵。唯泉州一府，乃王提督者所守，起初有敌忾之心，靖南王军掠夺泉州之后，复归心降伏。此后靖南王自四月初起，率军约二十四万渐趋南京。锦舍本来就等待这一时刻，闻之大悦，乃率军约十万，船大小九百余艘，渐趋南京。据闻，福州之兵船，皆由靖南王留与锦舍之用。锦舍当于六月初发自东宁，于南京与靖南王会师。据百姓言称，广东平南王亦同意如此后，当无别事，诸军或将蜂拥至南京，此外追随者，其数难知。诸人言称，如许情势下，如攻取南京，则余各处将容易归于大明。据闻，平西王嫡子、诸亲族及部属共数千，于北京为质，嫡子入狱，其外诸人，皆遭杀害。推测靖南王、平南王所质，共计有数千部众，被安置北京，亦当一同遇害，的否未知。如许大变酿成之际，本想渡海赴日船货皆无，然广东有自贵地回国之唐船，此船很久前就筹集货物，如此则似可往贵地，亦未可知。我等之船，自去年往泉州，相比大变之前，所筹货物稍减。自福州发船前后，货物之道路丝毫不通，我等于四月廿六日发船后之事，未能知晓。[1]

该船船主同时将吴三桂及郑经的反清檄文携至日本，两则檄文引起日本幕府高层的极大重视。二檄文于六月六日进呈江户，"于殿中春常（即林信笃）读之"，幕府五大老皆"列座听之"。遗憾的

① 《华夷变态》卷二《二番福州所发船之唐人口述》，页60。

是，这则风说书中并无关于船主及船员本身的信息，但此船似由靖南王耿精忠所派，且负有重要的政治使命。而在当年十月赴日的二十二番福州船头曾一官，就将耿精忠反清之后在所辖范围取消禁海令的消息传递给日方：

这次我船赴贵地之时，靖南王吩咐说："你等到达日本后，彼地定有各地做买卖的唐人，前因福州禁止商船，众人多感恐惧，未能往来，今后各位唐人相互告知，可随意往来福州商卖，生丝、杂货，任其随意买卖。上述事项，告众人知之。"再三吩咐我等。

据上述史料，曾一官是耿精忠所属船头无疑，并且，该船出海之际，正值郑经与耿精忠在福州的势力范围划分上发生分歧，靖南王自食其言，违反将漳州、泉州二府交付给郑经以作立足之地的承诺，导致双方军事冲突一触即发，因恐惧兵临厦门的郑经商船，靖南王原拟派出的六艘商船，只有曾一官船"在福州兵船护送下，顺利出海"。值得注意的是，曾一官虽作为靖南王手下，却在风说书中赞赏郑经捐弃前嫌，对于此前叛离东宁者概不追究，以致泉州守军叛镇南王而投郑经[①]。之所以如此，或许与耿精忠起兵之后，福建人心不附有关，这在风说书中亦有体现。例如，延宝三年(1675)《廿八番福州船之再次口述》似乎更能说明问题：

靖南王缺少军资，很是困窘。故向商民征收军粮，百姓极其困苦。因此，福州民心不稳，有欲逃离者……故稍殷实及官宦人家变卖家财，甚至连日常用具也出卖。因此，本船也载有少许小物件，详细情况之好坏，明年正月到达的后船当会报告。(页 138—139)。

---

① 《华夷变态》卷二《二十二番福州船头曾一官船之唐人口述》，页 97—99。

这则风说书耐人寻味，实际上廿八番福州船在十一月入港时，就已经被唐通事询问过一次，提及靖南王军于台州与清军陷入胶着状态，接受唐通事再次问询时，就如实透露了靖南王治下福州的困苦现状。靖南王自起兵反清之后军需浩繁，积极派船出海，曾与荷兰人进行贸易，然亦不遵守商业信用，恶名远播海外。据延宝三年(1675)“十一番咬嵧吧①船之唐人口述”云：

> 福州靖南王叔父云亘四爷②者，与靖南王同居福州，此人特好买卖，以前曾与阿兰陀人相通，阿兰陀船有数艘到达福州，当时此人虽从阿兰陀人处获利颇丰，但是阿兰陀人在福州十分跋扈，故后来不许阿兰陀商船来福州。数年来，一直未见阿兰陀商船。然去年亘四爷向阿兰陀人发出邀请，派两唐人赴咬嵧吧对阿兰陀人言说：可以像以前一样向福州派商船，来十艘也不感困难，所以请随意来做生意。然阿兰陀公司答复说：以前也曾派船赴福州，然双方货物强买强卖，损失颇大，再不会派船了。(页 117)

又据延宝五年(1677)“三番思明州船之唐人口述”云：

> 去年(1676)有三艘荷兰船来到福州，三艘船所载货物均被靖南王收购，然靖南王却无力支付货款，靖南王军中亦是军粮匮乏。无奈其中两艘空船返回咬嵧吧，另一艘则因货款之故，在福州等候。(页 179)

康熙十五年(1676)，耿精忠投降清军后，福建的海禁重新恢复，福建船只的海外贸易受到严重影响，基本处于中断状态。据《华夷变态》所记，1679 至 1684 年间福建赴日商船几趋于零。如延宝六

---

① 即今印尼首都雅加达(Djakarta)，当时为荷兰人所占领。
② 应为“耿四爷”之误，据中国史料，此人名耿继善。

年(1678)到达长崎的“一番福州船头薛八官船之唐人口述”云：“我船由于藏匿于福州定海，故很难了解各方消息，福州货物很多，然禁律甚严，无法自由发货。”①大致可以推断，康熙十五年耿精忠降清之后，虽“仍留靖南王爵”，受命率领所属官兵随征“海逆”，但由于昔日的权力被大大削弱，处于康亲王直接监视之下，本籍福建之商船丧失了昔日的庇护，此后见诸《华夷变态》记载冠名福州船者，或自郑经领内来福州装运客、货②，或沦为走私船③，皆不能断定与靖南王有关联。

三藩之乱期间，见诸《华夷变态》记载的“广东船风说书”并不多，兹表列如下：

表三　三藩之乱期间广东船风说书一览表

卷次	风说书标题	年次	署期	内容摘要	备注
卷二	1. 五番广东船之唐人共申口	康熙十三年(1674)	寅六月六日	平西王吴三桂、靖南王以及广东女王名定南王者联兵反清复明，吴三桂很早就发檄文给平南王，然平南王持重静观局势，广东潮州守将刘进忠与平南王不睦，附于靖南王	广东女王，乃指孔四贞，即孔有德之女
	2. 十一番广东船之唐人共申口		寅七月十五日	○平南王嫡子多行不法，欲继其父王之位，平南王亦欲让位于其子，然暂时静观吴三桂与清朝胜败 ○广东当年有六艘船只欲往日本，五艘遭风船破，唐人乘客四百余人死亡，仅余八九十人	此处平南王嫡子指尚之信

① 《华夷变态》补遗卷一，页2998。

② 参见《华夷变态》卷五《二十三番福州船之唐人口述》，页276。

③ 参见《华夷变态》卷六《二十五番福州船之唐人口述》(页277)提到，该船自春季起就在福州等待搭载客货，等到八月，因防哨森严，客货皆无，全船连同水手在内只有38人，且被疑似康亲王所遣兵船追击，于八月廿六日被迫前往普陀山。

（续表）

卷次	风说书标题	年次	署期	内容摘要	备注
卷二	3. 十四番广东船头张俊使船之唐人共申口	康熙十三年(1674)	寅七月十六日	○吴三桂军攻广东边境梧州,广东城中骚然,平南王发军十万余,固守广州福州交界之程乡、广州江西交界之赣州、广东广西交界之肇庆,然肇庆军败绩,平南王让位嫡子,欲听其降明	
卷四	4. 廿一番广东船之唐人共申口	康熙十五年(1676)	辰八月五日	○平南王于今年二月二十一日叛清,让位于其子安达公尚之信,清朝所授平南王印及安达公印皆纳于吴三桂,安达公被授予总统义师招讨大将军之官位 ○每年航日之船头许大官,因稍具度量雄略,受宠于安达公,被授予总兵之职,统军三千,受命备御滨海,现正遣人制造战船。我等之船即由许大官派出	
卷五	5. 七番广东船之唐人共申口	康熙十七年(1678)		○康亲王攻占福建八府,现于福州,欲招引荷兰人,进图厦门 ○吴三桂随占湖广数省,然与清军战辄败北,大明气运可虞 ○我等是平南王所部商人,只专心商贩,未悉军情	日月不具。但记"七月七日,土屋但马守于殿中被渡之"
卷七	6. 十番广东船之唐人共申口	康熙十八年(1679)	未七月三日	○吴三桂于去年(1678)八月十七日病死于衡州,其子侄放弃衡州,撤往云南。平南王受命领军攻广西 ○锦舍现在思明州,虽攻下海澄,然军粮缺乏,士卒逃散,故而向有德民户劝捐军粮,征税课役,致使百姓穷困	

（续表）

卷次	风说书标题	年次	署期	内容摘要	备注
卷七	7. 十七番广东船之唐人共申口	康熙十九年(1680)	申七月廿二日	○平南王为部将张永祥告讦，言平南王逼死其父王，逾制用亲王之黄带，削夺军粮以饱私欲，康熙遣敕使下广州来咎其罪，考虑平南王重兵在握，暂未治其罪 ○康亲王领靖南王入京面圣，靖南王因叛逆之罪，被解除兵权闲居。此次上京或被诛杀 ○我等对于广东变乱异常忧虑，乘船远走海外，平安脱难。我船与史岳官、周玄官等三船，来一处避难。平南王所派每年来贵地之船，因今年之事故，未能成行。故而我等三船，装载平南王之少许货物航日	附广东船主史岳官书翰
补遗卷二	8. 廿八番广东船之唐人共申口		申八月廿四日	吴三桂于长沙登帝位之同年(1678)八月病逝，其孙吴应麟即位，年号洪化，今为洪化三年。吴三桂去世之后军威衰落，吴应麟仅领有四川六府、湖广一府，云南、贵州两省	吴应麟或作吴应麒，乃三桂之侄，即位者实乃吴三桂孙吴世璠

三藩之乱期间的广东船与福州船不同，或多或少都与平南王有关系，能够确定直接隶属于平南王藩下者，则有延宝四年(1676)“廿一番广东船”、延宝六年(1678)“七番广东船”。据《清史稿》，早在三藩之乱爆发前的康熙十二年(1671)，平南王尚可喜就“致书于长崎奉行，请通商舶，闽粤商人往者益众，杂居长崎市”①。三藩

① 《清史稿》卷一五八《邦交志六》。

之乱爆发后，平南王固守广东本土，周旋于清朝与吴三桂、郑经等反叛势力的夹缝中，持观望态度。康熙十五年(1676)二月二十一日，尚之信逼迫其父尚可喜交出实权，并正式加入三藩一方，而当年年底鉴于耿精忠降清，又"密疏"请降于亲王喇布，次年(1677)四月初二日生擒吴三桂派驻广东的总督董重民等，率广州文武官民，"剃发归顺"①。

无论是反清抑或降清，与靖南王耿精忠不同，直至康熙十九年(1680)之前，平南王父子一直得以控制广东，并持续与日本保持贸易关系。尚之信降清之后，于康熙十七年，由其所部潮州守将刘进忠带信给长崎奉行：

> 平南亲王尚致书长崎王麾下，六合同风，八〔肱〕非异。不谷作藩南服，无远无迩，咸在怀柔。惟王茂德，绥此一方，令誉流闻，风义广著，没用嘉叹，山川迴隔，通问未由，想声教相闻异地，盖有同情也。兹因商船到贵国，口口片言，用布悃沈。附致鎏金马鞍全副，少引区区，惟鉴念之。

而刘进忠所附书信为：

> 宝国得日之本，山丽水秀，人物清华，有礼乐文章之风。两王上往治均衡，四海咸附，群商云集，宽弘稚度，翩翩神仙，唐夏所景慕有载。向因军需孔亟，年遣敝员陈总兵，授国贸易，回述仪范，镌心耿耿。兹敝员秉熟再投，虽扁舟轻载，高厚自有招远格外之恩。谨具。不腆芹献，微忱遥候藩禧，伏祈采纳，曷胜光荷。②

这两封信由刘进忠以所谓"提督两省挂征逆将军印伯"的名义致

---

① 参见滕绍箴《三藩史略》，中国社会科学出版社，2008年，页1219—1220。据《华夷变态》卷五《四番潮州船之唐人口述》，尚之信重新剃发降清是在四月十三日。

② 《华夷变态》卷六，页258。

长崎奉行，署期为七月廿七日，此时尚之信已取代其父尚可喜为平南王。然刘进忠此人，根据他所派出的康熙十四年（延宝五年，1675）四番潮州船船员口述，是于康熙十七年（1677）六月初一日，迫于形势，接受康熙所授征逆将军伯的官号，“私下与锦舍秘密往来，诸事别无异状，等待时机”[①]。且尚可喜此时虽已降清，但并没有在广东贯彻海禁令，而是继续委任藩下亲信沈上达[②]管理海船贸易事，《华夷变态》这样提到：

> 平南王手下司商贸之官，名叫沈上达，多年来渡日之商船，皆由此人经手派出。[③]

而至康熙十九年（1680）二月起，尚之信却被昔日亲信沈上达伙同王府护卫张永祥、都统王国栋等人联名告讦，罗织以谋逆之罪，忠于尚之信的王府长史李天植伙同尚姓族人诱杀王国栋，遂给清廷以谋反口实，当年闰八月十七日，尚之信被康熙帝下旨赐死[④]。平南王府这一重大变故，自然对于投藩海商造成很大冲击，如从当年入港的“十七番广东船之唐人口述”可知，当时广东的海船船头对此次事变深感忧虑，纷纷出海避难。而平南王本人被赐死的前后始末，也被次年五月入港的一番东宁船船员详细告知唐通事[⑤]。平南王府被撤销后，尚之信所部“掌管贸易的有关人员迄今亦皆遭严厉拷问，所有财产均没入官，广东港口所有商船皆遭焚毁，这样的话，一时从广东到长崎的商船没有了”[⑥]。这说明广东也开始贯彻海禁政策。而此后见诸《华夷变态》记载的所谓广东船，往往

---

① 《华夷变态》卷五《四番潮州船之唐人口述》（页 184）提到：“我等所乘之船，乃刘伯爷所派。”

② 《吴耿尚孔四王全传》，“台湾文献史料丛刊”第六辑，台北大通书局，1987 年，页 25。

③ 《华夷变态》卷七《一番南京船之唐人口述》，页 338。

④ 参见滕绍箴《三藩史略》，页 1370—1381。

⑤ 《华夷变态》卷七《一番东宁船之唐人口述》，页 318—320。

⑥ 《华夷变态》卷七《萨摩野间破损南京船之唐人口述》，页 330—331。

本籍并非广东，而多是自外地前来贸易，如据天和三年（1683）“二番广东船之唐人口述”：

且说我船，去年（1682）十月二十四日，发船前往贵地，然于洋中数逢恶风，舵帆柱折损，因此将船上的大部分货物都丢掉，终于十一月二十二日到达广东境内，泊靠龙登澳港口，在那里将客人和货物等，秘密移入广东城内。广东自去年冬天起，两广镇守军门之官吴兴祚，以及水师总镇之官名蔡璋者，水师提督之官名许贞者，此三人严厉禁止往外国贸易之船，因此像往年那样，要将客人货物等运出很难，又兼上海一带各处多有盗贼，货物进出颇不自由。去年从贵地前往广东作生意的船只，有蔡胜官、谢春官、薛八官和我船，共四艘，都在到达港口的时候，港内驶出巡海兵船，紧紧追来。由于另三艘船为大船，无法在港口附近岛屿暗处躲藏，故驶往东京、广南。我船为小船，故躲藏于港口附近之岛屿暗处，这次召集客商，装载少许货物，本月二日从广东港口附近发船，今日进入贵港。我船载货不多，如上所述，广东城对客商船只出入严厉禁止，因此未得如愿载货前来。①

其中薛八官船原籍福建②，提到的蔡胜官实乃东宁船头③，只有谢春官是广东船头④。时隔方数年，广东海船亦步福建后尘，在清政府铲除平南王势力之后，丧失庇护，饱受海禁之害。

三藩之乱期间，郑经帅军来到福建滨海，极盛时期曾经领有福建漳州、泉州、兴化、邵武、汀州五府以及广东惠州、潮州二府，加之郑氏海军相对于清朝而言处于绝对优势，因此这一时

① 《华夷变态》卷七，页359—360。
② 《华夷变态》补遗卷一《一番福州船头薛八官之唐人口述》，页2997—2998。
③ 关于蔡胜官，下文还将详细提及，自不赘述。
④ 《华夷变态》卷八《十六番广南船之唐人口述》，页390—392。

期的赴日商船，绝大部分是郑氏管下商船。见诸《华夷变态》记载的所谓东宁[1]船、思明州（厦门）[2]船大部多系郑氏商船自不待言，另外自康熙九年（1670）起，郑经曾遣送许多台湾人至普陀山居住，此地虽名为清朝所辖，实则已归郑氏控制[3]，三藩之乱发生后，郑经还派出部将朱都督控制浙江沿海地区，此见于《华夷变态》记载：

> 我等所乘渡海之船，乃锦舍麾下名朱都督者所派。朱都督为控制浙江沿海，受命于锦舍，现领大小兵船二百余、约五六千之众，驻扎浙江境内名临门之处。因此次我船载货少，又是朱都督初次派遣，客人没有把握，无有乘者。[4]

另外，自东南亚等地出航的许多商船，实际上也是郑氏商船，如延宝七年（1679）来日的"二十番柬埔寨船"，据此船船员言称：

> 我等之船，乃锦舍部将名左武卫所派之船，即船头之叔父，自锦舍处获得出船之许可，前年自思明州来到贵地。[5]

而此船船头，根据另一则风说书，可知名为薛韬官[6]，所谓锦舍部将左武卫则名薛进思，耿精忠反叛伊始，遣使东宁请兵于郑经，薛进思即作为亲信部将随郑经进驻厦门。

值得一提的是，郑氏设置山海两路五大商行来管理海外贸

---

① 川口长孺《台湾割据志》页55、59："（清顺治十八年，1661年）（郑成功）改台湾为安平镇，赤嵌城为承天府，总曰东都……（康熙三年，1664年）及郑经还台……改东都为东宁府。"

② 杨英《先王实录》永历九年三月："六察官周素、叶茂时等条陈：中左兴王之地，不宜因循旧址，顾名思义，请改中左为思明州，亦如新丰故事也。藩从而改之。"陈碧笙校注本，福建人民出版社，1981年，页122—123。

③ 参见前揭朱德兰《清初迁界令时中国船海上贸易之研究》。

④ 《华夷变态》卷五《廿九番普陀山船唐人口述》，页193—194。此处的朱都督，可能是耿精忠部左都督曾养性部将朱天贵，后降于郑经，郑经败退台湾后，又降于清，后死于澎湖之战。

⑤ 《华夷变态》卷七《二十番柬埔寨船之唐人口述》，页304。

⑥ 《华夷变态》补遗卷二《七番柬埔寨船之唐人口述》，页3009。

易。据康熙七年(1668)降清的原郑氏部将史传琦奏称:“郑成功强横时期,原以仁、义、礼、智、信五字为号,建置海船,每一字号下设有船十二只。”①由是可知,以“五常”为名号的是郑氏海路五大商,以此推知,则以“五行”为名号的当是郑氏一山路五大商。此外,在日本长崎的《唐通事会所目录》所载的蔡政供词中提及:郑泰“至国姓爷在思明(厦门)要打南京时,任以户官之职,及兼管仁、义、礼、智、信五行,并兼管杭州金、木、水、火、土五行,凡兵粮银米出入,俱系伊管”②。据此可知,郑氏的海路五大商一直设立在厦门,而山路五大商则设立在沿海之地,并随着郑成功抗清的进退战守而随时变迁。五大商行是集贸易、军事及情报等多功能为一体的秘密组织。如海澄公黄梧所告发的五大商之曾定老,“每与伪国姓作耳目,惯伺内地虚实,如王师入泉,固山出师,屡行密报下海”,又“近且其弟子营钻举人、生员,阴通犯禁百货,漏泄内地虚实,贻害最大”③。由此可知,郑氏五大商组织的成员,大都有一定的身份背景为掩护,暗中从事内外商货的买卖与情报信息的往来传递工作。

郑氏商船组织严密,有强大的海上军力为后盾,且与内地保持密切联系,因而在情报刺探方面远胜于其他系统的商船,这在《华夷变态》中也鲜明地体现出来,1644至1683年间,采录自郑氏所管商船的风说书不仅数量上最多,而且往往极为详细。具体至三藩之乱期间,则举凡征伐之事,几乎巨细无遗,很难以有限篇幅论列。兹举一例:

① 《候补都司佥事史伟琦密题台湾郑氏通洋情形并陈剿抚机宜事本》,载《康熙统一台湾档案史料选辑》,福建人民出版社,1983年,页81。

② 《华夷变态》卷五(第二种)《二娘所述存银之概要》,页226。此系侯文,汉文原件则见于《唐通事会所日录》(东京大学出版会,1984年)卷一,页180。

③ 《明清史料》丁编第三本《为五大商曾定老私通郑成功事残件》,页607。

锦舍在厦门城数年，今年二月二十六日城陷。此系因锦舍父国姓森官麾下大将名施五者，于森官在世时叛投鞑靼，八年前死于北京。施五甥名施亥，被清朝授予才官职位，居泉州，七年前（康熙十三年）锦舍攻取漳、泉二州之际，重投锦舍，颇受重用，然却通款于清，遂请于锦舍，言兵粮缺乏之故，为调取军粮，应派大船往广东高州。其后伺机，密通鞑靼，使之自陆路发兵十二三万余，攻打漳州境内之观音山，此山系海澄县及厦门冲要之地，海路则由驻扎福州之水师总兵官名林贤者，以兵船凡二百五十艘左右、军兵三万余进薄。锦舍不曾料想，大惊之下虽加布防，然因当时兵船派往高州之故，无船可防，无奈率将领二十五人、军兵一万余，分乘所余兵船百余艘，于二月廿六日撤出厦门。

施亥与鞑靼通款之举并未败露，为确认锦舍之动向，一直在厦门。而镇守海澄县之锦舍麾下大将刘国贤[1]，因海澄陷落，自海澄撤往厦门途中，见到可疑信使，遂逮捕加以审讯，搜出鞑靼送与施亥之秘密还礼，故而抵达厦门后立即逮捕施亥，并自乘座船，退往厦门附近名镗山之处，向锦舍报告施亥起谋逆之心，锦舍不信，刘国贤遂向锦舍出示所搜得之密通礼物，锦舍亦无如之何，命刘国贤于镗山将其诛杀。锦舍招集军兵，撤往东宁，再待时机。鞑靼命姚提督、杨副将等二人为守将，镇守泉州、漳州二府，厦门则由上述水师总兵官林贤镇守。

吴三桂数年以来，隔湖广境内之洞庭湖，与鞑靼对阵，据闻此时撤往云南，唯系远方之事，未能详知。我等去年三月离开长崎返抵普陀山，迄今为止虽在招揽客、货，然清方严禁

① 指刘国轩，风说书中往往写作刘国贤。

人、货出海,故载货出航甚难。尤其是大清兵船每月巡逻普陀山海面两三次,故纵使在南京、浙江约定之客商亦无法出航。此次厦门城陷之消息,是经由在镗山(厦门附近)本船之主人锦舍部下朱总兵,于四月六日派快船通报获悉。

以上唐人所述,书以上呈。

申四月廿日①

这则风说书题为“二番普陀山船之唐人口述”,紧随其后的是“三番东宁船之唐人口述”,主要内容都是关于郑经部下施亥叛变一事之始末。有趣的是,此事于四月二十日闻于长崎唐通事之后,不久即为朝鲜东莱府使侦知。如将此倭书与《华夷变态》所收“二番普陀山船之唐人口述”文字加以对比,可以断定,这则风说书全文被对马倭馆“馆倭”送给朝鲜译官“安慎徽”,后者迅速将其译出,上报东莱府使,而这则风说书本身,则于五月初九日,自长崎上报江户②。这也可见郑经败退台湾的消息,在日本、朝鲜两国都引起极大重视,毕竟这则消息意味着反清复明、夷变于华之美好预期,至此终成画饼。

(2)清朝走私船之风说

三藩之乱期间,虽然来日贸易商船中郑经及平南王、靖南王所属商船占绝大多数,但亦有不少清朝境内的走私船来日贸易。清朝为削弱三藩特别是郑经的海上优势,长期以来厉行海禁,试图切断郑经商船与大陆沿海的联系,但是海禁措施也不可避免地殃及池鱼,对于清朝沿海实际控制区范围内的船头出海贸易形成较大障碍。在郑氏海上势力控制台湾及浙闽地区的时期,江苏地

① 《华夷变态》补遗卷二《二番普陀山船之唐人口述》,页3003—3004。
② 《朝鲜王朝肃宗实录》卷九,肃宗六年七月丁酉(10日),第38册,页463。

区处于清军势力的前沿，因此海禁政策实施得也最严厉。最早带来江苏沿海严厉实施海禁消息的是延宝三年（1675）二十番南京船，据其提供的风说书：

> 自南京发船出海，本来是严厉禁止的，清朝认为这是与东宁锦舍以及海贼密通。如今公开开船出洋是不可能的。我船在河口被大清之巡逻船发现，整日被追逐……在南京，我船发船时，张翠吾未赴日本，已准备好发船。然因我船遇到了巡逻船，料想随后定会严守河口，这样一来，则不知能否出洋来贵地。①

为躲避清朝巡海军队的耳目，走私船往往要付出极大努力。该年第二十九番船也是来自江苏的南京船，或许就是"二十番南京船之唐人口述"中所说的"张翠吾"的船，据其提供的风说书，知道该船八月末先到达浙江的普陀山，在那里"将从浙江筹到的货物偷偷的运到普陀山，并一直逗留到十月末"。据此，则知是"从浙江筹到的货物"，并且在"普陀山"等候出海的机会，之所以如此，可能是由于当时普陀山在郑氏部将朱都督控制之下，比较安全。又据延宝六年（1678）"三番南京船头彭公尹船之唐人口述"所云：

> 且说我船，航行至南京河口之崇明，停泊于此。船客大部分是此次搭乘者，自南京所发货物较多，因此停泊于崇明以待之，再等一日货物大部分就能装船完毕，但是就在开船前一天的十五日，遇到南京开来的巡海警备船，被追逐无奈只好发船。当时船中若有充分之薪水米饭，自会行驶在附近潜伏，装载预定货物再出发。但是未曾准备薪水米饭，就遭

① 《华夷变态》卷三《二十番南京船之唐人口述》，页121。

遇上述情形，实在无奈，只好提前发船前来贵地。[1]

清朝境内的船头在海禁政策中利益受损之余，亦可能会对清朝统治抱有极其负面的看法。例如延宝五年(1677)正月入港的“一番南京船”船员就供称，该船在战乱间隙偷运少许货物亦极难，“脱遇不虞，性命亦将不保”，为此似乎满怀怨气，“诸人皆言，大明兵势益强，大清无论采取何种方式，亦将没落”[2]。而紧后三月入港的二番南京船船员，干脆胡编乱造，向日方提供虚假情报：

福州靖南王，正如先船所述，再度叛明投靠大清，然与东宁锦舍日益敌对。大清康熙帝为攻打锦舍，令亲王二人下福州，一人福州守城，一人为总大将，靖南王为先锋，以军十万余，进至福州下游十里许名乌龙江之地，锦舍军即于去岁冬十一月十七日于此地一战，最初锦舍军势将败北，稍稍引却，福州军乘胜长追，锦舍军乌龙江左右之大山出伏兵，围而攻之，福州军四散，约二万余被杀死。总大将大清亲王以迄诸将共四十余人，同日就戮，据闻锦舍军得大利，乃无与伦比之战绩。且福州八府之中，邵武府乃靖南王叔父耿四爷受命镇守，耿四爷出于大义，背叛大清，以邵武府归附锦舍。又福州境内之福清县以及福州城外之闽安镇，此二处亦属锦舍。据风闻，福建一省八府之内，前后五府附于锦舍，所余三府现虽为靖南王所领，亦将逐渐归于锦舍。据闻，自此番靖南王再度归附大清以来，投靠锦舍之军士，迄今有十万余，锦舍总兵力，共计三十万。

这则风说书署期“巳(康熙十六年，1677)三月十三日”，其不仅提

① 《华夷变态》卷五，页198。
② 《华夷变态》卷五《一番南京船之唐人口述》，页174—175。

供了郑经军队大胜清军的消息，还提到吴三桂与平南王军进入江西，并申称“百姓皆曰，以大清目前之情形，不久亦将没落”[①]。而据《清实录》记载，乌龙江之战发生在上年(1676)年十月十五日，其大致经过，则参与此战的清军总指挥和硕康亲王疏报曰：

> 海贼郑锦，遣伪总统许耀，率兵三万余，直逼福州。至乌龙江之南小门山真凤山等处，结寨连营。臣遣参赞军务都统喇哈达等，率满汉官兵，分为三队，于十月十五日，渡江奋击，前后夹攻，大败贼众，克取贼营，追奔四十余里，斩杀甚多，生擒伪总兵副将以下三十余员。[②]

尽管此次战斗其他中国史籍所系月日略有不同[③]，但对于郑经部将许耀大败一事则所记基本一致，而朝鲜使臣数年后自琉球使臣所得情报也基本相同：

> 奏请兼冬至使先来状启入来，别单略曰……琉球国使臣，方寓于会同馆。臣等欲知郑锦事情，使译官金喜门多般探问，喜门与琉球使通事福建人谢宣，书札往复，辞说颇多，而郑锦则丁巳年间，大将军和硕康亲王率师入闽，与之大战于乌龙江，郑锦大败，士卒死者二十余万，只剩得数千余人，窜入海岛。[④]

尤其离谱的是，风说书完全颠倒事实，竟然提到清朝亲王被杀死。而事实上，此战遭到决定性失败的并非清朝一方，而是郑经所部，受命征伐福建的和硕康亲王杰书，在此战后势如破竹，次年三月己卯(初三)攻下泉州府城，次日就疏报闽地悉平[⑤]。而三个月后

① 《华夷变态》卷五《二番南京船之唐人口述》，页176。
② 《清圣祖仁皇帝实录》卷六四，康熙十五年十一月丙戌(初八)。
③ 如江日昇《台湾外记》(福建人民出版社，1983年)则系此战于是年十一月二十四日。
④ 《朝鲜王朝肃宗实录》卷一三，肃宗八年三月庚戌(2日)，第38册，页583。
⑤ 《清圣祖仁皇帝实录》卷六五，康熙十六年三月己卯、庚辰。

即六月入港的三番思明州船船员则证实了郑经兵败的消息，言郑经军队因兵粮缺乏，二十余万人发生哗变，连续丧失漳州、泉州、汀州、兴化、邵武五府，被迫退至漳州境内的厦门，招纳败军，以图再起①。当然，也并非所有清朝境内的船主都对清朝怀有敌意，例如上文所提到的延宝六年（1678）入港的三番南京船，尽管深受海禁之苦，仍如实提供了战局的发展情况，尤其是首次向日方透露王辅臣降清这一转折性事件②。

（3）风说书所见之吴三桂

与靖南王、平南王、郑经不同，三藩之乱期间吴三桂并无派遣海船出海的条件，主要在陆路与清军攻战。作为三藩之乱的主力，关于吴三桂的记载见诸《华夷变态》反而并不是很多，加上地理的阻隔，唐船风说书关于吴三桂的记述总体上显得模糊笼统，莫衷一是。兹就康熙十七年（1678）吴三桂称帝以及同年病死的相关风说书，略作分析。

综合中国各种史料记载，大致可确定吴三桂为鼓舞士气，“不使四方轻视”，同时得到精神安慰，“思窃帝号以自娱”，遂于康熙十七年（1678）三月初一日，设坛于衡山，举行郊天即皇帝位之礼，命百官入贺，改元昭武，国号为周，改衡州为定天府，但仅仅做了五个多月的皇帝，于同年八月十七日病死于衡州③。最早将吴三桂称帝消息带来日本的，是当年六月入长崎港的“十三番东京船”，略曰：

---

① 《华夷变态》卷五《三番思明州所发船之唐人口述》，页178。

② 《华夷变态》卷五《三番南京船头彭公尹船之唐人口述》（页198）：陕西一省八府之中，因陕西守将名王辅臣者，乃吴三桂义子，以八府之中的汉中、平凉、凤翔等三府服属吴三桂，然于去年亦为大清所恢复，王辅臣又叛吴三桂，重归大清一方。

③ 参见滕绍箴《三藩史略》，页1227、1239。

> 东京与大明陆地接壤，很早以前绝无陆路可通。自平原翻越山地，约三日程，可达大明境内之广西省。我等此次发船之前，自广西有商贩之唐人等前来东京，略语吴三桂军威之情形，言其威势益振，特于当年三月登帝位，改元昭武，国号大周。①

而署期“午（1678）九月十日”的“二十三番福州船之唐人口述”所提供的消息则与此不同：

> 吴三桂于湖广与大清军屡屡对阵，无不得胜，攻取湖广各处，尤有利运。其本人现在湖广境内之衡州府军中，去岁（1677）称帝，年号光夏，今年为光夏二年。②

在中国史料中，未见有吴三桂采用“光夏”年号的记载，且这则风说书亦误传吴三桂于康熙十六年即位。而据当年十二月入港的“二十六番普陀山船之唐人口述”，则提到普陀山已有吴三桂病死的消息：

> 吴三桂自去年至今，驻湖广境内衡州府之黄龙山，此地乃隔洞庭湖与荆州相望，大清军队驻荆州与之相持。荆州自古以来，即冲要之地，不易攻取。如渡过洞庭攻下荆州，则湖广一省可底定。故此如今亦不得渡洞庭，久在黄龙山下营，前此据普陀山之风闻，言吴三桂已死，诸人皆以此说为伪。③

吴三桂的确于当年八月病死，然而普陀山作为郑经水军实际控制之地，自此地渡海之海船亦多属郑氏所管，“皆以此说为伪”十分自然。紧接着两个月后入港的“一番普陀山船”，带来的吴三桂称

① 《华夷变态》卷五《十三番东京船之唐人口述》，页 208。此则风说书署期“午六月廿七日”。
② 《华夷变态》卷六，页 275—276。
③ 《华夷变态》卷六《二十六番普陀山船之唐人口述》，页 278—279。

帝的消息则与此大不相同：

> 吴三桂于湖广军威益盛，据传前年（1677）登帝位之事，其时之传闻为伪说，实则去年（1678）三月于湖广境内名湘潭之处，因百官劝进，辅其孙登基，年号为昭武，今年乃昭武二年。上述情况吴三桂传檄告知诸国，此次之事非为伪说。吴三桂对于妄登帝位之事，虽再三辞让，然百官及诸将皆言，如无帝位为象征，则众人皆不复跟随，无奈应允，屈身辅助其孙登基，因此军威益振，目前军分二路，理应是一路攻江西，一路攻广东。据闻渐渐逼近二处，然尚未闻攻占府县。①

这则风说书署期为"未（1679）二月三日"，所述又与上则风说书不同，虽然指出"二十三番福州船"所说吴三桂于康熙十六年（1677）登基之说是伪造的说法，但又误传吴三桂于湘潭在文武大臣劝进之下，难以推辞，只好辅佐其孙登基，至于为何有此传闻，虽不得详知，但大体上可以推断，普陀山船系由郑氏控制，从反清大局和华夷之辨的情结出发，导致郑氏集团对于吴三桂多有粉饰之词，这有其他风说书可为佐证，如署期"未（1679）三月十二日"的"二番思明州船之唐人口述"提到，有"飞札"至厦门，报告吴三桂军攻取湖广全境，康熙帝大惊，急遣福建守将康亲王驰援湖广，而另派亲王南下福州为守将②。而实际情形是当时吴三桂已死，其军队自湖广战场节节败退，于当年正月弃守吴周军事重镇岳州，二月放弃长沙、衡州③。而直至当年十一月，进入长崎港的"三十二番普陀山船"之船员，仍然一口咬定，尽管至当年夏天为止，吴三桂军遭到挫败，然"如今军威又盛，攻占湖广半壁"④。几艘

① 《华夷变态》卷七《一番普陀山船之唐人口述》，页283—284。
② 《华夷变态》卷七《二番思明州船之唐人口述》，页287—288。
③ 参见滕绍箴《三藩史略》，页1244。
④ 《华夷变态》卷七《三十二番普陀山船之唐人口述》，页305。

普陀山船和思明州船皆系郑氏属下，尽管所提供消息有所差异，然而口径则大体一致，这或许并非偶然。

而与郑经所属海船不同，平南王所管广东船只，则往往带来不利于吴三桂的消息。早在康熙十七年(1678)“十一番东京船”将吴三桂称帝消息带到日本之前，同月入港的“七番广东船”带来与众不同的消息：

> 吴三桂现于湖广境内之(长)〔常〕德府扎营，虽占有湖广南方数府，然所余之府大部归属大清，每有战阵，辄告败北，难与大清军匹敌。此外虽暂领有云南、四川、广西、贵州四省，就如今局势而言，吴三桂亦难以固守。思忖得，若大清之势格外之强，大明之运将有几何？[①]

此风说书日月不具，只提到“七月七日，土屋但马守于殿中被渡之”，即于七月七日达于江户幕府高层手中无疑。其中明言“我等皆为平南王手下之商人，专事商贩，军中消息，未能详知”。据其处署期“六月廿二日”的“十番思明州船之唐人口述”和署期“午六月二日”的“四番东宁船之唐人口述”判断，此船在六月入港当无疑问。在前后风说书之舆论风向普遍倾向于吴三桂的情形下[②]，七番广东船船员却质疑“大明之运将有几何”，无疑颇为意味深长。而最早将吴三桂死去的消息带到长崎的是康熙十八年(1679)五月入港的“三番思明州船”，相应之风说书中有曰：

> 各处传闻，吴三桂于去年(1678)六月身死，权位让于其孙，且其侄文武双全，作为其孙之副将，军威不输吴三桂……我等之船，去年发自广南，欲往贵地，然海上无顺风，飘抵思

---

① 《华夷变态》卷五《七番广东船之唐人口述》，页202—203。

② 如《华夷变态》卷五《十番思明州船之唐人口述》(页206)提到，郑经军攻占海澄，向漳泉进发。吴三桂遣广西军攻占肇庆，军力强盛。“诸人风闻，大明之利运别无异状”。

明州，无奈逗留当年至今年，此次好不容易渡海而来。[①]

这则风说书署期为"未五月廿九日"，从"我等之船，去年发自广南，欲往贵地，然海上无顺风，飘抵思明州"等语来看，此船虽冠名"思明州船"，但并非郑经所管，然而所述仍然倾向于吴周政权则无疑问。然而约一个月后入港的"十番广东船"，所述则完全倾向于清朝一方：

吴三桂迄至去年（1678），领有云南、贵州、四川三省，此事自不待言。攻取湖广十五府之中的七府、广西九府之中的八府，军威大振，遂于湖广境内之衡州府，纳百官之谏登帝位，威势益加强盛。同年八月十七日病死于衡州，职此之故，军威衰微，兵士失怙，恰于此时，北京康熙帝以强军攻打湖广，尽复吴三桂所领七府，吴三桂孙及其侄，还有名为胡国程[②]者，虽继吴三桂之后掌管国政，然因无吴三桂在世时之气势，难以守住衡州府，于去年十月末撤往云南，故此湖广皆属大清。如上所述，广西一省九府之中，吴三桂军攻占八府，北京康熙谕令平南王，欲使之攻取广西，故而平南王本人于当年正月六日向广西进发，攻打广西，迄今为止，已很快攻占八府之中的五府。五府之中或有被攻取者，或不战而降，现今只有三府属吴三桂一方，此二三府扼通向云南之要冲，故此吴三桂特别固守，若此二三府亦为大清所取，从难以重新自云南向外进攻，因此由真正有能耐之将领配以强兵固守。此二三府虽易守难攻，然命运或将分晓，平南王攻打广西之军，据闻达二十万以上。[③]

---

① 《华夷变态》卷七《三番思明州船之唐人口述》，页 291—292。

② 据中国史料，应为胡国柱。

③ 《华夷变态》卷七《十番广东船之唐人口述》，页 297—298。署期为"未（1679）七月三日"。

这是因为当时平南王已经投靠清朝,受命进攻吴周政权所属广西之地,广东船带来上述消息,再自然不过。有意思的是,同样是广东船,署期“申(1680)八月廿四日”的“廿八番广东船之唐人口述”提到:

吴三桂此前将广西十二府,尽皆攻占,并夺取湖广十五府内之七府,前年五月于湖广之长沙府,由诸臣劝进,登上帝位,年号招武元年。当时亦颇能激励诸将,然同年八月却病逝于长沙,时年七十一岁。吴三桂嫡子名吴应龙者,大清先帝顺治嫁以亲妹,为驸马之官,作为人质居北京。吴三桂举义之后,吴应龙于北京遭诛,其子名吴应麟,系吴三桂之孙,自北京南下往依吴三桂。吴三桂薨去之后,诸臣即刻举行登基仪式,拥戴他即帝位,年号洪化元年,今年乃洪化三年。吴三桂死后,军威衰落,将士夺气,自然气势转弱,广西一省为大清所恢复,目前吴应麟勉强据守广西境内柳州一府,又所取湖广之七府,亦被大清所恢复,四川一省九府,虽秘密安排加以固守,去年亦被大清夺取三府,由是吴应麟所领,不过四川之六府、云南一省、贵州一州以及上述湖广之一府而已。诸人言称,若以如此情况看来大清之运,近年似难见转机,而他处又有举义者出现,如此则借此支援,吴应麟应或将有转运。此外,大清方面别无异事。[①]

这则风说称吴三桂于长沙登上帝位,与此前风说书又有不同,而其年号则误为“招武”,并将吴三桂之子吴应麟误作其孙,实则吴三桂孙吴世璠继承帝位。根据该风说前大半段所述,似乎清军形势一片大好,而最后却话锋一转,断定“大清之运,近年似难见转

① 《华夷变态》补遗卷二《廿八番广东船之唐人口述》,页 3010。

机”，这不能不令人感到奇怪。而实际上，此则风说书一开头提到，当时“广东平南王此次遭难之事，正如先船所述，稍无相异”，这艘商船或因平南王府内讧而接受清廷调查一事，转而愤恨清朝，而对于吴周政权抱有同情。

另外，清朝境内的走私船亦多有对吴周政权抱有同情者，如署期“未六月十日”的“五番南京船之唐人口述”有云：“吴三桂在云南，平安无事。去年三月十六日改元昭武，虽武威益振，然因大清方面军力强盛，所以亦无胜利。”[1]于康熙二十年（1681）十月漂至萨摩的南京船船员，也提到吴三桂死后，其孙仅领有云南、贵州及四川三分之一，但依然坚信吴周“今虽势微，然据闻其有百万之兵，蛰居云南，养兵待时，仍将卷土重来”[2]。但如果细读这两则风说书，一个相同之处是，二船都饱受清朝海禁政策之害，或因此诽谤清朝而心向吴周。

综上所述，大致可知郑经管下商船反清倾向明显，往往夸大三藩一方的战绩，而对败局则讳莫如深。而平南王尚可喜由于长期与吴三桂及耿精忠不睦，并且在三藩之乱一开始就对反清持消极甚至抗拒态度，后虽迫于形势，尚之信发动政变，软禁其父尚可喜，但长期以来也仅仅保据广东，因此平南王所派商船，往往向日方传递叛军失利的消息。靖南王耿精忠此人德薄器浅，人心不附，在风说书中形象亦颇为负面。清朝辖境内的走私船之立场则因人而异，需要具体分析。三藩之乱期间，由于唐船乘员隶属不同、背景各异，使得唐船风说书不可避免地渗入了相当复杂的立场、感情、好恶甚至想象，这导致风说书中的吴三桂及吴周政权，呈现出波谲云诡的复杂面貌。

---

① 《华夷变态》卷七《五番南京船之唐人口述》，页 294—295。
② 《华夷变态》卷七《萨摩野间破损南京船之唐人口述》，页 330—331。

（三）三藩之乱期间琉球的出处进退

清初三藩之乱的发生，造成东亚地缘政治格局的大震荡。经历了明末萨摩藩入侵之后的琉球王国，突然面临极其复杂的外交抉择。当时琉球的内政外交皆处于日本的严密监视之下，同时又与清朝缔结了宗藩关系，但是清琉之间的宗藩关系因台湾郑氏政权陆梁滨海而并不稳固。郑氏兵船在三藩之乱爆发前夜的康熙九年（1670）和十二年（1673），曾两度攻击琉球贡船，引起台湾郑氏政权与日本及琉球关系紧张，也使得琉球对于三藩之乱的态度，有相当程度的保留。1674 年三藩之乱爆发后，琉球使团成员大部被羁留福州，对于耿精忠政权有近距离的观察。关于上述历史过程，日本海外情报集《华夷变态》一书有比较完整的呈现。在此试图结合中文与日文史料，揭示作为弱国的琉球在此期间周旋于地域强权间以图生存的外交努力。

万历三十七年（1609）萨摩藩占领琉球，在萨摩和琉球分别设立名为"琉球仮屋"和"萨摩仮屋"之统治机构，从此琉球的内政外交，实际上已经全面处于日本的监控之下①。对于日本而言，相比仅与之保持交邻关系的朝鲜，萨摩藩直接控制的琉球是更为稳定可靠的情报来源。早在崇祯年间，日本就已经借重琉球与明朝之间的朝贡关系，通过萨摩藩指令琉球收集并通报相关情报。如崇祯九年（1636）萨摩藩岛津久庆和老中金武朝贞先后致书琉球，命崇祯七年的琉球进贡使报告明朝的情况。崇祯十二年，琉球返

---

① 参见喜舍场一隆《近世薩琉関係史の研究》，东京：国书刊行会，1993 年，页 215—343。

国使节即奏报后金于十一年九月率兵进攻北京的情报[①]。明朝灭亡之后,清朝与南明并立,南明弘光、隆武帝以及清朝先后遣使诏谕之事,琉球亦皆报于萨摩闻知[②]。此外,琉球使节前往朝贡滞留中国期间的见闻,亦见诸日本史料记载,如顺治六年(1649)琉球派遣蔡祚隆向南明鲁王进贡,蔡祚隆回国后即将与鲁王接触之情形呈报萨摩藩,内容包括:与鲁王和建国公郑彩会面之情形,永历帝与鲁王之往来情形,福州淀海附近的地理分布,淀海城内民众的衣着,以及明清军队交战武器、方式等[③]。来自南明政权的招谕、请援书信亦皆被琉球转呈日本,构成日本了解当时明清对峙的重要情报来源。如顺治七年(1650)鲁王及其所部将领建国公郑彩先后致书琉球,郑彩于信中透露南明和清朝间的战况,希望贸换"长枪、大剑、衣甲、硝药等项",并借由琉球"移咨日本国王,俱相成倡义,明罪致讨",对南明的反清活动予以支持。这些诏谕和请援书信俱见于《华夷变态》卷一之中。

在南明政权积极争取琉球之时,清朝也紧锣密鼓地招谕琉球。顺治四年(1647)二月,世祖发布平定华南之诏书,同时招谕琉球、安南、暹罗和日本等国,同年六月,世祖再度敕谕琉球,促其归顺[④]。六年(1649)琉球回复清朝,请求于来年归还明朝敕印并遣使进贡[⑤]。七年(1650)清朝因未见琉球贡使,即由福建布政使司致书琉球,促其缴还明朝敕印[⑥]。八年(1651)世祖再度遣使致

---

① 《琉球文书及关连史料》第二册,东京:法政大学冲绳文化研究所,1998 年,页 62—63、82。
② 《中山世谱·附卷》卷一,横山重编《琉球史料丛书》第 5 册,东京美术,1972 年,页 14—15。
③ 《华夷变态》卷一,页 31—34。
④ 《历代宝案》第一集第三卷,和田久德校订本,那霸:冲绳教育委员会,1992 年,第 1 册,页 103—108。
⑤ 《历代宝案》第一集第十四卷,页 449—450。
⑥ 《历代宝案》第一集第九卷,页 292。

书琉球，促其缴回明朝敕印，归顺清朝[①]。顺治十年，琉球回复将缴回明朝敕印，并请求颁赐清朝印信[②]。十一年(1654)琉球国世子尚贤遣使进贡缴回明朝敕印[③]。顺治帝随即准备遣使册封，但是由于郑氏军队不时出没东南沿海，致使册封使节至康熙二年才出发抵达琉球完成册封仪式，此举意味着琉球与清朝正式缔结朝贡关系[④]。

三藩之乱对于清朝与琉球之间的朝贡关系，无疑也构成了冲击。然而奇怪的是，作为汉字文化圈的成员国之一，琉球与越南和朝鲜的暧昧态度不同，在三藩之乱期间坚定站在清朝一边，其忠诚举动受到康熙帝的极大肯定，如康熙二十二年(1683)夏以翰林院检讨汪楫为正使的册封使团到达琉球，册封诏书表彰琉球"屡使来朝，贡献不懈，当闽疆反侧，海寇陆梁之际，笃守臣节，恭顺弥昭，克殚忠诚，深可嘉尚"[⑤]。康熙二十七年琉球使节毛起龙、蔡铎等奉表入京，乞求增加贡船人数且免税，礼部表示反对，康熙帝则以"琉球来享最久，且吴三桂、耿精忠谋叛之时，安南归吴三桂，琉球则耿王遣使招之，终不肯服，而克笃忠诚，恪恭藩职"[⑥]为由，命再下礼部议，可见琉球在三藩之乱时期之因应，给予清朝统治者以极深印象。

那么，究竟是什么原因造成琉球在三藩之乱期间仍然较为坚定地站在清朝一边，下文就以《华夷变态》所收琉球风说书及相关汉文文书为主要资料，加以探讨。兹将相关史料列表如下所示：

---

① 《历代宝案》第一集第三卷，页114。
② 《历代宝案》第一集第二十一卷，页697—698。
③ 《清世祖章皇帝实录》卷八二，顺治十一年三月丁酉。
④ 《中山世谱·正卷》卷八，横山重编《琉球史料丛书》第4册，东京美术，1972年，页120。
⑤ 《中山世谱·正卷》卷八，页124。
⑥ 《中山世谱·正卷》卷八，页124—125。

表四　三藩之乱期间琉球风说书及外交文书一览表

卷次	目录标题	细　目	年　次	署　期	内容梗概	备　注
卷二	琉球檄	福州靖南王与琉球中山王令谕	康熙十三年(1674)	甲寅五月初二日	耿精忠起兵反清，谕令琉球	汉文,附和解
		吴三桂檄文二通		周启元年		檄文后有按语，谓此檄文与福州二番船携至长崎之檄文内容略同,而文采稍劣,故不及和解
		福建布政司与琉球中山王公文		甲寅年五月初八日		此时所谓福建布政司乃靖南王属官，布政使名萧震
	琉球船风说二通	琉球人于福州所闻大清兵乱之起概要		寅七月廿日		
		琉球国上呈往大清朝贡船归航往还之情形概要		寅七月廿日		

（续表）

卷次	目录标题	细　　目	年　次	署　　期	内容梗概	备　　注
卷四	福州求硫磺于琉球书四通		康熙十五年（1676）	丙辰年五月十八日	耿精忠为采办硫磺以佐军需事谕令琉球	
				丙辰年七月初一日	耿精忠所属引礼通官郑斐与琉球书	
				丙辰年五月十六日	耿精忠所置工曹为遣还琉球滞福州使节及采办硫磺事咨琉球三法司	
		福建闽安水军联络营游府造送随带出使员役水手花名册		丙辰六月　日		
卷六	大清帝敕谕琉球并礼部书简二通	皇帝敕谕琉球国世子尚真	康熙十三年（1674）	康熙十三年三月十二日		附林恕按语，题曰：“大清国致琉球书翰三则之大意。”对此三则文书之始末提出了准确见解
				康熙十三年三月十四日	礼部为留闽琉球贡船水梢暂留闽事咨琉球国中山世子	

（续表）

卷次	目录标题	细　目	年　次	署　期	内容梗概	备　注
	大清帝敕谕琉球并礼部书简二通		康熙十三年（1674）	康熙十三年三月十四日	为照例具题钦赏礼物即特颁敕谕等事知会琉球国中山世子	附林恕按语，题曰：“大清国致琉球书翰三则之大意。”对此三则文书之始末提出了准确见解
		福建等处布政使司为访询清朝事	康熙十六年（1677）	康熙十六年七月廿一日	福建等处承宣布政使司为琉球访询三藩之乱事咨琉球国中山世子	
	琉球人口说二通又一通	延宝元丑之年琉球进贡使滞留唐国期间所悉风说概要	康熙十七年（1678）	午七月廿六日		
		延宝五年巳春琉球渡唐之船员申述概要		无署期，但亦记于七月廿六日		
		福州所闻唐兵乱事概要		七月廿六日		

三藩之乱期间，琉球前后两次向清朝遣使。第一次是康熙十一年(1672)冬，琉球派遣耳目官吴美德及正议大夫蔡彬等二人奉表入京。关于这次琉球使团之遭遇，《华夷变态》有较为详尽的记述。首先贡船在将要进入闽安镇海港之际，遭到海贼攻击，据《华夷变态》所收汉文史料记载，略曰：

福建巡抚刘　疏称：琉球国先到贡船一只，于竿塘外洋，被贼攻打，署闽安副将军游击化守登官兵，出哨引进，听候部议等语。其进贡人役，于竿塘外洋，被贼攻打着伤，并官兵出哨引进缘由，听兵部议覆外，据称琉球国应于康熙十一年贡期，十二年三月十八日至闽，将贡物及来使，准其来京，其进贡硫磺留于福建，督抚照例收贮，臣部移文工部，俟应用处使用……查该抚疏称，闽安镇左营把总柯美出哨五虎门，瞭见外洋有贼船十余只，与琉球国进贡船对敌，奋勇架炮攻击，贼船随即奔溃大洋而去，引带贡船等语。又琉球国都通事程泰祚报称，本国耳目官吴美德等百余人，前来进贡，至竿塘外洋，遇贼船大小十余只，前来攻打，被贼用炮打死随伴四人，被伤二十余人，本船正在危急，幸有闽安镇官兵船只，出五虎门巡哨，架炮冲打久攻，各贼船遂奔逃去，官兵船只引进镇口等语。①

而关于此事，《华夷变态》卷二《琉球国上呈往大清朝贡船归航往还之情形概要》也有提及：

从琉球前往大清朝贡的大小船只二艘，去年(康熙十二年，1673)三月三日自琉球发船，小船于当月十九日抵达福州港内名为闽安镇之地，大船于十七日泊于名为官塘山之岛

① 《华夷变态》卷六《福建等处布政使司为访询清朝事》，页265—271。

屿,十八日欲前赴五虎门之际,自名为定海的岛屿涌出贼船大小十三艘,击鼓鸣锣,哄声大作,发射大炮、射箭放铳,投掷烧帆之物以及石头,琉球船亦放炮发矢,鸣铳自卫。后贼船一起自四面逼近并包围琉球船,持长刀突刺,琉球人亦以长刀设防。因乘船接近港口,顺风临近五虎门。琉球船之挡板多被打破,而船无恙。同日申刻从闽安镇入港,船中士兵一人、水手四人战死,负伤约二十四人,皆为轻伤而得以不死。

上述海贼,乃锦舍家老名萧启者麾下,而萧启当时跟随靖南王。闻悉贼船中亦有十六人战死,伤者达十九人。在先(庚)戌年(康熙九年,1670)攻击琉球朝贡船者,亦属萧启麾下。上述情形乃福州琉球通事名谢必振者所述。

关于郑氏兵船攻击琉球贡船的事件,松浦章曾撰文论述,然并未给予重视①。结合上述两则史料,可知贡船在康熙十二年(1673)进入福建闽安镇港口之前,就遭到海贼攻击,海贼头目名萧启,"乃锦舍家老(亲信重臣)",当时却"跟随靖南王",并且他在康熙九年就曾经攻击过琉球朝贡船。目前在中国史料当中,尚未见有关萧启此人的记载,如果琉球使团成员所述属实,则早在康熙十二年上半年,靖南王就与郑经就已有相当程度的勾结。并且,萧启在康熙九年(1670)攻击琉球船只一事,一度引发郑经与日本关系紧张,其事见于《华夷变态》卷二《杨英书》:

藩前居守协理户官兼协理礼官户部主事为遵旨移缴事。去岁官商吴朋船回,启缴上将军馈银二千,及传取琉球船梢事,奉本藩主令旨,日本与本国通好,彼此如同一家,与琉球

① 参见松浦章《東アジア海域の海賊と琉球》,冲绳:榕树书林,页43—44。松浦章此书第一章第二节《琉球進貢船を襲った清代海賊》系统梳理了袭击琉球的清朝海盗船的情况,但没有区分具有强烈政治意图的海盗袭击与一般性海盗行径。而郑氏兵船袭击琉球贡船,显系特殊局势下郑氏为掠夺敌国船只以佐军需同时带有外交博弈色彩的军事行动。

不同。日国之民即如吾民，飘风到此，自应送回，岂有受谢之理。可将原银送还。其琉球贡虏船在虏地，吾师自攻虏船，孰辨为琉球之船。琉球并无一船来通，一书来说，而兴词投告，以致日国兜留我银，有伤邻谊，过自在彼。倘琉球有书来说，本藩亦不靳发还。敬此。本拟遣吴朋再来缴覆，吴朋染病，未能登舟。业将原银二千两，交官商蔡朱绎赍缴，并回琉球的事。现在本藩主亲征在外，理合咨移贵国，烦为转启上将军，并将原银缴上。须至咨者。

右咨日本国　长崎王

永历二十八年(1674)六月初一日咨[1]

此书信的作者杨英是郑经重臣，历仕郑成功及郑经，有《从征实录》[2]一书存世。信中叙述了台湾攻击琉球贡船是出自华夷大义，表示拒不接受日方对台湾送还日本漂流民[3]而馈赠的二千两白银。书信前有林恕所加按语，署期为“延宝二年七月九日”，并有“于殿中冈野孙九郎所述”的说明，可知按语乃杨英书抵达江户之后林恕当场所记。据所述，萧启于康熙十年(1671)夺取了琉球朝贡船的所有贡物，将船中琉球人大部杀死，囚禁所余七八人。琉球申诉于萨摩守，并报知江户幕府。次年(1671)东宁商船来长崎贸易之际，长崎奉行对东宁商船课以“三百贯目”(三万两)白银罚款，转交琉球使节，“以赎其罪”，而郑经对此事极为愤慨，康熙十一年(1672)没有向长崎派遣商船。次年(1673)日本奥州相马(位于今福岛县东北部)人乘船于海上遇风漂抵东宁，东宁农夫因之为奴，郑经闻悉此事，课银于农夫，备衣粮送相马人至长崎，长崎奉行报告江户，并给予郑氏商船白银“廿贯目”(二千两)以示

① 《华夷变态》卷二，页73。
② 参见陈碧笙校注《先王实录》，福建人民出版社，1981年。
③ 参见林复斋(1800—1859)《通航一览》卷二二《琉球国部二十二·唐国往来》。

褒奖，同时要求商船带消息给郑经，要求释放所囚琉球人[1]。显然，对于日本的要求，郑经表示不能接受。实际上郑经在送还日本漂民的同年三月，萧启所部再次攻击了琉球朝贡船，从《杨英书》所体现的强硬态度看，萧启这次攻击琉球贡船，或许是对于琉球"兴词投告"的报复行为，亦未可知。只不过这一次琉球贡船较为幸运，受到清朝水师闽安镇左营把总柯美的支援，没有被萧启所部俘获。但总而言之，郑经所部两次攻击琉球贡船的行为，无疑为双方关系投射了浓重的阴影，而杨英书信送达长崎之时，郑经已率部进驻厦门，开始在福建沿海征战。郑经所部作为三藩盟军而掠夺琉球贡船，无疑直接导致琉球对于三藩之乱的态度，持有相当程度的保留。

且说琉球贡使吴美德、蔡彬等一行于康熙十二年(1673)三月进港之后，正如《华夷变态》卷六《琉球国上呈往大清朝贡船归航往还之情形概要》所记：

> 去年三月，抵达福州，问询琉球使者上京朝觐之事，有即刻上京之旨，然因信使往还有数日迟误，总算于同年十月十一日，琉球使者多贺真亲云上、喜友名亲云上等两人，率领上下一行二十人等，发自福州，于今年正月廿日抵达北京，而我等则滞留福州。

可知琉球使团进入福建之后，一分为二，多贺真亲云上、喜友名亲云上等二人为首，率领使团一行二十人前往北京，而其余使团乘员，则滞留福建。而根据上引卷六《福建等处布政使司为访询清朝事》及《中山世谱》所记，这二人即"耳目官吴美德"及"正议大夫蔡彬"。吴美德和蔡彬二人进京之后，康熙帝照例给予赏赐，并且根据礼部

---

① 参见《华夷变态》卷二，页72—73。

意见，因担忧若将琉球“在边水梢先遣归伊国，恐下役不知法度，彼境内奸徒勾引，盗买违禁之物带去，或借贡使员役接探船只名色，妄行生事”，议定“俟贡使到闽之日，一同遣回”[①]。即等吴美德、蔡彬等人完成朝贡事宜回闽后，即令其率领使团成员归国。孰料二人于康熙十三年“途次苏州，因闽省逆贼告变”[②]，所以被迫“留苏州数年”[③]。而滞留福州的琉球水梢人等，则商议不等正副使二人至闽，于康熙十三年（1674）年五月先行归国，此亦见于上引《琉球国上呈往大清朝贡船归航往还之情形概要》：

我等滞留福州之琉球人等，共同商议，因大清已生战乱，往返北京之道路断绝，滞留北京之琉球使者，如今不能南下福州，我等未知候至何时，琉球亦无意许可，乃商议我等先行归航，可重新遣船，迎滞留北京之琉球使者归船。将此事闻于琉球通事谢必振、郑裴等二人知悉，二人以为合理，告之此前前往北京之琉球人迟返之时，滞留福州琉球人亦有归航之例，当可如此行之。故此请于靖南王，事项如下：

（一）未知等候朝觐北京之琉球使者南下将至何时，故此残留福州之琉球人，当先行归航。

（二）滞留北京之使者，南下福州之际，如前来福州之关口，请予放行，迄至琉球派遣接贡船为止，请于福州安置。

（三）琉球人滞留福州期间，请如前例，蒙允买卖日用物品。

（四）琉球侍从人员，请如例赐予粮米。

通事二人申述以上事项，四月十八日如愿上呈。闻悉靖南王回复，然此时所募军士超额，军粮紧缺，因此不予粮米。

---

① 《华夷变态》卷六《大清帝敕谕琉球并礼部书简二通》，页260—264。
② 《华夷变态》卷六《福建等处布政使司为访询清朝事》，页268。
③ 《中山世谱·正卷》卷八，页123。

五月二日，靖南王召琉球人赴宴，同日与之书翰，令居留福州之琉球人等，并皆归航。若留居北京之使者来福州，不能通关，可于福州安置，嘱咐我等放心。同月八日靖南王之官员名布政司者，将附信交与琉球人。

与琉球通事二人商议，如今战乱，兼之或有海贼，琉球船先行渡海之事，海上可虞，何以处之？欲听取二人意见。通事二人劝谕曰，如所言忧虑战乱、海贼，然长崎每年可便宜行事，颇能询知大清治乱之情形，故当派遣朝贡船。如此商定归航。

五月十七日自福州发船，同月廿二日抵达琉球，六月二日抵达那霸。

其中所谓“靖南王之官员名布政司者”交给琉球水梢人等的附信，亦全文保留于《华夷变态》卷二（参见附录文书二）之中，从中可知滞留福建琉球使团成员，为首者名“昌威”。而琉球使团所提四点要求之中，第四项所谓“如例给予粮米”之事，并没有得到满足，这无疑也使得琉球使团对于耿精忠在福建所建立的独立小王国，产生极为不佳之观感。而琉球使团乘员归国后，立即向萨摩藩报告了滞留中国期间的见闻①，除上引《琉球国上呈往大清朝贡船归航往还之情形概要》之外，琉球使团还将吴三桂的两则檄文转呈江户②，另有《琉球人于福州所闻大清兵乱之起概要》，则述及康熙十三年三月耿精忠起兵福建的详细情形：

---

① 《中山世谱·附卷》卷二记曰：本年（康熙十三年），为禀报靖南王谋叛并读中国回文事，遣王可法国场通事亲云上，六月到萨州，十月二十日回国。参见横山重编《琉球史料丛书》第5册，页24。

② 吴三桂的檄文署期为“周启元年”，而耿精忠则以“甲寅”为号，而同书卷二所收郑经檄文，则署期为“永历二十八年四月初一日”（页55），这表明三藩之乱一开始，吴三桂、耿精忠及郑经联盟的政治基础就十分脆弱，唯有郑经真正坚持复明的一贯立场，而吴、耿二人则各有异图。

福建之王名靖南王，其下有名刘计者，乃摄政官，数年前居于福州。有名范部院者，取代刘计，当年春天自北京至福州，自当年二月左右开始，靖南王遂有谋反之企图。范部院闻悉此事，召集漳州府黄海澄公、泉州府王提督、福宁州吴总兵等三人密谋，商定擒拿靖南王之事，拟定当于三月十八日攻福州城，然范部院将此事密告于同僚名刘都堂者，后者虽同意如此，却将此事泄漏给靖南王。靖南王大惊，遂用计邀范部院于三月十五日赴宴。范部院召来都堂密谈，称难晓靖南王请赴宴之意，故欲称病不赴。都堂则表示异议曰："赴宴不可推辞，理应参加，若导致靖南王猜疑引起注意，此后凡事皆难为，此次仍须装作心无芥蒂。"范部院不知都堂已生二心，乃依其意，十五日晨仅召集侍从三十人前往，靖南王事先于门内埋伏士兵。范部院入门之际，轻易擒之，侍从亦皆就擒。遂命将范部院软禁，而家臣则囚入牢中。据闻擒捕范部院之际，侍从之内一人欲反抗者，立遭斩杀。

擒住范部院后，按照策划，一声炮响，诸军一起涌出城外，二声炮响乘马，三声炮响围攻范部院之住处。范部院麾下虽防守战斗，然攻者众多，亦皆被生擒，亦有战死者。据闻，被生擒者达百余人。

据闻，擒捕范部院之后，靖南王命紧闭居城四门，于城内搜寻范部院之同党，详查无有，后方开门。

据悉同日靖南王召见福州诸官来所居之城，宣告后悔多年来，废大明之政道，谄谀鞑靼人之事。俟机欲再造大明之世，如今时机到来，恳请诸位加入。诸官闻之皆承诺别无异心加入，告退之后各自备战。

同月十六日通告福州城中，自今而后复大明之古风，福州男女悉应着大明衣冠，各处立制札。此外更鞑靼之刑名条款，改靖南王为总统兵马上将军，书于制札。

同月十七、八、九日，上将军廷议欲先讨平福建之八郡，遣军出征各处。福宁州吴总兵出而迎战，其阵中有叛者，致使不敌自杀；漳州府黄海澄公未及一战而自戕；泉州府王提督投降。据风闻，此外延平府、建宁府、邵武府、汀州府、兴化府，迄至浙江境内之温州府，皆入上将军之手。如上所述，边境处处交战，福州暂且安宁。

同月十七日，上将军遣军攻占通往北京之关隘名仙霞关之地，十九日于浙江境内清湖与北京军交战，上将军一方得胜，四月十九日复与北京军交战，上将军一方约五千人战死，然仍保据关隘，与之对垒。

四月廿四日，据悉上将军着大明衣冠祭天，诸官亦着大明装束侍候。

据悉福建境内耕作及商贾人等被通知一如往常，故此百姓安堵。

寅七月廿日①

毫无疑问，这无疑是《华夷变态》所有风说书中关于耿精忠起兵的最为详细的记载，与中国史料亦若合符节。

随后，康熙十五年(1676)五月，耿精忠以送还康熙十三年十月初二日漂至福宁州的琉球漂民"杂视"等十二人为名，派遣游击陈应昌②、通官郑斐等至琉球，"采办硫磺，以佐军需"，同时也希望琉球"他时入贡，伫待风帆，指日加封，洊膺天眷"，明显含有招谕琉球参与反清之意图。琉球在日本的授意下，同意陈应昌等采

① 《华夷变态》卷二《琉球人于福州所闻大清兵乱之起概要》，页87—89。

② 《中山世谱·正卷》卷八(页123)提到："(康熙)十五年丙辰。靖南王耿精忠遣游击陈应昌，至国招之，王不肯从。"

办硫磺的要求[①]。但对于耿精忠的招谕，则“王不肯从”，紧接着次年（1677）春，琉球派遣正议大夫蔡国器为正使，渡海前来“探问清朝安否，并贡使消息”，康熙帝大悦，“深嘉琉球忠顺之诚”[②]。对于琉球此次遣使之始末，《华夷变态》所记甚详，其中琉球咨文在卷六《福建等处布政使司为访询清朝事》中被引用，略曰：

琉球国中山王世子尚　咨称，照得：“甲寅五月内，前年在闽贡使，趋回本国，切切告称：‘福建靖南王叛君猾夏，无名出师。’”伏思我祖先王，蒙清朝高恩，封立藩王。是以兴举国臣民，即虑朝廷惊动，切恐天下烦扰，本欲飞越而同心戮力，恨奈海山万里，不能如意耳。为此，特遣正议大夫使者都通事蔡国器、毛自彬、曾益、倪定基、郑明良等官，前诣福省，探访安否。移咨贵司，请乞察照施行。

这则咨文的全文，仍然保留于《历代宝案》中[③]。而蔡国器一行抵达福建之情形，据卷六《延宝五年巳春琉球渡唐之船员申述概要》所记：

三月十日，自琉球那霸港发船，同月廿五日进入唐国港口五虎门，番船前来，见则为鞑靼人，私下打听情况，言称已为大清所恢复。船抵闽安镇，通事下船引导通告，乃询问（癸）丑之年（1673）进贡使之事，言称居于南京境内名苏州府之处。

四月十日，自船入官厅，向琉球通事谢必振、郑斐询问去

---

① 《中山世谱·附卷》卷二提到：“本年（康熙十五年）为捷报，靖南王使游击来求硫黄，兼请今年遣使带回飘到福宁州宫古岛人事，遣祖氏高岭亲云上良延，七月二十二日到萨州，十月初七日回国……本年（康熙十六年），为谢被许献硫黄于靖南王，并遣使带回宫古岛人事，遣传氏边名地亲云上厚清，五月二十五日到萨州，九月二十七日回国。”这说明琉球同意耿精忠采办硫磺经过萨摩藩的批准。

② 《中山世谱·正卷》卷八，页123。

③ 参见《历代宝案》第一集卷二一，页723。署期“康熙十六年二月十八日”。

年上将军派往琉球求取硫磺之陈游击事。据其所言：陈游击自琉球归航之际，于福建境内连江县，闻知福建上将军于辰九月十九日归诚，鞑靼之大将康亲王已进入福建之事。乃烧毁琉球给予上将军之咨文，毁弃乘船及货物，乘小舟上岸，剃发如鞑靼状，欲秘密潜入福建，不意被连江县与罗源县交界之守关者名林寅廷者识破，被逮捕送交名福建按察司之官员，在那里被审讯，供称乃上将军派至琉球求取硫磺之使者，因无硫磺之故，未果而归航。命投入监狱，多次问及是否到过长崎以及台湾，则言称去过琉球，未之琉球及台湾。问有何证据，乃以上将军与琉球之数封书信见示，并交出银子三十贯目[①]告饶，遂被赦免。[②]

据这则风说书，可知使团到达福建五虎门之际，福建已于上年(1676)为清军所恢复，靖南王降清，而其所派前往琉球采办硫磺的游击陈应昌，在回到福建之后，闻悉靖南王降清的消息，虽然“剃发”试图躲过清军的追击，还是被清廷逮捕审讯，并供出前往琉球贸换硫磺一事，但最终以贿赂手段获免。琉球之所以十分关切，无非因此事关乎琉球的外交利益，若清廷追究起来，琉球实难以敷衍塞责。此外，琉球贡使照例将所获情报转呈日本，据《华夷变态》卷六《福州所闻唐兵乱事概要》云：

一、甲寅年(1674)三月，靖南王起兵叛乱，攻占福建省境内八府一州。

二、甲寅年四月，靖南王攻占广东省潮州府。

三、甲寅年四月，靖南王攻下浙江省的温州府和处州府。

四、甲寅年三月至七月，靖南王攻占江西省的建昌府、抚

---

① 即白银三千两。

② 《华夷变态》卷六，页 271—272。

州府、饶州府、广信府、南康府以及南京省的徽州府。

五、镇守福建泉州府的王提督战死，上将军任命其部属王老虎担任提督之职。王提督之夫人向上将军提报，王提督与王老虎关系不睦，由王老虎担任提督恐不利于我，建议取消任命，上将军未允。甲寅年六月，王夫人即欲联合郑经攻打漳州府。

六、广东潮州府原在靖南王的占领之下，甲寅年九月为郑经所取。惠州府原为鞑人所占领，后亦为郑经夺取。

七、福建汀州府于辰五月为郑经占领，因此靖南王调回此前所遣江西、浙江守军，讨伐郑经。辰年八月十五日康亲王攻入浙江、福建交界的仙霞关，时靖南王计划逃往海上，其家臣徐都威指出如逃走当地百姓恐遭清兵迫害，为顾及百姓安危，因此规劝靖南王投降。九月十九日靖南王剃发，遣使表达投降之意，十月八日清大将康亲王进入福州。

八、十月十五日康亲王出兵福州乌龙江追讨锦舍。

九、丁巳年(1677)一月，康亲王出兵邵武府、汀州府、兴化府、泉州府、和漳州府，锦舍逃往海上。

十、丁巳年五月二日，康亲王之使者，布政司姚老爷前往招抚平南王。五月十五日平南王降清。[①]

上引风说书详细记录了三藩之乱以福建为中心的战局变化，在时间、地点和人员方面皆有清楚而明确地描述，与中国相关史料大致符合。

不难看出，相对于唐船风说书及朝鲜风说书而言，琉球风说书情报价值极高。这一方面或许是由于琉球在三藩之乱期间，由于郑经攻击琉球朝贡船等事件，克服了华夷观念的局限，对于局

① 《华夷变态》卷六，页 272—274。此风说书共十项内容，序号系笔者所加。

势有较为冷静的把握。另一方面，琉球虽然内政外交均处于萨摩藩的严密监视之下，但最终倒向清朝一方，似乎也显示其欲输诚于清朝以期一定程度减弱日本控制。作为外交不能完全自主的小国，琉球在此期间的进退因应，无疑折射出当时清朝、日本以及台湾郑氏等政治实体之间复杂博弈的诡谲态势，也反映了琉球在各大强权夹缝中通过外交维持自主的积极努力。

三、风说书所见明郑之覆亡

康熙十九年（1680）正月，清福建水师提督万正色率舟师进攻金、厦。郑经战皆不利，二月二十六日厦门城陷，乃率残军退保台湾，于次年正月二十六日病死[①]。郑经死后不久，曾跟随他征战大陆的侍卫冯锡范联合提督刘国轩及郑氏宗室，杀害郑经长子监国郑克臧，立其次子郑克塽为国主。而《华夷变态》卷八所收风说书，起自康熙二十一年四月九日，终于康熙二十二年九月九日，基本上反映了台湾郑氏政权走向覆灭的全过程。关于台湾郑氏政权覆灭过程中的重要事件，例如刘国轩败走澎湖[②]、宁靖王自杀殉国等[③]，中国史料不乏细节性的记载，《华夷变态》所收风说书多与之相符，正因如此，这些记载多无特别价值。而风说书记述值得珍视者，是关于台湾郑氏政权覆灭前后，长期受其庇护的明朝遗民的出处进退以及海上势力的土崩瓦解，颇能反映明清鼎革这一历史阶段之悲壮落幕。

而正如郑经复书清福建总督姚启圣所提到的："本岛风帆所指，南极高辽，北止东瀛，何处不可以开屯，何地不可以聚兵乎？

---

① 参见《华夷变态》补遗卷二《二番普陀山船之唐人口述》（页3003—3004）及卷七《六番七番东宁船之唐人口述》（页328）。

② 《华夷变态》卷八，页364、372—375。

③ 《华夷变态》卷八，页383。

自先王以至不佞,所争者只是削发二字。台湾远在海外,不入于中国版图,岛中人民流通,商贾辐辏,衣冠之盛,不输于中土。虽未能遽比于太王之迁邠,而生聚教训,亦可以树万世不磨之基业。此皆贵价所目睹者,不佞何慕乎爵位,何贪乎疆土,而甘为此削发之举哉?"①面对姚启圣的招谕,郑经强调台湾强大的海上实力以及衣冠之盛,足见这两点在郑经心目中,是台湾赖以抗衡中土图存海外的经济及政治基础。而下文则试图结合《华夷变态》的记载,描述明郑政权倾覆之际,该政权翼卵之下的明朝遗民以及支撑政权的海上势力去就之实态。

(一)明福建遗民林上珍、何倩甫之海外播迁

《华夷变态》卷三收有《大明论》和《清朝有国论》,作者分别为以明朝遗民自居的何倩甫和林上珍。兹将其全文引用如下:

大 明 论

盖闻上古帝王,自唐虞以来,择贤禅位者,臣弑其君者,恢复中兴者,布衣(堀)〔崛〕起者,皆天命授之,非可以一定而论之也。今试以明而论,洪武起于布衣,潜于草野,托身緇流,出则虑胡元以废生,不出亦虑红军以伤命。祷于伽蓝神,许倡义。虽为微卒,智谋非常。南游定远,义旅来归,亲渡采石,吴越湖湘东西平定,豪杰之士心悦诚服,拯生民于涂炭,复汉官之威仪,号令严肃,秋毫无犯,深悯民瘼,数年免赋,天下响应,无往而不克,所以胡元无百年之运,天厌而弃之之时

① 《朝鲜王朝肃宗实录》卷一三,肃宗八年三月庚戌(2日),第38册,页583。

也。定鼎之策，卜都金陵，延及三年，犹尊宋主年号。则行事见于当时，是非公于后世，故有一代之兴，必有一代之史而载之，此洪武之所以兴也，不可谓智力求也，岂非天哉！传之苗裔二百余年，虽有边寇，安然无事。迨至崇祯受命以来，夙夜祗惧，恪遵谟训，允恭克让，光被四表，柔远能迩，野无贵贤。股肱元首喜起明良，好生之德洽于民心，反复思之，崇祯非比暴厉昏淫之君，可谓濬哲文明之帝乎？然而国坏者何也？北方州郡，荒旱水灾相继而作，百姓困苦，啼饥号寒，流离缁尾，不可胜数。当此之时，臣无直奏其事，君不闻民之苦，而民不思为逆者寡矣。天祸李闯，机谋百出，散赀结党，渐入畿内，诈投大臣为奴者，伪充大将为兵者，大臣付之不问。君虽有至圣之聪明，焉得而知之乎？突然内外合攻，顷刻破城，百官从虏者有之，死难者有之。嗟乎！崇祯之所以亡也，实谓大臣之误也，岂非天哉！而后，弘光都于金陵，隆武都于福建，二年未几，埋名逃匿。赐姓国藩，矢志恢复，辅佐永历，称帝统师，直抵金陵，虏兵惊战，城门闭守，事势不然，退归观望。虏君屡书开陈，愿割三省为王国藩，置之不闻，思以十年生聚十年教训，君父之仇指日可报，此国藩之志，非人所能知也，明之君臣莫不引领而望也。至于兵强马壮，将欲奋发，倏尔即世，不遂其愿，嗟乎！国藩之所以死也，则后未必有其人也，岂非天哉！盖生于三百年以前者，及见其事之得失，生于三百年以后者，未见其事，多得之书记与传闻也，合而论之，洪武创业于前，崇祯缵述于后，所以然之兴亡得失者，皆天命也。倩生也晚，幼时读书，壮来弃业，知者无不言，言者未必备。迩来奉命，谨陈大略，祈台鉴不宣。

明遗民何倩甫百拜呈

清朝有国论

伪朝之得天下，岂若唐虞之揖让、汤武之征诛乎？岂吾君之为桀纣、彼德之入民深，而天与而人归之也？抑能东荡西除，勘平祸乱(与)〔欤〕？抑知金汤之失守，乘我空虚，遽尔而袭之(与)〔欤〕？余曰：非也。彼盖胡元丑类，铜桥驾海，未殄之余孽；衣皮处士，而臣事西戎者也。夫既非天之肖子，吾君亦非亡国之君，乃不费一矢，而窃取神器若此。其易历改朔，正位承统又若此。其悠久者其政何哉？此其罪在庸臣，庸臣有罪，而亦未始非天也。盖向者眇贼猖狂，惟知掳掠。胡兵未至，为我帝之灵，恐而自窜，彼狡多贪，矜其入卫之勤，冒为逐寇之功，强行僭窃，遂至于此。祖宗三百年之大业，社稷生灵之所系，弃若敝履。君死未寒，北面臣虏，食禄之家，夫亦奚忍而甘心也哉？假于寇去之日，多以金帛赠之，速返其师，然后立主，以竢勤王，国本已固，徐行伐，其谁曰不宜？然而无有能之者，盖臣之忠义，死予君而死予国，未亡者[①]智鲜及而谋不臧，加以诱虏之徒，忍心悖理，怙宠贪荣，相率而胥与为夷，为可惜耳。苟使忠义之臣未尽亡，智谋之士而或在，则生灵未必左衽，社稷未必坵墟，祖宗大业，断不为逆胡之所有也。吾故以为罪在庸臣误吾君，而不能复立吾君，诱虏来而不能谢，虏去忠良不整，遗夷狄主中国，则谓为天心之有在，可乎否耶？虽然，吾有疑焉者。天心无久乱之理，虏无百年之运，惟其来也本于天，故更以其在，天之不可易者，神而明之。夫夷狄之为中国患，历代所不无，如猃狁、犬戎、单于、匈奴、吐蕃、突厥、契丹、女直之属，甚而至于五胡之乱，虽时惊北鄙，贼我疆场，然亦未尝统有四海也。即统有

① 划线部分，原文不曾断开，文义不通。

四海而悔祸，常萠宫中夜祝知天者也，以圣宋而赎世宗之位，皇明之扫灭妖氛，中国圣人屡屡应运而生，不欲夷狄之久有吾土者明矣。况今天之下（今之天下）虽属伪朝，少有智亦审其徒窃名器，难享厚福，速祸败而取丧亡耳。中国之大，吾固莫穷而知之，然闻之人曰：川陕云贵巴蜀崤函之险，已为吴平西自霸之一隅矣。沔阳汉水荆襄楚地，自古为富强之国，十年以前，尚辖于孙家可望矣。繇岭以南，义帜遮天；青兖之区，王帝几何？是则伪朝之所有，不过金陵吴会蕞尔居间耳。然金陵吴会飞航可达，初窘于定西，再靡于赐姓之藩，况皆先朝赤子，久待中兴，诚难逆其不溃，而保其必全也。且自古之君天下者，远方无不庭之臣，玉帛贡于京师，故曰贵为天子，富有四海焉。今见其赋于仅蕞尔之土地，征收者微，而岁币西戎以百万计，边海穷兵，馈饷之需靡耗无稽，用不足而横征，而民怨，民怨而盗起，干戈四出，亡不旋踵。必至于此，然后知天心之不可易，而信予言之不谬矣。然而犹未也，政事不兴，黩乱宫廷，主后其姑，母溺其臣，以此而治，自古未之有也。昔大理少卿康澄，疏上唐明宗曰："国有不足惧者五，深可畏者六，贤士藏匿，为可畏；四民迁业，为可畏；上下相狗，为可畏；廉耻道消，为可畏；毁誉失实，为可畏；直言不闻，为可畏；有一于此，国必灭亡。"若伪朝者，可谓兼而有之矣。珍前代为民，稺年而丁，革命兴废之事，诚有不忍言者，但恭承明问，质诸耳目，多不得其详与确矣。伏为洪恕。

明遗民林上珍百拜呈。[1]

上引《大明论》和《清朝有国论》是反映明清鼎革期间明朝遗民华夷观念以及正统意识的珍贵文献，其中《清朝有国论》根据孙

① 林春胜、林信笃编《华夷变态》卷三，东京，东方书店，1981年，页111—114。

文的研究，在民国初年为革命志士孙静庵改写，编入《栖霞阁野乘》一书，宣传反清思想[①]。但是这两篇论策皆不署日期，而何倩甫及林上珍二人，似并非当时第一流的士人，是以目前尚未在中国文献里发现有关二人的记载。《华夷变态》将这两篇文字系于延宝三年(1675)五月十六日"二番东京船唐人口述"和五月二十六日"五番厦门船唐人口述"之间，大致可推知在康熙十四年(1675)五月以前，二人已经搭乘赴日商船到达日本，这一点也能从其他的一些日本文献得到印证。据日本学者小松原涛研究，何倩甫曾自述"予自乙卯岁，客游日东之崎阳"，何倩甫是福建福清人，而林上珍是霞浦人[②]。而据记载日本儒林轶事的《先哲从谈》所记，何、林二人与日本儒者大高坂芝山(1647—1713)[③]为莫逆之交：

> 明林珍、何倩、顾长卿来在长崎，芝山每致诗文乞是正，彼各极口褒赏，至为韩、柳、欧、苏无过，于是芝山自以为然。江邨北海曰："林何顾三人孟浪谀言，固不足信，而季明信之，自夸毗，遂欠精细工夫。余酷爱季明慷慨有气节，因深惜为三人所误。"非过论。[④]

文中所谓"林珍"及"何倩"二人，即指林上珍及何倩甫无疑。从上引轶事可知，林、何二人羁留长崎期间，对于大高坂芝山一生行止产生了不良影响。大高坂芝山为人本就心高气傲，好排斥同辈，当时日本儒林俊杰木下顺庵、伊藤仁斋、山崎暗斋乃至东渡日

---

① 孙文《林上珍〈满清有国论〉考原》，《中国典籍与文化》2010年第2期。
② 转见于小松原涛《陳元贇の研究》，东京，雄山阁，1962年，页227。但作者并没有注明史料出处。
③ 本名季明，字清介，号芝山，又号一峰、黄轩，土佐人。
④ 原念斋《先哲从谈》卷四《大高坂芝山》，圆了源、前田勉译注，东京，平凡社，1994年，页212。

本的明遗民陈元赟、朱舜水等皆遭其酷评[①]，而独拜服林上珍、何倩甫二人，其诗文皆由二人为之作序。如林上珍《芝山诗序》云：

> 予自居停化国，江山是主，羁旅如归，数年之间，许我窃冒文字之知者，惟芝山大高季明文字一人耳。明公尝以其纪行诗集他诗三百余编，远辱赐教，其词雄丽典奥，正言不讳云云。机锋所致，便入三昧，瀚海奔流，几摇五岳，宜其驾唐御宋，驰骤今天之下，四灵才子几何不为彼臣妾也哉？[②]

从这篇诗序看，用所谓“瀚海奔流，几摇五岳，宜其驾唐御宋，驰骤今天之下”等语来夸赞一个非以母语写作的日本诗人的汉诗水准，乍见之下也使人感到有点肉麻。实际上在大高坂芝山生活的年代，就日本儒林整体的汉文学水准整体而言，尚处于相当幼稚的阶段，例如在亨保四年来日的朝鲜通信使团制述官申维翰看来，即便当时被推崇为“日本第一耆硕”的大学头林信笃（1645—1732），也是“诗文则一无可观”[③]，因此林上珍《芝山诗序》中对于大高坂芝山诗文之评价，阿谀之意昭彰，自不待言。

那么，为何林、何二人来到日本之后，对大高坂芝山曲意逢迎呢？先说林上珍，据贞享元年（1684）“一号广南船唐人口述”云：

> 前年（1682）有自贵地出发至广东的蔡胜官船，如去年各船所呈，去年六月欲赴贵地，已备办相当之货物，然被大清兵

---

① 如《先哲丛谈》卷四所收《谢何林二老书》（页 210—211）云：陈元赟在洛，而曩相会。朱舜水在此而迩面晤，潜察厥言行学术，疑弗端诚纯粹矣。多猥俚之态，乏彦士之姿，词赋亦似未英懿，故不欲就正焉。

② 转引自朱谦之《日本的朱子学》，人民出版社，2000 年，页 289—290。据《先哲丛谈》卷四《大高坂芝山》第三条页下注四，大高坂芝山《芝山会稿》有“明何倩甫”条。《芝山会稿》收有何倩《芝山文序》以及林珍之《芝山文后序》。惜《芝山会稿》暂未能得见。

③ 参见申维翰著、姜在彦译注《海游录 · 闻见别录》，东洋文库本，东京：平凡社，1974 年，页 307。

船发现并被认为东宁船，遭到攻击，船中人亦与之战斗，然终被打败，死亡人数很多，唯独二十八人得以逃命，又皆被生擒。其中有船头蔡胜官，并数年来与唐通事发生争讼，遭到抑留的师匠林上珍。林上珍前年乘蔡胜官船归国，此人也为此次船组人员，亦在被生擒者之列。蔡胜官及前述二十八人一起在广东被羁押在监，广东守护及其他诸官，皆为仁德之人，没有上奏北京，究明系将暹罗船误作东宁船攻击后，将众人全部赦免，十二月二十九日出狱。

据此可知林上珍于1682年乘船返回中国，不知史料中所云“与唐通事发生争讼”是何所指，但林上珍确系因此而在日本滞留了数年。姑且假设其赴日时间为1675年，1682年方始归国，则其滞留日本长达七年之久。林上珍在1683年再次赴日时，遭到清军拘捕。但是，他很快就得以脱身，并于贞享元年七月十七日便搭乘“七番广东船”来到日本①。

同为1684年到达的四番东京船，也带来了何倩甫的消息，据云：“因争讼被抑留的师匠唐人何倩甫，前年搭便乘我船往赴东京，此次又乘我船来日。”②两位明朝遗民的生平事迹虽不得其详，但是他们都被称为“师匠”，且结合其所著论策来看，当是有相当文化素养并对时事颇具识见的人物。又何倩甫在《大明论》中自述“倩生也晚，幼时读书，壮来弃业”，而林上珍也在《清朝有国论》中提到“珍前代为民，稗年而丁”，似乎皆因明清鼎革的大变故中断了儒业，迫于生计贩海为业。二人作为明朝遗民流落异国，寄人篱下，当身为日本儒林俊杰的大高坂季明主动与之酬酢时，受宠若惊也是容易理解的。

---

① 《华夷变态》卷八《八番厦门船之唐人口述》，页428。
② 《华夷变态》卷八《四番东京船之唐人口述》，页421。

尤其值得关注者，林上珍所乘之一号广南船船主蔡胜官，实际上是郑经麾下的官商。延平户官郑泰手下龚二娘、黄熊官领取留置长崎的存银时，曾向长崎奉行呈递《列位老爷书》（上呈日期是延宝三年，1675），而蔡胜官作为"知证人"签名，身份是"东宁船主"①。此事牵扯到郑氏政权内部纷争的一段公案。在郑成功驾鹤之前，曾因嗣子郑经在澎湖与乳母私通，而欲遣户官郑泰杀之以清理门户，郑泰没有执行郑成功之命令。不料郑经即位后反疑郑泰有异图，囚禁郑泰迫使其自杀身亡。郑泰死后，其弟郑鸣骏和儿子郑缵绪迫于形势，领所部将士投降清朝。而郑泰生前作为户官掌管郑氏海外贸易，在长崎经营多年，曾将大量白银寄存日本长崎以备不虞之需。围绕这笔白银之归属，郑经与投降清朝的郑泰后裔在态度暧昧的长崎唐通事办事处操弄之下，展开了经年未决的争讼。康熙十四年（1675）郑经军队应耿精忠之请进入泉州，控制了居住泉州的郑泰的部分子孙，迫使在北京的郑泰后裔屈服，就长崎存银一事达成和解②，因此在1675年仍由已死的郑泰手下龚二娘、黄熊官领回留置日本的存银，而最后实则归郑经所有。至于何倩甫，后为长期从事越南与日本之间海上贸易的船头林于滕所收留，被任命为"胁船头"（船副），从事文字工作③。林上珍、何倩甫二人在康熙十四年（1675）来日，很可能是随东宁船头蔡胜官等人前来参与有关长崎存银的争讼。

而尤其值得注意的是，吴三桂起兵之前，曾经与耿精忠、郑经有过密约，达成"复兴明室"的共识，这是构成三家联合反清同盟的政

① 《华夷变态》卷五（第二种），页252。

② 此事始末见于《华夷变态》卷五（第二种）《郑祚爷伙计龚二娘之问询纪要》，页240—243。相关经纬，可参见浦廉一《延平王户官郑泰长崎存银之研究》，赖永祥译，《台湾风物》第11卷3期，1961年。

③ 《华夷变态》卷一八《八十五番温州船之唐人口述》，页1391。

治基础。但是在这个政治军事同盟中,郑经与吴三桂、耿精忠的反清性质,毫无疑问有显著差别。吴耿二人即在朝鲜使者看来,也是“中华乱贼,清虏叛臣”①,被视为立场不甚坚定的政治投机者。而郑氏在反清问题上则始终不渝,清史专家王钟翰甚至指出郑经“出师有名,过于三藩”②,可谓十分中肯的评价。实际上南明永历政权灭亡之后,明朝宗室遗臣的确有不少东渡台湾,在郑氏政权之下求得庇护,明太祖朱元璋八世孙宁靖王朱术桂也在台湾任监国,台湾郑氏政权上下颇以东宁为正闰所在为傲。对于奉明正朔的郑经而言,反清盟友吴三桂及耿精忠分别自建年号,实乃背信弃义、大逆不道的举动,故而声称:“吾家在海外数十年,奉称明号。今吴称周,耿称甲寅,是以来攻。尔两家若归正朔,吾不难返旆。否则,尔两家皆吾敌国也。”③因此,效忠郑氏政权的林上珍在《清朝有国论》中曰:“矜其入卫之勤,冒为逐寇之功……君死未寒,北面臣虏,食禄之家,夫亦奚忍而甘心也哉。”公然揭露吴三桂当年引清兵入关的无耻行径。另外,何倩甫在《大明论》中称郑成功为“国藩”,也是郑氏政权的士人对于郑成功的习惯尊称。林、何为郑氏政权卵翼之下的士人,当无疑义。

《朝鲜王朝实录》记有郑经致清福建总督姚启圣的书信:“本岛风帆所指,南极高辽,北止东瀛,何处不可以开屯,何地不可以聚兵乎? 自先王以至不佞,所争者只是削发二字。台湾远在海外……岛中人民流通,商贾辐辏,衣冠之盛,不输于中土。虽未能遽比于太王之迁邠,而生聚教训,亦可以树万世不磨之基业。此皆贵价所目睹者,不佞何慕乎爵位,何贪乎疆土,而甘为此削发之举哉?”面对姚启圣的招谕,郑经强调台湾强大的海上实力以及衣

① 韩泰东《两世燕行录》,《燕行录全集》,首尔,东国大学出版部,2001 年,第 29 册,页 218。
② 王钟翰《清史新考》,辽宁大学出版社,1997 年,页 134。
③ (清)抱阳生编著《甲申朝事小纪》,书目文献出版社,1987 年,页 133。

冠之盛，足见这两点在郑经心目中，是台湾赖以抗衡中土图存海外的经济及政治基础。《朝鲜王朝实录》的编者对于该书信亦颇称赏，曰："此书出于遗臣随郑锦入岛者之手，往往书札彬彬可观云。"①而林上珍、何倩甫二人在明清鼎革的大变局中中断儒业，随郑氏官商贩海为生，对于清朝政权怀有极大不满情绪，在三藩之乱中对于明朝的兴复则充满期许。二人尽管并非当时的第一流士人，出自二人之手的《大明论》和《清朝有国论》亦无甚高论，但它逃脱了清初的严密文网，流播海外，对于观察明清鼎革期间普通明朝遗民的华夷观念以及正统意识，有极其珍贵的文献及历史价值。值得注意的是，两篇策论在充斥日本特有华夷观念的《华夷变态》一书中，乍见之下即有相当程度之违和感，尽管林、何二人显然具有程度不等的华夷观念，也肯定清楚明清两朝统治者的民族成分有满汉之别，但或许由于中国历史上并不乏异族入主中原的历史记忆，策论中依然不自觉地用习见的"鼎革"或者"革命"（如林上珍《清朝有国论》）等概念，去描述这一政权更迭的历史过程，即强调明清易代乃出自天命的转移，非人力可以为之左右，这与《华夷变态》序言中所述明清易代所谓"华变于夷之态"②的历史叙述，显然判若霄壤云泥，此点或值得中国学者重视。惟因篇幅所限，在此就不再进一步展开。

（二）明郑残部的南海移殖

郑氏政权覆灭前夕，有部分军士不愿剃发降清，不得已播迁

① 《朝鲜王朝肃宗实录》卷一三，肃宗八年三月庚戌，首尔，韩国国史编纂委员会，1973 年，第 38 册，页 583。
② 参见林恕、林凤冈《华夷变态》（东方书店，1981 年重印版）卷首序文。

异域。其中有一支水师的去就对于当时台湾军民而言生死攸关，正如《华夷变态》卷八《二十番东宁船之唐人口述》所述：

> 秦舍是否准备剃发或者进入内地，尚未知晓。又据内地传来消息，秦舍麾下武将礼武之官名杨二者，考虑行藏，与秦舍不是一条心，此人现在柬埔寨，有关情况先船亦有所述。杨二现在柬埔寨战阵之中，或有志于柬埔寨，自东宁撤退。总之到此时，东宁上下失怙夺气，兵船大小不过数百，军士不过数千，面临大敌，无有胜算，故此人心散乱，似唯有准备剃发。

该风说书署期"亥(1683)八月十一日"，当时郑克塽正为降清的细节与清廷交涉。当时台湾政权统治集团尚幻想接受清廷剃发的要求，但条件是留驻东宁，在此基础上实现一统局面，这个要求被康熙帝断然拒绝。而对于清廷要求郑克塽削发登岸，郑氏政权内部发生重大分歧，其中在柬埔寨征战的所谓礼武之官杨二，不同意削发降清，决意全师撤离东宁，此举使得台湾军民的最后一丝希望化为泡影，彻底瓦解了其抵抗决心[①]。

所谓"礼武"全称为"礼武镇"，乃是郑氏政权军队基本建制的番号之一。杨二是清初广东著名的"海盗"首领，本名杨彦迪，他联合邓耀、冼彪、杨三等纵横粤海，曾经盘踞廉州龙门多年，并奉郑经之命，保护郑氏往来南洋的船只，同时确保广东沿海之若干岛屿，以为明郑向大陆进攻的跳板或扰乱闽海沿岸的基地[②]。杨彦迪的活动基地龙门"地枕交广之间，当钦州正南，为外户。自钦州发舟，不一日至。重峰迭岫，七十有二，错落大海中，大小各

① 《华夷变态》卷八，页 407。
② 参见陈荆和《清初郑成功残部之移殖南圻》(上)，《新亚学报》第 5 卷第 1 期(1968)，页 451—454。

不相续。海疆多事，则往往盗贼盘据为窟宅”①。具有十分有利的地理环境和经济条件。

据雍正《钦州志》记载，杨彦迪原本是海盗首领，其部于康熙二年不敌平南王征剿败走，十六年(1677)就以郑氏水师的面貌出现，聚舟八十，率众数千人自台湾航海重返龙门，“结巢作乱”，十七年(1678)秋八月被清朝游击刘世贵等击败②，被迫率部将黄进、陈上川及所部亡命海外，次年正月出现在越南阮氏顺化王朝家门口，此事见于《大南实录·前编》卷五记载：

> 己未三十一年(1679)春正月，明将龙门总兵杨彦迪、副将黄进，高雷廉总兵陈上川、副将陈安平，率兵三千余，战船五十艘，投思客、沱瀼海口，派员人富春，自陈以明逋臣，义不事清，故来，愿臣仆。时议：“以彼异族殊音，辞难任使，而穷途来归，不忍拒绝。真腊国东浦地方，沃野千里，朝廷未暇经理，不如因彼之力，使辟地以居，一举而三得也。”上从之，乃命宴劳嘉奖，仍各授以官职，令往东浦居之。又告谕真腊，以无外之意。彦迪等诣阙谢恩而行。彦迪、黄进兵船驶往雷腊海口驻扎美湫；上川、安平兵船驶往芹滁海口，驻扎于盘辚。③

所谓“思客”“沱瀼”，相当于今天越南的顺化港和岘港。当时的阮氏顺化王朝与台湾郑氏有来往，杨氏等也曾经在那里活动过，这大概是促成杨氏投靠广南的主因。需要提及的是，当时越南正处于后黎朝的南北朝对峙时期，北方郑氏当国，而南方由阮氏家族世袭掌权，号称“阮主”(Chúa Nguyễn)，中国和日本

---

① 潘鼎珪《安南纪游》，《安南传及其他二种》，商务印书馆，1937年。
② 雍正《钦州志》卷一及卷六《险要总论》。
③ 《大南实录·前编》卷五，东京：庆应义塾大学语学研究所，1961年，页22。

史料习称“广南国”(Quảng Nam Quốc)。杨彦迪亡命之时,正值第五代广南君主(1648—1687)阮福濒(Nguyễn Phúc Tần)统治时期。当时阮福濒与北方郑主攻伐不休,但1673年三藩之乱发生后,在康熙皇帝居间调停下,双方休兵,以灩江(今争江)为界。此后阮福濒致力于南向攻伐桀骜不驯的占城国以及国小民贫的柬埔寨。

杨彦迪所部明郑水师残部的到来,使得阮福濒感到侵吞柬埔寨领土的良机到来,认为可加以利用,遂将他们安置到高蛮国(水真腊,即柬埔寨)东浦。实际上早在1658年,南阮阮福濒曾发兵3 000干涉真腊王位的争夺,迫使真腊臣服。此后,真腊国围绕王位发生多次夺嫡之争,每逢真腊内乱,南阮政权与暹罗总是不失时机地介入其中,出兵帮助其中一方登上王位。1674年,真腊再次爆发王位之争,阮福濒出兵制服真腊,立匿螉秋为王、匿螉嫩为副王,将真腊一分为二(陆真腊 Lục Chan Lạp、水真腊 Thủy Chan Lạp)。广南政权欲借陈、杨诸人之力,开疆拓土,陈上川、陈安平率部开往美湫(定祥镇),杨彦迪、黄进率部开往盘辚(边和镇)驻扎①。从此,这批武装明军就基本驻扎在今越南南方同奈省胡志明市周边地区,并被利用作为攻掠柬埔寨的急先锋②。

关于杨延迪及其部众的活动,除上引风说书之外,《华夷变态》另有不少记载,目前多未被中国学者所利用③,故列表如下所示:

---

① 参见《嘉定城通志》卷六《城池志》“边和镇”“定祥镇”,收入戴可来、杨宝筠校注《岭南摭怪等史料三种》,中州古籍出版社,1991年,页219、221。

② 参见徐善福《十七、十九世纪的越南南方华侨》(《暨南大学学报》哲学社会科学版,1981年第4期)、石坚平《明末清初岭南移民与广南阮氏政权关系初探》(《青海社会科学》2008年第2期)。

③ 台湾学者郑瑞明撰有《日本古籍〈华夷变态〉的东南亚华人史料》(载吴剑雄主编《海外华人研究》第二期,台湾海外华人研究学会,1992年)一文,应该对相关史料做了系统梳理,唯此文暂未见。

表五　唐船风说书所见杨彦迪及其余部活动情况表

卷次	风说书标题	年　次	署　期	内容概要	备　注
卷七	二番思明州船之唐人口述	康熙十八年(1679)	未三月十二日	广东境内，高州、琼州二府，被锦舍手下总镇之官名杨彦迪者所攻取	页 287—288
卷八	五番暹逻船之唐人口述	康熙二十二年(1683)	亥六月朔日	礼武镇杨二受命经略广东滨海之地，然为广东清军所迫，于去年(1682)十一月南下进入柬埔寨境内	页 366—367
	十九番暹逻船之唐人口述	康熙二十二年(1683)	亥七月十四日	杨二率领兵船，骤然进入柬埔寨内地，柬埔寨国王避兵山中	页 397—399
卷十三	百七番暹罗船之唐人口述	康熙二十六年(1687)	卯七月廿三日	杨二为其部将黄氏所杀，黄氏拥立柬埔寨二王，与避兵山中之正王相抗。正王乞援于暹罗，暹罗出兵打败黄氏及二王，黄氏守护二王逃入广南	页 783—785
卷十六	五十二番柬埔寨船之唐人口述	康熙二十八年(1689)	巳六月十日	黄震乃杨礼武部将，杀杨而代领其部众，为柬埔寨及大清滨海之害。大清广东守将移书广南，协商剿灭黄震及其部众。广南遂遣军六千往讨，黄震败入山中	页 1126—1128 黄震在中国史料及越南史料中被称作黄进
	七十三番广南船之唐人口述	康熙二十八年(1689)	巳八月九日	柬埔寨嫡子(国王)与庶子相争，黄震一党辅佐庶子，嫡子请援于广南，广南出兵剿灭黄震一党	页 1153—1154

（续表）

卷次	风说书标题	年 次	署 期	内 容 概 要	备 注
	七十四番柬埔寨船之唐人口述	康熙二十八年(1689)	巳 八 月十日	柬埔寨乃广南属国。嫡子二王与庶子三王相争。嫡子请兵于广南,剿灭扶助三王之海贼大将黄震及其党徒,黄震党徒一百八十余人被生擒解送广南。三王逃往山中,或请兵于暹罗	页 1154—1155
卷十七	七十五番柬埔寨船之唐人口述	康熙二十九年(1690)	午 七 月二日	杨彦迪部将陈尚川,拥立柬埔寨二王与大王相争	页 1264—1266

从上表看,《华夷变态》所收风说书基本准确地记述了杨彦迪及其余部的活动,如以卷八《十九番暹逻船之唐人口述》为例:

暹逻国,正如之前入港五番七番暹逻船所述,别无异事,国中日益宁静。然东宁秦舍之麾下,礼武之官名杨二者,亦如先船所述,为保护自东宁往诸处之商船,以兵船七十余艘,军士三千左右,秘密巡徼广东边境以及广南、东京、柬埔寨之滨海,于当年夏初,乘船入柬埔寨,欲借柬埔寨之地,稍事休整。杨二率领兵船,遽然进入柬埔寨内地。柬埔寨乃边鄙之国,人民寡少,自国主以迄大臣,慑于杨二之势,或以来攻,撤往深山之中。迄至我等发船,杨二仍寄住柬埔寨,原本似无攻取柬埔寨之意,故此亦无残害人民之举,亦向山中之国主遣使,告知无妨贵国可出之意,然国主深疑之而不出。柬埔寨国亦同于他国,如为可攻取之地,乃天赐杨二,国主幸而逃生,未及一战而取之,可谓幸运之至。然总而言之,若柬埔寨国人不为国主，则不成其所，他国人为国主之事，前代所无，不言而喻亦无唐人为王之事。他国似亦有暂时攻取之情况，若然，国之诸色土产不出，人民不附，所输之物亦无分毫。依杨二之本意，似无攻占柬埔寨之企图。然柬埔寨自古以来，即为向暹逻朝贡之属国，此次杨二滞留柬埔寨之事，亦闻于暹逻国王，国王遣使往谕杨二曰：柬埔寨原为敝国属邦，敝国与东宁，互为通好，足下如为东宁之部下，定无异图，若承此意，仍可寄住旧地，不可妨害柬埔寨之民，如有何不如意事，可报闻敝国，如无则可来敝国一会。杨二回复曰：诚如来意，已悉。敝人自入船之时起，本无妨害贵国之心，勿庸忧虑。殿下希望敝人来会，然无必要，因暂驻贵地，稍后即准备归国，故不拜会殿下。故此柬埔寨亦别无异事。①

在这则风说书中，明确交待了杨彦迪军担负保护东宁商船的使命。这是由于郑经率军全师东渡台湾之后，清朝厉行海禁的举措，使得台湾商船前往大陆滨海地区筹措货物变得极为困难，甚至连基本的粮食供应也举步维艰。特别是康熙二十一年姚启圣犯澎湖，以阻风而返，是年底东宁岁饥，米价腾贵，再加上"承天府火，延烧一千六百余家"，民多饿死②，使得台湾的粮食危机空前严重，在此前后郑氏政权所派前往广南、暹罗等地的商船往往都是购买大米，以供军民食用，这在《华夷变态》卷八之中亦多有记载③。而杨彦迪及其所部的使命，无疑就是保护这条重要的海上粮食通道。

对于柬埔寨，台湾郑氏实际上早与之有商贸往来。据延宝八年（康熙十九年，1680）《七番柬埔寨船之唐人口述》云：

---

① 《华夷变态》卷八，页 397—399。

② 《闽海纪要》卷下。

③ 参见蔡郁蘋《郑氏时期台湾对日本贸易之研究》，成功大学硕士论文，2005 年，页 59—60。

> 去年(1679)自贵地回航柬埔寨的廿番柬埔寨船头薛韬官,当年(1679)四月十九日与柬埔寨河口官吏名吴李者意外发生争执,同月廿二日为吴李所杀,故此当地唐人同诉于柬埔寨国主,言吴李非法杀害韬官,请务必给予调查。国主说称,韬官不守规矩,被杀也无妨。唐人无可奈何。韬官船货物无碍,其船由船内唐人名张圣娘者担任船头,应紧随我船出发之后开洋。[1]

而据同书卷七《二十番柬埔寨船之唐人口述》,薛韬官于康熙十七年(1678)自柬埔寨来日本之前,正值柬埔寨内战,不仅船上银货被柬埔寨二王子所劫,且船员、水手皆被迫参战,而二王子不幸战败之后,试图搭载少量客人渡日,最后仅有一二客人上船,货物仅有碳二千斤[2]。而次年(1679)四月十九日再至柬埔寨时,因与河口柬埔寨官吏名吴李者发生纠纷,为其所杀,而对于当地唐人的申诉,柬埔寨国主态度极为冷漠,作为东宁政权高级军官薛进思之弟,此时竟然也不能保证生命安全,这应与当时东宁政权日益衰微有相当关系。礼武镇杨彦迪之所以在 1679 年率水师兵临柬埔寨,一方面固然是受阮主的委派,但另一方面,可能也是替东宁政权维护海上交通线,威慑对于郑氏官商不太友好的柬埔寨政权。风说书准确地反映了杨彦迪集团的到来,为这一地区复杂地缘政治生态增添了新的因素、新的力量和新的挑战。当时的柬埔寨夹在两大强国暹罗以及广南阮氏王朝中间,时刻受到两国统治者的觊觎,二王匿嫩与正王匿秋均向广南称臣纳贡,匿秋同时又向暹罗称臣,暹王视为卵翼,因之演成暹罗与广南在柬埔寨的对抗,杨彦迪部成为广南政权在柬埔寨抗衡暹罗的支柱力量。而杨

---

① 《华夷变态》补遗卷二,页 3009。
② 《华夷变态》卷七,页 304。

彦迪与二王匿嫩结盟，改变了广南、暹罗两国在柬埔寨的势力平衡。因而其一举一动，也使得视柬埔寨为禁脔的暹罗统治者十分关切。

杨彦迪尽管已在柬埔寨东浦立足，但并未立即放弃反清斗争以及与郑氏政权的配合与联络，康熙二十年（1681）杨彦迪舰队又出现在广东海域，一度攻陷琼州海口所城、澄迈、定安。三月十五日，杨部与清军大战，损失惨重，总督周胜、总兵陈曾被擒斩，战船100余只被焚，30余艘被夺，三城复失，杨彦迪“势穷逃窜”①。此后，杨彦迪的舰队再没有在广东海面出现。而据风说书记载，康熙二十三年（1684）清将施琅在平定台湾后，还曾派专使杨安舍、蔡荣官至广南，游说明郑残部降清，但无果而终②。

康熙二十二年（1683）十月，靖海侯施琅据降将刘国轩提供的信息，向清廷报称“伪礼武镇总兵杨彦迪一队船䑸在广南柬埔寨、伪水师二镇总兵周云隆船䑸一队在舟山、房锡鹏一队船䑸在浙江乌洋”。康熙帝谕令“务尽根除，勿得仍留余党，致滋蔓延”③。郑克塽降清之后虽仍有数支水师在外，但似乎唯有以杨彦迪、陈上川为首的郑氏水师余部引起清朝高度关切，必欲除之而后快，据《华夷变态》卷十六《五十二番柬埔寨船之唐人口述》，广南国曾接广东守将书信，被要求派遣军队剿灭黄进所部，无疑可与之相印证。当时盘踞巴达维亚的荷兰东印度公司对于杨彦迪部的动向也有所觉察，在1684年8月24日向日本长崎荷兰通词上呈的“风说书”第二条提到：“这些话是到巴达维亚的广东贸易商人所说，鞑靼派遣来的军船驶往台湾附近的澎湖，即将攻打台湾，台湾

① 《清圣祖实录》卷九六，康熙二十年五月丙寅。
② 《华夷变态》卷九《十二番广南船之唐人共申口》，页431。
③ 《清代官书记明台湾郑氏亡事》卷四，“台湾文献丛刊”第174种，台北联经出版社，1995年。

的大将军开城投降并逃往柬埔寨。”所谓台湾大将军逃往柬埔寨，当指“义不事清”的杨彦迪，而不是指郑克塽[1]。有趣的是，朝鲜王朝也极其敏锐地打听黄进的动向，康熙二十六年(1687)朝鲜谢恩使朗善君李俣在别单中报称，“吴三桂部曲黄进为名者，窃据海岛，仍称永历年号，据险不服，清国方议剿抚云云”[2]，尽管将黄进错认是吴三桂部下，但也可见这支流落异域的郑氏政权水师余部，显然被视为郑氏覆灭后反清复明武装的一个象征，从而引发了当时国际各方的高度关注，日本在通过采录风说书的形式对其动向持续保持关注，与朝鲜大致出于同样的心态。

康熙二十七年(1688)六月，杨部发生内讧，部将黄进发兵攻杀杨彦迪，并其部众。黄进一改杨彦迪不扰柬埔寨边民的既有方针，“移屯难溪，据险筑垒，铸大炮，缮战船，纵兵掳掠”。对此变故，《华夷变态》元禄二年(1689)六拾九番广南船唐人共申口说：“唐人之贼首黄震者，引率了兵船数十艘，唐人兵士多数乱入柬埔寨，甚至有意夺占该国。”同年七拾四番柬埔寨船唐人共申口也说：“大清国内广东出身海贼头目黄震者，以兵船九艘，人员三四百，均属粤人，来封锁柬埔寨港口，妨碍商船来往，大有待机赶走柬埔寨国王，代之占领该国的样子。”[3]因粤语“震”“进”谐音，这

---

① 日兰学会法政研究所编《荷兰风说书集成》上卷，东京：吉川弘文馆，页 115。又见板泽武雄《阿蘭陀風説書の研究》，东京：吉川弘文馆，1974 年，页 116—117。并参见松方冬子著、杉本房代译、刘序枫校修《唐、兰风书中有关郑氏政权瓦解的讯息及其传日经过》，《台湾史研究》第 19 卷第 1 期，2012 年。板泽武雄误认为此处所谓逃往柬埔寨的大将是郑克塽，风说书所说并非事实。松方冬子通过对比对应的 1684 年 8 月 25 日荷兰商馆日记(荷兰国立中央文书馆所藏日本商馆文书，第 97 号)所记：“Pescadores(澎湖)诸岛被鞑靼人所征服，之后整个台湾岛也被武力镇压。”认为：“郑克塽逃到柬埔寨的说法，和在巴达维亚听到的传闻等，是当初荷兰人不打算提到的，有可能是长崎的荷兰通译在听取时所追加。”松方冬子之说很有道理，但考虑是到达巴达维亚的广东贸易商人传达的消息，基本上可以确定所指并非台湾最高统治者郑克塽，而是长期活动于交广门户钦州龙门一带的郑氏残部杨彦迪。

② 《朝鲜王朝肃宗实录》卷一八，肃宗十三年三月辛巳(3 日)，第 39 册，页 94。

③ 《华夷变态》卷十六，页 1149、1155。

里所谓"黄震"即黄进。黄进的举动引起柬埔寨正王匿秋的怨愤，遂积极备战，筑碧堆（Go - bich，柬埔寨乌栋以北5公里）、求南（Bakau nam，柬埔寨巴普农）、南荣（今柬埔寨首都金边）三垒以御之。二王匿嫩向广南乞援，阮氏派遣镇边营副将枚万龙统兵入东浦，以黄进为先锋，受万龙节制。阮主显然对黄进心怀戒备，认为："黄进擅杀主将，拥兵难溪，其心亦未可知，请令进为先锋，以观向背，倘心怀犹豫，即进兵击之。匿秋阻其前，大兵逼其后，进可擒矣。既胜进，乘势直捣真腊，此万全计也。"[①]实际上是采取了乘明郑军队内乱伺机剿灭并攻伐柬埔寨的一石二鸟之策。对于阮主的如意算盘，黄进显然心中有数。据《华夷变态》元禄二年五十二番柬埔寨船唐人共申口，该年三月，广南遣使前往黄船，敦促其登陆赴阮方商议军略，黄进知其诈，杀死两名使者并阮兵500余人。阮军猛攻黄进，败进于柬埔寨外匡郎之地，进退走山中，不知所终[②]。而《大南实录前编》则谓己巳年闰正月枚万龙先以美女游说黄进，继而派人假扮龙门旧人"张老爷"，引诱黄进前来谈判；进轻信中其埋伏，弃舟走逸，不知所终[③]。

随后的风说书对于这支流落异域的郑氏政权水师的来龙去脉也基本交代清楚，例如首领的更迭及其与广南阮氏王朝、柬埔寨以及暹罗之间的关系都有较为明确的记载，很多可以与中国及越南史料互为印证。黄进被阮主剿灭后，其部众被陈上川（1626—1720）所并。陈上川字胜才，号义略，是越南历史上著名的华侨首领，郑怀德《题陈将军庙》注云："陈大明总兵，名胜才，广东高州府吴川人。"[④]阮氏击灭黄进后，陈上川兼管龙门将卒，并被

① 《大南实录前编》卷六，英宗戊辰元年六月。

② 《华夷变态》卷十六，页1127—1128。

③ 《大南实录前编》卷六，英宗己巳二年闰正月。

④ 郑怀德《艮斋诗集》，转引自陈荆和《清初郑成功残部之移殖南圻》（下），《新亚学报》第八卷第二期，（1968），页468。

委为先锋，经略高绵（柬埔寨）。陈上川攻匿秋，陷碧堆、求喃、南荣三垒，屯驻湄公河口之工代马[①]。而据元禄三年（康熙二十九年，1690）七十五番柬埔寨船之唐人共申口：

> 滨海大将礼武官麾下名陈尚川者，领兵船数十艘，掠夺滨海诸处……闻柬埔寨内乱，遂进兵柬埔寨港口名工代马之地……（柬埔寨）二王闻之，遂即与陈尚川合，攻其兄大王，大王不敌，撤往深山之中，原本即软弱之国，又因系暹罗属邦，向之纳贡，故此大王乞援于暹罗，以攻二王及陈尚川。暹罗军强，故二王撤往他山之中。陈尚川乘船，似撤往工代马，并布阵于港口，海边机动，大王虽数度攻打而丝毫不怯，至今仍固守工代马。然与大王之军累战，故人数减至四五百，船数或有六七艘。[②]

陈尚川（即陈上川）盘踞工代马，实际上得到广南国的支援。据《大南实录前编》显宗辛卯二十年（1711）冬十月条："真腊匿深自暹罗还，与屋牙高罗歆谋害匿淹，匿淹令哀牢人匿吹盆桲驰报镇边、藩镇二营，请兵赴援，副将阮久云、总兵陈上川以闻。"[③]可见陈上川已位居总兵。这里的匿深（Préah Srey Thommo Réachéa）乃匿秋之子，匿淹（Prince Em）为匿嫩之子，真腊王室两派势力的对立在陈上川时代仍在持续。同书显宗甲午二十三年（1714）冬十月谓匿淹为匿深所围，淹复求援于藩镇、镇边二营，"藩镇都督陈上川发兵过柴棍，镇边副将阮久富发兵驻雷猎，水军驻美湫，遥为声

---

① 关于"工代马"，E.Gaspardone 谓即 Pontèmas（河仙，即港口）。据陈荆和先生考证，该地应即《海国见闻录》之"昆大吗"，嘉庆《一统志》《清文献通考》之"尹代吗"。其地在前江小海门南面的"龙洲"（Culao rong），也就是《嘉定城通志》之"日本洲"，俗称"混艚"（Con Tau）；"工代"为 Con Tau，即龙洲、日本洲之音译，"马"乃柬埔寨 meat（港口、江口）之音译，"工代马"，即龙洲港或混艚港之谓。参见陈荆和《清初郑成功残部之移殖南圻》（下），页 445。

② 《华夷变态》卷十七，页 1265—1266。

③ 《大南实录前编》卷八，显宗辛卯二十年冬十月。

援。使人具事以闻，上报曰：阃外之事悉委二卿，当审其攻守之宜，以安藩服”。结果匿淹反败为胜，匿深一族逃亡暹罗，陈上川遂立匿淹为真腊国王，终结了柬埔寨久久不决的内乱。[①] 陈上川不仅升任藩镇都督，而且备受阮主信赖，被委以封疆重任。陈上川坐镇柴棍，建立铺市，广招商客，垦殖开发边和的农耐大铺，并积极传播中国文化。康熙五十四年(1715)陈上川病卒，以功追赠辅国将军，春秋两祭，后人怀念陈上川功德，立祠祀之[②]，至今受到当地华侨、华裔和越南人民的长久缅怀。

(三) 明郑政权所管船头之行迹

郑氏集团以区区一隅之地抗衡清廷达数十年之久，无疑是以其活跃的海外贸易为基础。而经营海外贸易的方法，主要采取五大商组织之公营方式。所谓五大商，由设于杭州及其附近各地之金、木、水、火、土等陆地五商，以及设于厦门及其附近各地之仁、义、礼、智、信等海洋五商组成。海陆十大商行分工协作，由陆地五商先行领取公款，采购丝货及各地土产，将货送交海洋五商后，再向国库结账，并提领下次采购所需钱款。海洋五商接收货物后，即装运商船，出洋销售回还后，与国库结算。除此以外，亦有领取郑氏资本独立贩运之贸易商[③]。而据康熙七年(1668)降清的原郑氏部将史伟琦奏称，自郑成功时代起，就“以仁、义、礼、智、信五字为号，建置海船，每一字号下设有船十二只”[④]。毫无疑问，海

① 《大南实录前编》卷八，显宗甲午二十三年十月。
② 参前揭陈荆和《清初郑成功残部之移殖南圻》(下)，页 468—469。
③ 参见南栖《台湾郑氏五商之研究》，《台湾银行季刊》第 16 卷第 2 期，台湾银行，1965 年。
④ 《候补都司佥事史伟琦密题台湾郑氏通洋情形并陈剿抚机宜事本》，载《康熙统一台湾档案史料选辑》，第 81 页。

洋五商下辖的海船奔走海洋所得贸易利润,是郑氏政权养兵给饷的主要经济来源。而为摧毁郑氏政权的经济来源,清廷长期厉行海禁令,严重阻碍了贸易品流通,导致海商或采购不到足够货品,或招揽不到客商,或因拖延出航日期而增加杂务开销,或费尽苦心准备起航,却突遭清军袭击,或适逢风势不顺发生海难等意外事故,造成人、物、金钱上之损失事例屡见不鲜,总之是致使郑氏海上贸易愈见衰落,加之抗清战争消耗财力过甚,最终陷于降清之不幸结局①。以下试图结合《华夷变态》的记载,考察郑氏政权覆灭前夜其所辖海船船头的活动,以期揭示郑氏集团覆亡之一端。

明清之际的海商从事远洋贸易,需要巨额资本,且在禁海令的限制下,为减少投资困难、被海防官兵逮捕、海难事故以及贸易不景气等诸多风险,多与藩王、官僚结讬以求得庇护,故此当时海商以王商、官商居多。如平南王、靖南王都有所谓投藩商人持其资本进行海上贸易。海商之隶属关系,只能依据具体史料作出推断,据当时福建之习俗,"呼人为郎,呼公子、公孙曰舍,称呼体面之人曰官(认官为观,遂以观为名者多)"②。也大致可窥见当时从事海上贸易的海船船主,多为官商,隶属于台湾郑氏政权的海商亦不例外。在《华夷变态》之中,留下姓名的郑氏海商(或言官商)的姓名并不多,兹将可以确定为郑氏所辖之船头之情况列表如下:

① 参见朱德兰《清初迁界令时中国船海上贸易之研究》,《中国海洋发展史论文集》第 2 辑,"中研院"三民主义研究所,1986 年。

② 道光《厦门志》("台湾文献丛刊"第 95 种,台湾银行,1961 年)卷五《风俗记 · 俗尚》。以"官"为"观"的取名实例,如 1667 年漂至朝鲜的郑经所辖官船,为首者是郑氏官商陈得、曾胜、林寅观等三人,船员共九十五名,最后朝鲜将他们移送北京,全部被清朝处死。可参见松浦章《李朝時代における漂着中国船の一資料——顯宗八年の明船漂着と「漂人問答」を中心に》,《关西大学东西学术研究所纪要》第 15 辑,1982 年,页 53—101;孙卫国《义理与现实的冲突——从丁未漂流人事件看朝鲜王朝之尊明贬清文化心态》,《汉学研究》第 25 卷第 2 期,2007 年,页 187—210。

表六 《华夷变态》所见郑氏政权所辖海船船头一览表

姓　名	船号	发船地	赴日年次	起讫时日	典　据	备　　考
陈檀官	1	东宁	康熙二十年(1681)	？—5.22	卷七	为郑经所派之船。康熙十九年(1680)离开长崎回东宁途中遭遇暴风,漂至广东十字门修船,重新雇用船员、购货后,原拟返回东宁加载砂糖、皮货赴日,不料于澎湖遇风,其后又在航往长崎途中遇雾而漂抵天草①
曾清官		东宁	康熙十九年(1680)		同上	于康熙十九年回东宁途中遭遇暴风,未知漂向何方
叶添官		东宁	同上		同上	同上
陈舍官	23	东宁	康熙二十一年(1682)	7.22—8.22	卷八	参见注一②
黄　成	9	东宁	康熙二十二年(1683)	闰6.2—6.15	卷八	乃吏官洪磊所派,闰六月二日发自台湾,同月十四日至日本,二十五日前往厦门投诚③

① 《华夷变态》卷八《一番东宁船头陈檀官口述之和解》,页322—323。
② 《华夷变态》卷八《二十四番东宁船之唐人口述》,页356。
③ 《明清史料》丁编上册,《部题福督王国安疏残本》,页607。

（续表）

姓名	船号	发船地	赴日年次	起讫时日	典据	备考
蓝霖官		东宁	康熙二十二年（1683）	闰 6.1—?		蓝霖官在中文文献中又作蓝泽，乃刘国轩所派。此船于闰六月初一发自台湾，七日至十二日遇大风，七月十五日前往厦门投诚①
许开官	10	东宁	康熙二十二年（1683）	闰 6.25—6.21	卷八②	
颜荣官	25	东宁	康熙二十二年（1683）	？—7.26	卷八	乃冯锡范所派之船，是东宁派往日本的最后一艘商船③
王鼎官		东宁	康熙二十二年（1683）	7.6—?	卷八	据同卷二四及二六番东宁船船员口述，王鼎官船于七月十二日遇风，因载货多，可能于途中沉没
黄尚官	32	普陀山	康熙十八年（1679）	？—11.9	卷七	其船客去南京，秘密入关之际，客人之内有十二人遭遇暗算被杀害④
薛彬舍	5	思明州（厦门）	康熙十四年（1675）	？—5.26	卷三	

① 参见前揭《部题福督王国安疏残本》及《华夷变态》卷八《十番东宁船之唐人口述》，页 377。
② 参见《华夷变态》卷八《十三番东宁船之唐人口述》及《十四番东宁船之唐人口述》，页 386、387。
③ 参见《华夷变态》卷八《二十一番东宁船之唐人口述》，页 403。
④ 参见《华夷变态》补遗卷二《一番普陀山船之唐人口述》，页 3002。

（续表）

姓名	船号	发船地	赴日年次	起讫时日	典据	备考
龚二娘 黄熊官	6	思明州 （厦门）	康熙十六年 （1677）	？—7.12	卷五	此二人本随郑泰后裔降清，三藩之乱后又随主投靠郑经，并最终讨回郑氏长崎存银①
王德官	17	广东	康熙十九年 （1680）	7.4—7.22	卷七	后被清军逮捕，被处流放②
留子官			康熙十九年 （1680）			买福建船头曾一官船二艘，被广东清军逮捕并处斩③
蔡胜官					《华夷变态》卷五第二种（页245、252）	黄熊官与龚二娘取回郑氏长崎存银时，东宁船头王长官、蔡偕官、颜荣官同为知证人
薛韬官	20	柬埔寨	康熙十八年 （1679）	？—7.29	卷七	乃锦舍部将左武卫名薛进思所派，船头乃其弟。康熙十九年（1680）于柬埔寨被役人吴李所杀④
张圣娘			康熙十九年 （1680）			在薛韬官于柬埔寨被杀之后担任该船船头

① 具体可参见浦廉一《延平王户官郑泰长崎存银之研究》（《台湾风物》第11卷3期，1961年）及林子侯《明郑对日关系与存银事件》（《台湾文献》第25卷4期，1974年）。

② 参见《华夷变态》卷八《一番南京船之唐人口述》，页338。

③ 同上。

④ 参见《华夷变态》补遗卷二《七番柬埔寨船之唐人口述》，页3009。

需要稍作说明的是，在上表中，很多船头多次赴日，表中所列基本情况是依据其初次赴日所提供的风说书。有些船头的情况出自他船船员的口述，这种情形下其入港次序、出航及抵达日期并不清楚，即不注明。有些船头在本船船员所提供风说书中并没有出现，此种情形下就以备考并辅以注解的形式加以说明。

三藩之乱期间，由于滨海地区大多处于郑氏水师的实际掌控之中，郑氏商船前往沿海搭客载货相对安全，因此相应风说书中关于船头及海船本身的信息往往并不多，而更加关注政治尤其是军事情报。但在郑氏政权覆亡的前夜，由于清军军事压力日增，且沿海海禁措施日趋严密，海船船头遭遇困难的情形也越来越多，相应此时风说书在关注清朝与郑氏之间相互博弈的政治军事情报之同时，对于海船本身的记述也大幅增加，这一点在《华夷变态》卷八所收风说书中体现得尤其明显。也正因为如此，可以通过这些风说书的记载，了解郑氏政权庇护下的海商活动之鲜活实态，从而有助于加深对于郑氏政权之所以崩溃之认识与理解。

首先从上表中，可以看出虽同属郑氏政权所辖商船，但具体统辖亦各有别。如陈檀官船乃直辖于郑经之官商，而黄成船则系吏官洪磊所派，蓝霖官船乃武平侯刘国轩所派，薛韬官船乃左武卫薛进思所派，颜荣官船乃冯锡范所派。在郑氏政权即将倾覆之际，这些长期为郑氏政权逐利鲸波之中的船头所面临的风险也日益增加。由于郑氏在大陆的军事据点丧失殆尽，武装船只的护卫力量不足，导致惨剧不断发生。如薛韬官系郑经部将薛进思之弟，但是由于郑氏政权的衰微，在滞留柬埔寨期间，也遭受杀身之祸，据《华夷变态》补遗卷二《七番柬埔寨船之唐人口述》云：

去年(1679)自贵地回航柬埔寨的廿番柬埔寨船头薛韬官,今年(1680)四月十九日与柬埔寨河口的官吏名吴李者意外发生争执,同月廿二日被吴李杀害,故此当地唐人一起向柬埔寨国王申诉,言吴李非法杀害韬官,请务必给予调查。国主说称,韬官不守规矩,被杀也无妨。唐人无可奈何。韬官船货物无碍,其船由船内唐人名张圣娘者担任船头,应紧随我船出发之后开洋。

另据卷七《二十番柬埔寨船之唐人口述》,薛韬官于康熙十八年(1679)自柬埔寨来日本之前,正值柬埔寨内战,不仅船上银货被柬埔寨副王所劫,而且船员、水手皆被迫参战,不幸战败之后,试图搭载少量客人渡日,最后仅有一二客人上船,货物仅余碳二千斤①。次年(1680)四月十九日他再至柬埔寨时,因与河口柬埔寨官吏名吴李者发生纠纷而惨遭杀害。并且对于当地唐人的申诉,柬埔寨国主态度冷漠,作为东宁政权高级军官之弟,竟然也不能保证生命安全,应与当时东宁政权日益衰微有莫大关系。

无独有偶,广东在平南王一家遭遇不测之后,海禁极其严厉,台湾所派前往搭载客货的商船不少遭遇不测,如王德官船、留子官船及蔡胜官船皆是如此。先说王德官,据卷七署期为"酉(1681)六月廿五日"的《六番七番东宁船之唐人口述》(页329):

去年(1680)渡海来贵地的十七番广东船头王德官之船,本系东宁所造,去年自贵地装载大量白银,前往广东,当年亦拟搭载客货自广东航日。当年五月初,船头前往广东城内采购丝织品,而此时大清之兵船共数百艘出港,望见王德官船,

---

① 《华夷变态》卷七,页304。

即有欲追打之势，船中人等无奈乘船出海，等待时机欲返回寄泊之地，然此时南风劲且不止，无法回到原寄泊之处，而往东宁则风顺，遂空船返回东宁。如上所述，船头本人滞留广东，银货亦在广东，虽欲来贵地，因骤难发船，当年无心渡海。

从这则风说书可知，王德官离开商船进入广州城后不久，其船就被清朝兵船所迫出海，空船返回东宁，而本人则滞留广州。而两年后入港的一番南京船船员，就带来王德官被流放的消息：

前年(1680)十七番广东船头名王德官者，此人虽是东宁之人，却前来广东，因与敌占区有牵涉，自广东发船，航渡日本，被广东之代理守将下令逮捕，投入大牢，据悉大概被处以流刑。

而同为东宁船头的留子官，就没有那么幸运，他于康熙十九年(1680)在日本买了一个名叫曾一官的船头的船只，前往广东，由于是“东宁方面的人，于广东被处斩”①。

与王德官及留子官相比，曾经多次赴日的蔡胜官则十分幸运。他是直辖于郑经的船头，早在康熙九年，就曾来过日本②。康熙十四年(1675)黄熊官、龚二娘取回郑氏长崎存银时，他以东宁船头的身份作为知证人签名。而这位经验极其丰富的资深船头，在台湾郑氏政权覆灭前一年也险遭不测：

蔡胜官去年(1682)于贵地买得大船，专事贵地与广东之贸易。自去年在广东筹集大部客人之货物，准备装载渡海，亦少量装载大号丝织品散货以及山货，如上所述，他于闰五

① 《华夷变态》卷八《一番南京船之唐人口述》，页338。

② 《唐通事会所日录》卷一，宽文十(1670)庚戌之年九月廿一日提到：“东宁船其中四艘，船头为六番柯贞官、七番曾卯官、九番蔡胜官、十四番黄武官，此四人皆锦舍本人所属之船头。”东京大学史料编纂所编，东京大学出版会，1984年，页121。

月廿四日被兵船所捕之事，由搭乘我等船只之三娘逢渔船得知，而我等亦自渔船处获知。此名三娘者，曾事胜官船，其船停靠名北瞭澳之港口之际，时值三月，由广东内地有兵船出海，追击外国船只，其时胜官船早早逃离，返回东京港，然因其本就有心于广东贸易，正得顺风，乘船折返广东，于五月十七日抵达，乃将船停靠北瞭澳，欲搭载客人及货物出海，然有其身在广东内地而未出者，有其本人虽到，而货物未到者，故此胜官也急于渡海往贵地，特别是风向日趋不顺，碍难等待乘客，乃吩咐三娘，为催促客人于五月廿九日遣其前往广东内地。三娘于闰五月三日抵达广东内地，催促曾言欲乘胜官船之客人，当月十八日决心返回本船，从内地出发，当月廿二日抵达上述北瞭澳海边之际，因见近处兵船多有，特别是未见胜官船，虽觉可疑，但认定胜官乃因畏惧兵船，而移舟别港。三娘出陆之际，亦运出少许货物，乃于北瞭澳之海边，以小船三艘装载，出海寻胜官船。兵船望见，出而追之，三艘一起逃跑，然两艘被兵船轻而易举捕捉，三娘所乘小船，幸运逃出港外，四处寻找胜官船而未遇，将遇危难之际，于当月廿八日遇渔船，相询："知胜官船之行踪否？"渔船乘者说称："胜官船于上月廿四日被兵船捕获，船中乘坐之唐人六十七八人内，大部亡故，约十四五人残存，他们也被严行缉拿，递送广东内地。胜官船则于次日（廿五日）烧毁丢弃。"闻此消息，无不吃惊。然跟随渔船之后，所乘小船亦无可停泊处，至名鲁万之岛附近，望见我船，随即催舟前来。正如上述，我等以其为贼船，正思防备，知无有贼船，乃三娘所乘之船，所幸其船中有相熟者，曾乘我船，以小船装载药种，换取我船之货物，小船遂离开。蔡胜官船，自渔船乘者处听闻，的否未能确知。二艘渔船同样如前述说，当无谎说。再者胜官船在遭逢兵船之前,泊于北瞭澳之船,唯其一艘,余无同类船只。

如右 唐人所述 书以上呈 以上。

亥(1683 康熙二十二年)六月廿四日[①]

蔡胜官尽管行商经验极为丰富,此次还是被逮捕,而其手下伙计三娘则搭乘大泥船脱险。而据上文所述,与蔡胜官一起被捕的还有东宁遗民林上珍,不过不久之后,他们就得以逃脱,此事于卷九《八番厦门船之唐人口述》颇为详细:

前年(1682),发自贵地至广东的蔡胜官船,去年夏天于广东招揽客、货,欲往贵地。正准备之际,大清兵船发现并视之为东宁船,逼近攻打,乘船之唐人约百二十余,大部或见杀,或溺亡烧死,三十六人勉强保住性命,被生擒投入广东监狱。其中船头蔡胜官,并抑留于贵地的师匠唐人林上珍,逃得一命,被囚于同一牢房。广东守将及其他诸官,私下施以怜悯,以其船为发自暹罗商船为名,商议之后,于去年(1683)十二月晦日,赦免三十六人出狱,救其一命。如上所述,若非以暹罗船之名义,而究以东宁船,则因是敌国之船,一人也救不得。是以假托发自暹罗,免于追究。蔡胜官自广东有便船,尤其为将东宁妻女移往厦门,遂前往厦门,大将施琅听闻此事,传唤他并以事相托,言称期以之为使节向导,乘坐我等之船。胜官因去年未渡海,今年借被召见之便,申言如蔡都官居留贵地,当可碰见,幸亏施琅召见,遂乘机欣然渡海。林上珍就便乞乘此次入港之七番广东船前来。此次我等之船,自厦门渡海,洋中未逢任何船只,径直渡来,此外别无上呈

① 《华夷变态》卷八《十一番大泥船之唐人口述》,页 379—381。

之事。[①]

根据另一则风说书，则当时康熙帝敕令凡是东宁船皆予以攻击，至于东宁以外的商船，如加以攻击则罪及兵船及主将[②]。蔡胜官船被当作暹罗船，方才得以逃脱。而实际上，蔡胜官之所以被赦免，是因郑可塽已于当年八月请降，台湾军民人等被谕令“悉行登岸”“从前抗违之罪，尽行赦免，仍从优叙录，加恩安插”[③]，对于“郑克塽等兴贩外国过洋船艘”，施琅也及时委派官员，“悉令返棹”[④]。在这种情形下，清朝广东官员关押作为郑氏政权官商的蔡胜官已失去意义，因此他才被释放前往东宁，搬移家属至厦门居住，此后又接受施琅委派，前往日本招谕郑氏政权的其他商船回国。根据《华夷变态》记载，直至康熙二十四年（1685），蔡胜官仍以四十七番厦门船船头的身份来到日本，并与其他船头一起为增加贸易限额向日本当局请愿[⑤]。

与蔡胜官不同，黄成与蓝霖官二人在明郑政权即将垮台的前夜，主动前往厦门投诚，尤其具有代表性。据《华夷变态》卷八《九番东宁船唐人口述》：

东宁之事，如上所述。诸将无意料外之变节者，诚然秦舍亦静居城中。百姓曾忧虑可能有内乱者，然竟无斯事。军士无怯意，上下正相勉励，尤其私下遣船往暹罗大量购入大米等物，因迄至我等发船之前，有大船四五艘前往购米，兵粮亦不乏，若至东宁收纳之际，兵士亦将益发心坚，大清军队进逼东宁，也不易成功。若有内乱，其事将别有传闻，如无则丝

① 《华夷变态》卷九《八番厦门船之唐人口述》，页428。
② 参见《华夷变态》卷八《二十二番暹逻船之唐人口述》，页403。
③ 蒋良骐《东华录》卷八，康熙二十二年八月戊辰。
④ 《清代官书记明台湾郑氏亡事》卷四，《台湾文献丛刊》第174种，台北联经出版社，1995年。
⑤ 参见《华夷变态》卷十《十番至五十番唐人请愿书和解》，页506。

> 毫不须挂虑。是以目今我等之船以及后船,应有五艘左右前来贵地,其中一艘于我等之前,先一日发自东宁,乃刘国轩所派大船,我船是名洪伯爷者所派。后四艘船皆将渐次出发,四艘内,有一艘乃直隶于秦舍之船。如此渐渐派船,乃因东宁令人安心之故,如无希望,则不能派遣船只,看来多半与大清和解之事可成。此次我等之船,洋中屡屡遭遇暴风,特别是当月七日,逢逆风,八日九日两天折返,当时因船只危殆,将砂糖三百八十笼抛入海中,其后风侯稍顺,又驾船往日本,当月十二日复遇东北大风,重陷困难,自十四日风向转顺,船只无恙,于贵地进港。洋中未逢他船,海上别无异事,此外无申述之事。(页 375)

这则风说书署期"亥(1683)六月十五日"(实为闰六月十五日),除介绍船只本身情况外,另外还带来了台湾水师与清朝水师于先后在澎湖两次交战的消息,首次交战台湾水师小胜,清朝水师总兵官朱天贵(系东宁叛将)及副总兵蓝理战死,第二次则台湾水师大败,骁将邱辉战死。郑克塽不得已派遣使者前往澎湖施琅军前议和①。有趣的是,即便在此不利情况下,该船船员仍然认为"大清军队进逼东宁,也不易成功……不须挂虑",且"和解之事可成"。可是根据《明清史料》丁编《部题福督王国安疏残本》:

> 黄成供系伪延平王下伪官吏洪磊于康熙二十二年闰六月在台湾发出往日本、暹罗贸易之船;蓝泽供系伪武平侯刘国轩于上年闰六月间在台湾发配货物,开往日本、暹罗生理之船……黄成、蔡允六驾大畔鸟船一只,于康熙二十三六月二十五日进厦门港,又管船蓝泽驾东木鸟船,于二十三年七

① 风说书中将两次澎湖之战的时间记为"闰五月十六日"及"二十二日",皆误,实际上分别是闰六月十六日及二十二日。

月十五日进厦门港。

可知黄成及蓝泽二人已于六七月间先后前往厦门投诚。尤其是黄成，六月十四日在日本唐通事面前表示无须挂虑，和议可成，而回船之际显然没有直接回东宁，而是直接开进厦门港投诚。而关于蓝泽之船，据卷八《十番东宁船之唐人口述》（页377）：

> 在我等船只之前，当月朔日（六月初一）名蓝霖官者发船，此船乃大船，尤其因装载大量砂糖船重之故，定是在洋中遭遇七日至十一二日之大风，尚未入港。二日出发者即入港之九番船。

这则风说书不仅交待蓝霖官于六月初一日发船，还交待九番船于次日发自东宁，而根据卷八《九番东宁船唐人口述》之记载，“我等之船以及后船，应有五艘左右前来贵地，其中一艘于我等之前，先一日发自东宁，乃刘国轩所派大船，我船是名洪伯爷者所派之船”。无疑可以判定蓝泽即为蓝霖官。而且蓝霖官有可能没有到日本，而在遭遇暴风之前直接前往厦门投诚。并且，在前引《部题福督王国安疏残本》中，还将黄成船船员的情况详细开列：

> 大眸鸟船一只，管船黄成、蔡允六。火□□□□□□细副舵工谢升，总管林明，副总管陈英，阿班谢鼎，头椗陈三，大缭陈春，押工陈好，直库林七，香公张玉，总铺倪明，副总铺陆招，副阿班陈才，一阡陈兴，二阡林靖，三阡陈寅，二椗陈申，二缭陈好，三板工黄麟，副直库陈助，目梢杨胜、张四、陈武、蔡朋、林顺、王双、陈美、卢进、金长、黄未、陈建、杨卯、王进、林尾、金盛、林奏、林胜、郭进、洪创、邓三、王赞、王文、陈□、洪乌、陈五、李任、杨金、曾五、曾才、陈隐、张□、许礼、陈妹、

陈宇、李庆、薛元、陈尾、周顺、陈清、陈福厚仔、林会、林通、吕就等六十七名。①

这份人员名单,有助于了解当时郑氏海船的具体人员构成,无疑极具史料价值。

郑氏政权的海船除投诚外,还有滞留海外不归者。如颜荣官船即是如此。据卷八《二十一番东宁船之唐人口述》(页403):

自东宁渡海来日本之船,我船最后派出,本应无后船。而恰好此时,因侍卫冯氏仓库内还残存少量货物,因此以颜荣官为船头,应在我船三日之后发船,不久或将入港。

这则风说书署期"亥七月廿六日",交待在其船之后,所谓冯侍卫还将派遣一个名叫颜荣官的船头赴日。而据同卷《二十五番东宁船之唐人口述》(页407—408):

郑克塽意欲降清,东宁上下意气消沉。礼武镇杨二不欲剃发,欲撤离东宁,前往柬埔寨。若然,则东宁上下兵船不过百艘,军士不过数千,大敌当前毫无胜算,因此民心离散,唯有剃发降清。本船已是(来自东宁)最后之船,之后应无船只前来。我们老爷乃侍卫之官冯氏,先前入港之三艘东宁船,连同本船共四艘,都由侍卫大人派出。主人吩咐我等,勿须返回东宁,四艘船只中卖掉两艘,另两艘则先由贵地航往暹逻,于暹逻等待来年之指示。

此则风说书署期"亥八月十一日",并没有交待船头是何人,不过结合上一则风说书,可断定二十五番东宁船船头无疑即是颜荣官,他是最后见诸风说书记载的东宁船船头。

《华夷变态》卷八所收风说书,起自康熙二十一年四月九日,

① 《明清史料》丁编上册《部题福督王国安疏残本》,页607。

终于康熙二十二年九月九日，基本上反映了台湾郑氏政权走向覆灭的全过程。关于台湾郑氏政权覆灭过程中的重要事件，例如刘国轩败走澎湖[①]、宁靖王自杀殉国等[②]，中国史料不乏细节记载，《华夷变态》所收风说书多与之相符，正因如此，这些记载多无特别价值。而风说书记述值得珍视者，是关于台湾郑氏政权覆灭前后，长期受其庇护的明朝遗民的出处进退以及海上势力的土崩瓦解，颇能反映明清鼎革这一历史阶段之落幕。依附明郑政权泛海为生的海商群体各各不同的悲剧命运，无疑折射出中国重新走向统一的宏大背景之下，而海上发展却不得不面临严重挫折的历史吊诡。

① 《华夷变态》卷八，页364、372—375。
② 《华夷变态》卷八，页383。

四、燕行记录与唐船风说

自1644年李自成攻占北京、崇祯自经、满清入关拉开序幕，到1683年奉南明正朔的延平王郑克塽降清为止，这一阶段可以认为是满清与明朝残余势力争夺天命攸归与牧民正统的殊死角力时期，可称之为明清鼎革期。明清鼎革不仅仅是中国历史上的激荡一页，其影响也波及东亚诸国。大体而言，汉字文化圈的朝鲜、日本、琉球、越南等国深受华夷观念的影响，心理上对于本来僻处关外一隅所谓"畜类同然"的"夷狄之邦"入主中原不能认同，而尤以朝鲜与日本表现得最为明显。在接受了朱子学的日本儒者看来，当时中国大陆"唐鲁才保南隅，而鞑虏横行中原"的现状，是所谓"华变于夷之态也"①，而同样恪守朱子学传统的朝鲜士人，对于屈事清朝的无奈现实也发出了这样的哀叹，"终夺此而与彼兮，天理错兮不可详……华何变而为夷兮，海何变而为桑"②。可谓惊人地相似。

笔者所谓"燕行记录"，并不仅限于朝鲜赴北京使臣及其随员所撰《燕行录》，而是将其范围扩展至所有与燕行使派遣相关的文

---

① 林恕、林凤冈《华夷变态》（东方书店，1981年重印版）卷首序文，题款曰："延宝二年（1674）甲寅六月八日，弘文学士林叟发题。"林叟发即指林恕，初名春胜，幕府御用朱子学者林道春（号罗山）之子。

② 南龙翼《燕行录》之《哀燕都赋》，《燕行录全集》第23册，页185。

献记录。考虑到朝鲜每年循例或临时向清朝派出的使团有数次，但并非每次的出使记录都保留至今，所以如果仅仅局限于《燕行录》，则难以了解燕行使节派遣的全过程，而有必要将关注的范围扩展到《朝鲜王朝实录》《承政院日记》《同文汇考》等朝鲜王朝的大型官修史书。特别值得一提的是，自所谓“丙子胡乱”（1636）之后，朝鲜虽然迫于清朝的军事压力而与之正式确立了朝贡关系，但是明朝灭亡迄至台湾郑氏集团彻底覆灭的四十年间，朝鲜君臣并未放弃对明朝兴复的期许，虽然表面上岁岁派遣使节前往北京，但很大程度上是以外交使节的合法身份作掩护，收集清朝的政治、军事等方面的情报，以应对可能发生的华夷秩序调整之变局[①]。

而“唐船风说”则习称“唐船风说书”，是日本江户幕府儒官林恕（1618—1680）及其子林凤冈（1644—1732）所撰《华夷变态》所收的主要内容。日语“风说”有传闻、传说、谣传之意，所谓“风说书”是唐通事对到日（尤其是到长崎）商船进行问询后采录并上呈江户幕府（有时简称为“江府”）的有关来船情况及中国内地、东南亚一带消息的报告。除此之外，《华夷变态》也收有少量荷兰风说书以及一定数量的汉文文书。作为在清、日闭关锁国时代的民间贸易流程中产生的特殊文献，“风说书”在当时属于机密文件，其本质可以说是日本政府特意搜集的海外情报，而尤以中国情报为主。

葛兆光先生曾经指出，从《燕行录》和《华夷变态》所看到的，是东亚三国原本基于华夏文化基础上的认同的崩溃，从本是一家到互不认识，渐行渐远。[②] 这种见解可谓不刊之论，目前也得到学

① 参见伍跃《朝貢関係と情報収集——朝鮮王朝対中国外交を考えるに際して》，收入夫马进编《中国東アジア外交交流史の研究》，京都大学学术出版社，2007 年。

② 参见葛兆光《西方与东方，或者是东方与东方——清代中叶朝鲜与日本对中国的观感》（《九州学林》第 8 辑，香港城市大学出版社，2005 年）、《渐行渐远——清代中叶朝鲜、日本与中国的陌生感》（《书城》2004 年第 9 期）、《从“朝天”到“燕行”——17 世纪中叶后东亚文化共同体的解体》（《中华文史论丛》2006 年第 1 期），等等。

界广泛的认同。只是《燕行录》和《华夷变态》分别作为弥足珍贵的域外文献，尽管分别有不同程度的研究，然而截至目前，将二者内容予以具体对比，探究其历史叙事的关联及差异，并追询这种异域文献所呈现的“华夷变态”，与“明清鼎革”的历史实相之间的区别，似乎尚付阙如，而笔者正是试图从这个角度做一些初步的尝试。

（一）明清鼎革期间清朝与朝鲜之间朝贡外交的实态

1644 年，清军利用吴三桂等明朝降将为前驱，迅速入关定鼎中原，1661 年俘南明永历帝，统一了中国大陆地区，自康熙十二年（1673）至康熙二十年（1681），历经八年削平以反满兴汉为旗帜的三藩之乱，乘胜于两年后消灭了盘踞台湾奉南明正朔的郑氏政权，至此方才最终奠定了清王朝二百余年的基业。清朝入关后对朝鲜王朝的政策，也一改入关前的威压态势而转向和缓，考虑到朝鲜使节往来道远不便，主动将沿袭自明朝的冬至、正朝、圣节、岁币等四次使团合而为一，称为三节年贡使，取消了明朝的千秋使。尽管如此，由于此间正值多事之秋，两国关系存在诸多变数，所以不定期的奏请使、陈奏使、谢恩使、进贺使、进香使、陈慰使等仍然往来频繁。如顺治时期，平均每年有 4.3 个朝鲜使团前往北京，这种频率在当时与清朝往来的外国中仍居于首位①。康熙帝即位以后，对朝鲜采取了更加宽容的政策，朝鲜使团前往北京的

① 陈尚胜《朝鲜王朝（1392—1910）对华观的演变——〈朝天录〉和〈燕行录〉初探》，山东大学出版社，1999 年，页 12。

频率进一步降低。自康熙元年（1662）至郑氏政权覆灭的康熙二十二年（1683），二十二年间朝鲜共遣使团四十七次，年均只有2.14次。但在特殊的年份，如三藩之乱发生的次年，也就是康熙十三年（1674），由于朝鲜显宗去世以及中国局势的突变，朝鲜共派出五个使团前往北京[①]。大体而言，从形式上讲清初四十年间，朝鲜王朝对于清朝仍然保持了恭顺的态度。但是与明朝时期朝鲜派往北京的使团相比，这个时期的朝鲜使团有其特殊之处。揆诸文献，则明朝时期称前往北京的朝贡使行为“朝天”，使行记录为“朝天录”，而入清之后则改为“燕行”或“燕行录”，这无疑表明当时朝鲜王朝对于清朝并不认同的基本态度。

而清初朝鲜与明朝休戚与共的连带感和认同感，则不仅仅止于士人，而是深深渗透到国内的各阶层。如当李自成入京、崇祯自缢以及吴三桂引清兵入关的消息传至朝鲜时，“虽舆台下贱，莫不惊骇陨泪”[②]。至于统治阶层，从国王到大臣，“丁卯胡乱”（1627）和“丙子胡乱”（1636）使他们很多家庭骨肉离散，就连国王仁祖本人，也不得不在三田渡饱受城下之盟的折辱，不仅奉上昭显世子李浍及凤林大君李淏作为人质，高级官僚也都送出质子，听任清军饱掠子女玉帛北去，还要竖上一块“大清皇帝功德碑”，作为君臣之盟的见证。昭显世子和凤林大君自崇德二年（1637）起一直羁留沈阳，八年之后也即顺治二年（1645）春方才归国，而世子本人此后不久就去世，其弟凤林大君继立为世子，也就是日后的孝宗。孝宗于顺治六年（1649）登上王位，在位十年间重用有“海东宋子”令名的义理斥和派宋时烈（1607—1689），力倡尊

① 参见《使行录》，收入《燕行录全集》第27册，页224—225。《使行录》原收入《同文汇考》补编卷七、卷八（韩国国史编纂委员会，1978年），记载了明清时期朝鲜王朝向北京派出外交使团的基本情况。

② 《朝鲜王朝仁祖实录》卷四五，仁祖二十二年五月甲午，第35册，页184。

周思明，并谋求北伐。宋时烈在朝鲜儒学史上，地位仅次于退溪李滉(1501—1570)和栗谷李珥(1536—1584)，也是朝鲜历史上唯一以“子”相称的人物，一生遭逢时变，经历坎坷，恰如韩国学者李丙焘所述：

> 尤庵天资严毅刚大，有英雄豪杰之姿。长于辩论，志介如石，主义主张，少不屈于人，时或过高，由是往往为时辈所激，而实为屈指的学者政治家也。尤庵历事仁、孝、显、肃四朝，深被孝庙恩顾，特升冢宰(吏曹判书)，自任以北伐之事。孝宗赐貂裘一件曰：“辽阳风雪，以此防寒。”世乃以昭烈、孔明拟之。而孝宗升遐，事遂不行，常自以为恨事。晚年入清州华阳洞，读书讲学，题石壁“大明乾坤，崇祯日月”八字，以寓尊周(慕华)思想。显宗亦累召累拜，官至右相、左相，愈益以学者政治家自任。而适值党论激烈之世，每与南人一派相为冲突，尚矣。亦与同门、后辈有隙，其于公私生活，有大不幸者焉。①

这里之所以要着重提到宋时烈，是由于通观其一生，可把握解明清鼎革期间朝鲜内政外交及其思想背景的基本特征。宋时烈的一生与朝鲜党争密切相关，入仕之初朝中以西人和南人为主要派别，而宋时烈竟成西人派首领。1649 年孝宗登基，即征用宋时烈，积极谋划北伐事宜，却因金自点告密，清廷施压，孝宗被迫将他放归山林。但孝宗九年(1658)，宋时烈再获重用，先后任吏曹判书、判议政府事、判中枢府事、左参赞，权倾一时。1659 年孝宗驾崩，北伐计划遂告流产。孝宗之子显宗即位(1617—1680 在位)，对于显宗如何服丧，宋时烈与南人派尹鑴(字希仲，号白湖，1617—

---

① 李丙焘《韩国儒学史略》，首尔：亚细亚文化社，1986 年，页 181。

1680）发生分歧，展开激烈争论，成为朝鲜历史上第一次礼论之争，史称“己亥礼讼”，虽然西人在此次礼讼中占上风，而宋、尹却从此相为冰炭，西人与南人派的矛盾也随之进一步加剧。显宗十五年（1674），仁宣王后（孝宗王妃）去世，对于慈懿大妃（1624—1688）[1]如何服丧的问题，西人、南人两派又生龃龉。宋时烈援引《大明律》和《经国大典》，力主“期年之制”，即服丧一年，但尹鑴等人认为当服丧三年，史称“甲寅礼讼”。不久之后显宗驾崩，肃宗（1674—1720 在位）以冲龄继位，尹鑴得到重用，南人派得势，宋时烈被流配边远之地长达五年之久。肃宗六年（1680），因南人派许积子许坚谋逆，肃宗斥退南人，西人派重新执政，史称“庚申换局”。宋时烈回到朝廷后，肃宗对他极为尊重，甚而有时自称“小子”，而称宋时烈为“大老”。因宋时烈曾攻尹鑴、许积等为“馋贼”，尹鑴、许积遂被西人派罗织罪名处死[2]。但是西人派内部对于尹鑴、许积被处死一事有不同意见，代表者是宋时烈的门人尹拯（1629—1714），他是西人党中少壮派的代表，曾受学于宋时烈，且很受宋时烈器重。但尹拯与南人联姻，其父尹宣举对尹鑴亦非常敬畏，在世时常致力于调和宋、尹二人的矛盾。宋时烈对于“甲寅礼讼”宋时烈及其门人获罪流放之时，唯尹拯与南人联姻而独获免之事耿耿于怀。而尹宣举生前曾写有所谓《己酉拟书》，其中有“尹鑴、许积二人，安得断以馋贼，而不容之乎？”等语，表达对宋时烈的不满。尹宣举去世后，尹拯以“父师存亡、义不容

① 朝鲜王朝第 16 代国王仁祖的继妃，本贯杨州赵氏。仁祖十三年（1635）仁祖嫡妃——仁烈王后逝世，赵氏在 3 年后成为仁祖继妃。1649 年仁祖去世，由嫡妃仁烈王后所生的凤林大君继位，是为孝宗，并为升格为王大妃的赵氏上尊号慈懿，称慈懿王大妃（或是慈懿大妃）。孝宗虽非慈懿大妃所出，但却对慈懿大妃克尽孝道。慈懿大妃在 19 岁时突患重病导致轻微中风，仁祖迷信中风会传染，遂令王后迁往庆德宫养病，移宠贵人赵氏，从此不再前往探视，而凤林大君（孝宗）却是天天前往看顾。

② 关于宋时烈与尹鑴的矛盾，可参见三浦国雄《十七世紀における正統と異端——宋時烈と尹鑴》，《朝鲜学报》第 102 辑，1982 年，页 191—243。

有隐”为由，将书公之于世，宋时烈得知后甚为气愤，敌视尹氏父子。肃宗七年(1681)，尹拯撰写《辛酉拟书》，攻击宋时烈在心术、学问等诸方面的缺点，遂致二人师生之谊彻底决裂，此事也标志西人内部以宋时烈为首的所谓“老论派”与尹拯为首的“少论派”分道扬镳，加剧了朝鲜政局的动荡。

宋时烈与尹鑴二人，在当时朝鲜士林与官场中都是深孚众望的首领人物，尹鑴于孝宗九年(1658)登仕，还承蒙宋时烈的推荐。但二人后来因“已亥礼讼”事件意见不同而反目，初不过出于意气之争，但后来发展到思想上亦势同水火。尹鑴为人才胜气高而器浅德薄，曾著《说辨》论理气关系，攻朱子之失，论《中庸》则去除朱子章句，而大肆阐扬个人意见，其门徒争相传诵，以为其学超越朱熹。而宋时烈则坚决维护朱熹，并斥尹鑴曰：“朱子后圣也。尧舜以下，群圣之道，因朱子而大明。鑴也敢肆其訾侮，以立其说，则此乃淫邪遁之甚，斯文世道之乱贼也。”[①]由此看来清朝初期朝鲜内部对于儒学本身的理解已经发生裂痕，甚至昔日不容挑战的朱子学也遭到质疑，并酿成党争，这或许亦是明代后期朱子学与阳明学之争在朝鲜的扩展和延续，说明此时朝鲜王朝在思想上也并非铁板一块。但是此时这种思想的缝隙及其导致的党争并不足以对朝鲜的对清外交产生根本影响。宋时烈的尊周尊明、贬清攘夷思想为各派所凛遵，其死敌尹鑴在这个问题上与宋时烈没有区别，甚至更为激进[②]。如康熙十三年(显宗十五年)三月二日，谢恩使金寿恒所派译官抵达汉城，禀报吴三桂叛乱之事[③]。尹鑴不久就进密疏，力促显宗借机北伐，以完成孝宗未竟之志。正在朝鲜儒生群情激昂之际，显宗驾崩，肃宗以冲龄继位，尹鑴得到重

---

① 宋时烈《宋子选集》之《尤庵先生事实记》，韦旭昇点校，中华书局，1999年，页44—45。
② 关于这一点，可参见孙卫国《大明旗号与小中华意识》，商务印书馆，2007年，页155。
③ 《朝鲜王朝显宗实录》卷二二，显宗十五年三月丙寅，第37册，页61。

用，继续力倡北伐，主张朝鲜应实行三策，“北伐一也，渡海通郑二也，与北绝和三也”。但同为南人派的领议政许积则以朝鲜积弱，不宜妄兴大事，其他大臣亦相附和[①]。此后尹鑴多次进言，要求联合台湾郑氏，力行北伐，与宿敌宋时烈在孝宗年间的作为毫无二致。综上所述，朝鲜君臣对于明朝之思怀及对于清朝的敌忾之心，在清初四十年甚至超越党派的藩篱，在朝鲜处理对清关系上发挥了决定性的影响。这也使得这一阶段朝鲜使臣撰写的所谓“燕行录”，呈现出不同于此后使行记录的一些共有特征。兹将清朝入关四十年间朝鲜使者所撰“燕行录”表列如后，以供参考[②]。

表七所列的《燕行录》，都出于《燕行录全集》，而这一大型丛书自问世之后，其错讹倒误素为学界诟病，因此对于相关问题在表中作了一些必要的说明。但全集对于燕行录搜集较全，别本也多收入，较之以前的各种选本亦有其不容抹杀的优点。根据全集，笔者列出了1644—1684年间的燕行录共三十五部，别本皆不计入。需要说明的是，《西行日记》和《沈阳日记》，出自跟随羁质沈阳的朝鲜昭显世子李湹及凤林大君李淏（即后来的孝宗）陪臣之手，分别是昭显世子随清军进入北京及麟坪大君李㴭留守沈馆的实录[③]，严格上说并非使行记录，但鉴于其对清朝入关这一重大史事关涉极深，史料价值极高，姑且将其列入。而最后之所以将

---

① 《朝鲜王朝肃宗实录》卷二，肃宗元年二月丁酉，第38册，页244。

② 此表参考了左江《〈燕行录全集〉考订》（《域外汉籍研究集刊》第四辑，中华书局，2008年，页37—65）以及《使行录》（收入《燕行录全集》第27册）。

③ 《朝鲜王朝仁祖实录》卷四五，仁祖二十二年四月丁卯：辅养官金堉、宾客任絖等驰启曰：“两宫（世子与嫔）前月二十四日到沈阳。二十六日，龙骨大及加麟博氏率郑译，来诣馆所，留右议政李敬舆，且言：‘李景奭、李明汉、朴潢、闵圣徽、许启、曹汉英，无非志在南朝者，并令罢职。’龙将又曰：‘收用五臣，（五臣指李敬舆、李景奭、李明汉、朴潢、闵圣徽）孰主张是？领相及吏判，当受其罚。’云。四月初九日，九王将西犯，世子当从焉。元孙、诸孙去留，使之任意，而麟坪则留沈，凤林则近当出送矣。以收用五臣之故，大致诘责，将顺付敕书于凤林之行云。且闻涉河、宁远自溃，皇城又为流贼所围，诸镇皆入援，故九王将乘虚直捣云。”韩国国史编纂委员会，1973年，第35册，页179。

表七　明清鼎革期燕行录一览表(1644—1684)

出使年份	名　称	作　者	生卒年	使行职份及原职	使行类别	版　本	册数	备　考
顺治元年 1644	1.《西行日记》	不详	不详			写本	28	两者很大一部分笔迹相似,应皆系出自跟随羁质沈阳的朝鲜昭显世子及凤林大君(即后来的孝宗)陪臣之手
	2.《沈阳日记》	不详	不详			写本	28	
顺治二年 1645	3.《燕行诗》	李淯	1622—1658	正使麟坪大君(宗室)	进贺兼谢恩	《松溪集》卷一至卷三	21	李淯,字用涵,号松溪,仁祖次子,孝宗胞弟。《全集》目录作“渲”,实误,据《使行录》径改
	4.《燕行日记》	成以性	1595—1664	书状执义		排印本	18	较详
顺治三年 1646	5.《燕行录》	李景奭	1595—1671	正使右议政	谢恩兼陈奏	《白轩先生集》卷七	18	仅收诗
顺治六年 1649	6.《己丑饮水录》	郑太和	1602—1673	正使右议政	进贺兼谢恩	收入《阳坡遗稿》卷十三	19	
	7.《燕山录》上下	李瑛	1604—1651	正使仁兴君(宗室)	谢恩陈奏兼三节年贡	收入《先君遗卷·杂著》	19	据左江考证,页537—538与页535—536重

（续表）

出使年份	名　称	作　者	生卒年	使行职份及原职	使行类别	版　本	册数	备　考
顺治九年 1652	8.《燕台录》	申濡	1610—1665	副使司直	谢恩	《竹堂先生集》所收	21	另有《沈馆录》，收于《竹堂先生集》卷一
顺治十年 1653	9.《癸巳燕行日录》	沈之源	1593—1662	正使判书	三节年贡	收入《晚沙稿》卷五	18	
	10.《癸巳燕行录》	洪命夏	1607—1667	副使司直		收入《沂川集》卷二	20	仅收诗
顺治十一年 1654	11.《燕行诗》	李一相	1612—1666	副使司直	进贺谢恩三节年贡	《延安李氏联珠集》	21	仅收诗
顺治十三年 1656	12.《燕途纪行》上中下	李渲	1622—1658	正使麟坪大君（宗室）	谢恩	《松溪集》卷五至卷七	22	据《燕途纪行》李渲自序，他从1640到1657年间，共三次到沈阳，十次出使北京，在朝鲜处理对清关系的外事活动中立下了汗马功劳
	13.《野塘燕行录》	金南重	1596—1663	副使		《野塘先生文集》所收	18	仅收诗

（续表）

出使年份	名称	作者	生卒年	使行职份及原职	使行类别	版本	册数	备考
顺治十七年 1660	14.《翠屏公燕行日记》	赵珩	1606—1679	正使判书	三节年贡	写本	20	
	15.《燕京录》	姜栢年	1603—1681	副使司直		收入《云峰遗稿》卷十四	19	仅收诗
	16.《燕行路程记》					写本		来源不明，待考
康熙元年 1662	17.《壬寅饮水录》	郑太和	1602—1673	正使领议政	进贺兼陈奏	收入《阳坡遗稿》卷十四	19	《全集》第19册还收有署名郑太和的《阳坡朝天实录》，乃将《己丑饮水录》及《壬寅饮水录》合二为一
康熙二年 1663	18.《朗善君癸卯燕行录》	李俣	1637—1693	正使郎善君（宗室）	陈慰兼进香	排印标点本	24	
康熙三年 1664	19.《燕行录》	洪命夏	1607—1667	正使右议政	谢恩兼陈奏	写本，卷首右上题“甲辰”二字	20	
	20.《甲辰燕行录》					收入《沂川集》卷二		仅收诗

（续表）

出使年份	名称	作者	生卒年	使行职份及原职	使行类别	版本	册数	备考
康熙五年 1666	21.《燕行录》	孟胄瑞	1610—1680	书状掌乐正	谢恩兼陈奏	写本	21	辨识不易。据左江考证，作者应为书状官孟胄瑞，而非是行正使右议政许积，《全集》目录误。另《全集》23 册所收《曾祖考燕行录》，内容与此完全相同，笔迹亦同
	22.《燕行录》	南龙翼	1628—1692	副使司直		收入《壶谷集》卷十二	23	仅收诗
康熙七年 1668	23.《西溪燕录》	朴世堂	1629—1703	书状持平	三节年贡使	写本	23	据左江考证，页 346—34 与页 350—351 重
	24.《使燕录》					《西溪集》卷一		仅收诗。《西溪集》收入《影印标点韩国文集丛刊》134 册

（续表）

出使年份	名　称	作　者	生卒年	使行职份及原职	使行类别	版　本	册数	备　考
康熙八年 1669	25.《老峰燕行诗》	闵鼎重	1628—1692	正使判书	三节年贡	《老峰先生集》所收	22	《老峰先生文集》收入《影印标点韩国文集丛刊》第129册
	26.《老峰燕行记》					写本		
	27.《赴燕日录》	成俊龙	1621—1671	上通事		写本	21	行草，辨识不易。其中有《闻见录》一目，内容是《王秀才问答》及《颜知县问答》，同于《老峰燕行录》，可知成俊龙可能是随闵鼎重出使的通事
康熙十六年 1677	28.《燕行日录》	孙万雄	1643—1712	书状司艺	谢恩兼三节年贡	《野村先生文集》所收	28	
康熙十七年 1678	29.《燕行日记》	金海一	1640—1691	书状执艺	谢恩进贺陈奏兼三节年贡	《檀溪先生文集》所收	28	据左江考证，页205—206与页203—204重。《檀溪先生文集》收入《韩国历代文集丛书》第1559册
	30.《燕行录》							

（续表）

出使年份	名　称	作　者	生卒年	使行职份及原职	使行类别	版　本	册数	备　考
康熙十九年 1680	31.《燕行录》	申晸	1628—1687	副使司直	陈慰兼陈奏	《汾涯稿》所收	22	仅收诗
康熙二十一年 1682	32.《两世燕行录》	韩泰东	1646—1687	书状掌令	进贺谢恩兼陈奏	写本	29	《全集》中收入两种《两世燕行录》，后一种纪事起自癸巳十一月，当为1713年，应是韩泰东子韩祉充书状官出使清朝时所作
	33.《捣椒录》上下	金锡胄	1634—1684	正使右议政	谢恩兼三节年贡	《息庵先生遗稿》所收	24	仅收诗
康熙二十二年 1683	34.《燕行日记》	尹攀	1637—1685	副使司直	三节年贡	写本	27	行草，辨识不易
康熙二十三年 1684	35.《甲子燕行杂录》	南九万	1629—1711	正使左议政	谢恩兼三节年贡	《药泉集》所收	23	

南九万《甲子燕行杂录》也列入，是考虑到他此行正式获知清朝统一台湾。

(1)

限于篇幅，不可能一一介绍这三十五部燕行录。但通观这三十五部燕行录，会给人一个大体印象，就是内容单薄，甚至可以说有些敷衍了事。其中如麟坪大君李㴭《燕行诗》、李景奭《燕行录》、申濡《燕台录》、洪命夏《癸巳燕行录》、李一相《燕行诗》、金南重《野塘燕行录》、姜栢年《燕京录》、洪命夏《甲辰燕行录》、南龙翼《燕行录》、朴世堂《使燕录》、闵鼎重《老峰燕行诗》、申晸《燕行录》、金锡胄《捣椒录》等十三部所收实际上都是作者出使过程中的诗作，大抵都表达了感怀明朝的黍离之思，而对清朝统治则大张挞伐。很大程度上大多数燕行录都具有出使报告或旅行日记的性质，而诗本身并不适用于纪事，而径直冠名"燕行录"，似乎非常奇怪，但这恰恰是问题的关键所在。因为清朝尽管入关定鼎中原，但朝鲜士人显然对于这个乘着明末乱局窃取神器僭居大位的"夷狄之邦"心存蔑视，他们到中国，并不是来朝觐天子，而只是到燕都来出差，虽然表面恭敬，但心里却满怀怨愤屈辱。这种情绪在康熙二十一年(1682)因充三节年贡正使的金锡胄笔下表露得十分明显：

> 椒性辣螫人喉，虽久而不除，故昔人于辛苦艰难，阅历年时而有不可忘焉者，则辄以比之捣椒。往者郑湖阴自燕归时有诗，亦云"捣椒剩有余辛在"，诚有味乎其言之也。然湖阴奉使正当皇明熙昌之运，声明文物，覃被遐荒，则其所称辛苦，盖不过原隰征役而已，虽以之譬如啖蔗可也。顾余今日之行，所接者鳞介，与语者侏漓，剑槊盈路，荤膻塞鼻。玉河

五旬之拘蛰，辽阳易岁之行李，比近时冠盖为尤苦，虽欲更见如湖阴时，又何可得耶？副价柳公尚运沿途有作，辄以相示，余从而和之，前后所咏，几至三百六十余首，录而题之，曰捣椒集，故以志不敢忘苦之意云尔，癸亥（1683）季春，息庵病夫。①

他将燕都之行比作捣椒，认为出使清朝实在是一件“辛苦艰难”的差事，而相形之下“郑湖阴”（郑士龙）②在嘉靖出使明朝“正当皇明熙昌之运”，简直可称为有如“啖蔗”的甜蜜旅行，竟然作诗说“捣椒剩有余辛在”，显得十分矫情。而他此番出使则“所接者鳞介，与语者侏漓，剑槊盈路，荤膻塞鼻。玉河五旬之拘蛰，辽阳易岁之行李”，充满屈辱与无奈。实际上类似的感受，也见于比他早几个月充书状官出使的韩泰东笔下，用词更显辛酸激愤，曰：“黾勉驱驰，周旋异域，日见丑类，凌逼饱尽，无量苦痛，磬折腥膻之庭，跪叩犬羊之赐，固已不胜，其大赧矣。”③在此种情绪支配下，可以说清朝几乎没有什么值得大书特书之处，而正副使与书状官作为修养深厚的文士，使途中作诗联句不失为一浇心中块垒的方式。

以上燕行诗内容上无疑有很多共通之处，如大抵在将要跨越国境的龙湾、鸭绿江等地，朝鲜使者的心情就变得微妙敏感，大有苏武持节去国怀乡的悲壮情怀。如麟坪大君李㴭顺治二年的《渡鸭绿江》曰：“一渡江水意不平，回头遥望隔王京。”④顺治十一年

① 金锡胄《捣椒录》后序，《燕行录全集》第24册，东国大学出版部，2001年，页163—164。

② 郑士龙（1494—1573）字云卿、号湖阴，原籍东莱，为领议政郑光弼之侄，是李朝中期馆阁出身的著名文臣。郑士龙在中宗时期曾经两度出使明朝。中宗二十九年（明嘉靖十三年，1534）和三十九年（嘉靖二十三年，1544），他先后担任朝鲜冬至使入明，并留下了《朝天录》和《甲辰朝天录》两部诗稿（后者内容简略，仅存诗六首，收入《湖阴杂稿》卷三）。

③ 题韩泰东《两世燕行录》，《燕行录全集》第29册，页244。此书可能并非韩泰东自撰，而是其子韩祉所撰，故题“两世”。但这里所述是韩泰东的出使感受。

④ 麟坪大君李㴭《燕行诗》，《燕行录全集》第21册，页536。

(1654)李一相过鸭绿江之际则曰:“鸭绿江水镜样平,星轺直渡指燕京。乡音已别华夷界,家信谁传弟妹情。”[①]而在鸭绿江朝鲜一侧的龙湾,是朝鲜使臣在国境内的最后一站,也往往牵动其满怀愁绪,如顺治十七年(1660)出使的姜栢年《龙湾途中》一诗有言:“男儿过此偏多慨,抚剑悲吟涕自横。”[②]康熙五年(1666)出使的南龙翼《渡龙湾感怀》则曰:“塞草萧萧塞日阴,回头已失鸭江浔。”[③]金锡胄《别鸭江湾尹》则曰:“绝塞登临地,携君双玉瓶。乾坤三大水,夷夏一高亭。”[④]与之相反,一旦将要离开清朝国境,则好比如鱼脱渊、如鸟脱藩,满心欢喜,如姜栢年《出凤凰城有吟》曰:“行尽燕京万里程,今朝始出凤凰城。灯前几结思乡梦,日下遥悬恋阙情。水泮鸭江春水长,雪消龙峡石稜生。忽忽归意催鞭马,何似惊凫举翮轻。”[⑤]南龙翼《出凤城栅门志喜》曰:“喜甚儿归母,轻于鸟脱樊。”[⑥]

至于抵达北京之后,要履行种种繁琐的朝贡程序,对于朝鲜使者而言则不啻噩梦,其中如南龙翼《哀燕都赋》以长赋的形式,将朝鲜使者的内心煎熬表达得淋漓尽致。他指责吴三桂引清兵入关之举,进而埋怨天理不公:“谁招虎而入室兮,取中原如探囊。终夺此而与彼兮,天理错兮不可详。”而对故明旧都的沧桑巨变及人事全非感到无比伤怀:“指衣冠而嗤咲兮,故老或有嗟伤。经长安之旧迹兮,追遗迹而杳茫。华何变而为夷兮,海何变而为桑”。至于朝参燕飨之举,就觉得实在难以忍受:“锁玉河之空馆兮,经

① 李一相《燕行诗》,《燕行录全集》第21册,页270。
② 姜栢年《燕行录》,《燕行录全集》第19册,页426。
③ 南龙翼《燕行录》,《燕行录全集》第23册,页156。
④ 金锡胄《捣椒录》上,《燕行录全集》第24册,页31。
⑤ 《燕行录全集》第19册,页441。
⑥ 《燕行录全集》第23册,页195。又如李渲《燕途纪行》提到他启程归国时:“强病作行,头疼目眩,寒热往来,倘非归程,实难启行。而一出燕都,满腔欣悦,忘却呻吟,心兮若狂。”描述了类似的心情。《燕行录全集》第22册,页172。

一日之九回肠，清人导余于朝参兮，扶病躯而踉跄……瞻山龙之宝房兮，坐单于于御床。”以至于只有在宴饮过程中追忆皇明时期使节与天朝大臣面晤言欢的情形：“即其地而想其人，宛玉佩之锵锵。”以减轻压力，到头来却又徒增伤感：“归旅舍而自悼兮，嘿无言兮涕自雾。”[①]另外，在顺治时期，由于天下尚未底定，对于朝鲜使者在北京的活动交往有不少限制，这在燕行诗中亦有所体现。如顺治九年（1652）出使清朝的申濡以诗记举行上马宴的情形：

高堂设簟红桌床，中厨烂熳烹牛羊。礼官盛饰非章甫，来押饯宴称兀觞。

不道姓名但道官，手循其发中自伤。为呼象胥传汉语，停觞似欲吐心肠。

真如少卿字立政，畏彼猜疑人在傍。明朝上马别乌蛮，脉脉那堪流涕滂。[②]

其中提到押宴的汉人礼官显然有思汉之心，以致席间真情流露，而碍于嫌疑又不便向朝鲜使者透露的情景。[③] 实际上，即便到康熙即位之后，尽管对朝鲜使臣每示宽大，但在特殊时期仍有不少限制，又如金锡胄《燕京感旧八首》中有一首表达对清朝限制朝鲜使者自由出入玉河馆的强烈不满：

玉河深闭困吾曹，散步无缘出衍遨。长袂鸣琴应媚妩，高歌击筑孰雄豪。

中华礼让今余律，大国仪章尽佩刀。归日倘乘开馆早，一尊燕市醉春醪。[④]

---

① 《燕行录全集》第23册，页185—186。
② 申濡《上马宴》，收于《燕台录》，《燕行录全集》第21册，页93。
③ 如顺治六年（1649）出使的郑太和在《己丑饮水录》提到类似的情形：“诣礼部设行下马宴，尚书曹姓汉人押宴，见吾冠带，凝泪满眶。”见《燕行录全集》第19册，页337。
④ 《燕行录全集》第24册，页103。

诗中指责清朝派遣军人把守玉河馆门，幽禁朝鲜使者有失“中华礼让”。事实上金锡胄在玉河馆中已到了康熙二十二年（1683）春，正处于清朝平定台湾的前夜，此举似意在严防朝鲜使者出入打探情报①。

往返途中，凡所经要地，或明清曾经鏖战的古战场，多有诗吟咏。如洪命夏《癸巳燕行录》之《牛家庄途中次书状韵》曰：“辽塞山河余壁垒，汉家天地几沧桑。”《山海关》诗有曰：“丸泥思汉将，鞭石想秦皇。”②金锡胄《捣椒录》之《复次副使沈阳韵》曰：

呼蛮呼韃各听过，鸟鼠龙龟果孰多。嫁汉娶胡都是虏，似驴非马亦成骡。

中原尽入完颜界，武力争推曳落河。最是中宵堪堕泪，奚儿齐唱鼓咙歌。③

大都是抒发对明朝之思怀，而表达对清朝之怨愤不满。其中部头较大、收诗较佳者有麟坪大君《燕行诗》、金锡胄《捣椒录》、南龙翼《燕行录》等。

（2）

除这十三部“燕行诗”，其余燕行录则为纪事之作，与后来出自北学派的洪大容《湛轩燕记》、朴趾源《热河日记》等脍炙人口的燕行录名篇相比，无疑显得内容单薄，思想贫乏，缺乏对于清朝的各方面情况的深入洞察，但这一方面或是由于此时的燕行录还处于草创阶段，各方面并不成熟，另一方面也体现了当时朝鲜士

① 此组诗中有一首提及：“郑经割据今三世，闻道台湾近赣泉。南粤尉佗聊左纛，东征杨仆几楼船。炎洲翡翠中原绝，日域琉球海舶连。蛮土战云终未了，八闽民物日骚然。”说明朝鲜使臣对于当时的战局非常关注，亦大致了解。

② 《燕行录全集》第 20 册，页 376、379。

③ 《燕行录全集》第 24 册，页 47。

人激烈的华夷观念。在朝鲜使者看来，入关不久的清朝礼崩乐坏，风俗浇漓，几乎一无是处。以丧礼为例。顺治十三年（1656）进入北京的麟坪大君李㴭，发现北京已经“丧制败坏，行丧专用陆象山礼，作乐娱尸”①。四年之后，赵珩（1606—1679）又看到北京顺治皇帝驾崩后“道士等设乐读经终朝”，更是觉得“闻来骇然”②。接下来的康熙三年（1664），洪命夏《燕行录》就记载汉族人李元名在父丧期间食肉，“与胡无异”。康熙八年（1669）闵鼎重《老峰燕行记》又记载“中国丧制大坏，今则尽化胡俗，尤不足言，而最是沿路弃棺无数……”③甚至接待属国使臣的宴飨礼本应庄重肃穆，但清朝的宴飨礼却全无上下之分，秩序大乱。如顺治十年（1653）沈之源提到朝鲜使臣出席皇极殿赐宴时令人哭笑不得的一幕：

> 甲午（1654）正月一日……礼毕，就仪仗之西青帐幕下而坐，皇子在前行，诸王在第二行，三使臣隔四五间许而坐，与诸王同一行也。先行茶礼，次之以果盘，次之以熟牛肉。有一人忽来，称之一宰相，持肉一块而去，韩巨源（即彼国通官）拳殴其人之头，所着坠地，而不释其肉，令人捧腹。

两年后，麟坪大君李㴭也吃惊地发现“其宴礼也不行，酒乍进乍撤。左右纷纷，专无纪律，酷似华担契会，牛羊骨节堆积殿宇”，不禁哀叹“可惜神器误归天骄”④。而信仰方面，顺治二年（1645）出使的书状官成以性发现清朝不尊儒家礼仪，极尚淫祀：“关王之庙，无处无之，而至于淫祠寺刹，遍满村闾……城邑之中，殆无虚

① 麟坪大君李㴭《燕途纪行》，《燕行录全集》第22册，页175。
② 赵珩《翠屏公燕行日记》，《燕行录全集》第20册，页231。
③ 《燕行录全集》第20册，页281；第22册，页354。
④ 麟坪大君李㴭《燕途纪行》，《燕行录全集》第22册，页152。

地,金碧照耀,匾额辉煌。”[1]康熙二十一年(1682)韩泰东《两世燕行录》则记载:“其俗最好尊佛事鬼……初丧送葬之际,广设斋会,缁徒填空,佛乐盈路。”[2]显然在坚持传统礼俗和朱子学说的朝鲜士人笔下,大清帝国的社会和文化已经渐渐偏离原来的轨道。以我们今天的后见之明,这种由于异族入主而导致的社会与文化的传统偏离,对于一个东方国度是福是祸,实际上是一个难以回答的问题[3]。而这种对于清朝风俗败坏的负面描述,一直为后来的燕行录所继承。

总体而言,清朝入关四十年间朝鲜使臣所撰写的燕行录值得称道的并不多。其中较为出色者,顺治年间以麟坪大君李㴭《燕途纪行》为代表,而康熙年间则以宋时烈之门生闵鼎重《老峰燕行记》内容为代表。据《燕途纪行》李㴭自序,他从 1640 到 1657 年间,共三次到沈阳,十次出使北京,在朝鲜处理对清关系的外事活动中立下了汗马功劳,他在顺治十三年(1656)年出使清朝后,次年归国即病逝。而他的《燕途纪行》,正是反映他最后一次出使清朝的使行之作,内容亦较为丰富。《老峰燕行录》由《燕行日记》《闻见别录》《王秀才问答》《颜知县问答》《圣殿位次》等五部分构成。《燕行日记》以日为序记出使过程,间及逸闻趣事,而但凡关涉清朝时局的重要内容都见于《闻见别录》,其中对于康熙帝的描述与我们现时对于康熙帝的认识之间有较大的落差,记康熙帝相貌云“身长不过中人,两眼浮胞深睛,细小无彩,颧骨微露,颊瘠颐尖”,而关于性格行事则曰:“性躁急,多暴怒,以察为明……诛杀既多,猜疑积中。”此外,对于清朝的丧礼、军制、服饰等也有涉及,

---

① 成以性《燕行日记》,《燕行录全集》第 18 册,页 153。
② 《燕行录全集》第 29 册,页 252。
③ 参见葛兆光《寰宇中谁是中华——从 17 世纪以后中朝文化差异看退溪学的影响》,《天津社会科学》2008 年第 3 期。

而尤详于清朝的内外局势，如康熙初年辅政四大臣相争及鳌拜被囚事，俄罗斯、蒙古和台湾郑经的动向，清朝同蒙王阿不乃之间的紧张关系等。《王秀才问答》是闵鼎重借住玉田县秀才王公濯家中时与主人之间的笔谈记录，共三十二条，紧接其后的《颜知县问答》是作者与出身福建的广宁知县颜凤恣的笔谈记录，共二十七条，两则笔谈合计五十九条，谈话对象一民一官，相映成趣，真实地反映了当时中国官绅对于时局的认识及态度。笔谈中闵鼎重特别关心南明政权的存没情况，以及奉南明正朔的台湾郑氏的情形，而王公濯坦诚告以永历诸臣“降者降，而死者死”，永历帝本人也“为缅国所献，今已五六年矣”。与之相反，颜知县则告以“南徼事不便言，前朝事亦不敢尽述”，显系碍于官员身份而讳莫如深，但也向闵鼎重直言“贵国尚存汉官威仪”，反映了他微妙复杂的心态。特别值得一提的是，王公濯给予康熙帝以较为积极的评价，说他亲政之后“觉胜于前”，对臣下“廉贪屡有黜陟”，颇不同于闵鼎重对于康熙帝“以察为明”“猜疑积中”的负面评价。此外，笔谈中所涉及清朝堂子之祀、逃人条例、朝政得失及冠服带履之制等，在清初都属于不无禁忌的一些议论，在此却轻易地跃然纸上，因此弥足珍贵。《圣殿位次》一节，是闵鼎重有鉴于“兵乱以后”，对于儒家圣人孔子“胡人不复尊祀”，因此特别照录山海关及宁远卫夫子庙的“圣殿位次”，他认为山海关夫子庙“位次颠倒失序且有缺失处”，而宁远卫圣殿则“有殿而无庑”，这反映了“丙子胡乱”（指 1636—1637 年清朝侵入朝鲜的事件）之后执着于儒学理念的保守知识分子对于中国孔庙祭祀制度的观察与想象，对于我们今日了解清初儒家庙祀制度的实态亦提供了值得珍视的材料。

闵鼎重的燕行日记之所以值得关注，是因为它不同于很多燕行记录，仅为例行公事之出使报告，而是具有旅行日记的色彩。如果与《朝鲜王朝实录》《承政院日记》等史料作对比，不难发现它不仅仅关注对于朝鲜政府而言所必需的军事外交和文化学术情报，对中国的风俗习惯、日常琐事乃至当时中国普通官绅的常识与心理活动也不乏关注，某种程度上可以说，这种写法开启了以《热河日记》为代表的日记体燕行记录的先河。

特别值得一提的是，顺治帝和康熙帝作为创业之君，都称得上是大有为之英主，这大约是清史研究者的共识，然而二者在朝鲜使者笔下皆遭酷评。李涪《燕途纪行》提及顺治帝之状貌曰："年甫十九，气象豪俊，既非庸流，眸子暴狞，令人可怕。"[①]至于顺治帝之治术则云：

> 儿皇力学中华文字，稍解文理，听政之际，语多惊人，气象桀骜。专厌胡俗，慕效华制。暗造法服，时或着御，而畏群下不从，不敢发说。清人惑巫，元来习性，而痛禁宫中，不复崇尚。然气侠性暴，拒谏太甚。间或手剑作威，专事荒淫，骄侈自恣，罕接臣邻，不恤蒙古，识者颇忧云。

不仅如此，还大曝顺治荒淫好色："宫中贵妃一人，曾是军官之妻也，因庆吊出入禁闱，帝频私之，其夫则构罪杀之。勒令入宫，年将三十，色亦不美，而宠遇为最，其夫兄赏赐累钜万，仍册封东宫正后，定日乃今月二十日也。"[②]而闵鼎重极力丑诋康熙，笔调与之如出一辙，他归国之后受显宗召见，刻意强调康熙帝及其时代的负面部份，言康熙帝"猜疑群下，每事必亲，务为察察，国人甚苦之，公然怨骂，少无忌惮。性又喜射，故日事山猎"，并断言"必有萧墙之患也"[③]。对于康熙帝亲政后"廉贪屡有黜陟"，连遗民也"觉胜于前"的正面情况则只字不提，这种实际见闻与认识之间的

① 《燕行录全集》第22册，页152。
② 《燕行录全集》第22册，页155—156、157。
③ 可分别参见《朝鲜王朝显宗实录》及《显宗重修实录》卷二二，显宗十一年闰二月乙未。

落差值得玩味。而尤可喷饭者，韩泰东对于康熙亲自射猎打鱼大发议论，认为他自轻无度：

> 皇帝即位以后，荒淫成性，盘游无节。姑以近事言之，夏间幸沈之时，不由修治正路，跃骑驱驰，上下山坂，日以射猎为乐。及到辽东，设打鱼之戏，皇帝着拒水袴袜，戴小帽，亲入水叉鱼，大臣明珠及诸王以下皆令执罟，沾体涂足，丧失威仪，近处军民许其聚观，不使拘呵。且言皇帝能炮善射，每当游猎，勇前当兽，发必命中云，可见其自轻无度之实矣。①

实际上以今天我们的历史认识来看，康熙射猎打鱼无非出自满洲旧俗，其所以亲自下水捕鱼，“臣明珠及诸王以下皆令执罟”，无非是向臣民昭示祖先创业之艰难，就好比汉族皇帝携皇后举行春耕仪式一样，向臣民昭示国家以农为本。

（3）

清朝入关四十年间，由于明朝的残余势力还存在，尤其是三藩之乱一度打出复明旗帜，在朝鲜使者看来，明朝不无兴复的可能性，所以入燕之行往往积极搜集与南明、台湾郑氏以及三藩相关的政治军事情报，以应对可能出现的变局，这在燕行录亦多有体现。如朴世堂入燕（1668）之际行经沙河驿，就向一位姜姓秀才多方打探时局：

> 宿沙河驿，主人姓姜，称秀才，夜与语。臣问：此地秋事如何？答：半收。问：十三省同然否？答：外省多被水灾。问：何地最甚？曰：山东为最。问：云贵两广福建四川等地何人镇守？答：不知。因又问，曰：大约俱在太平境。问：五

① 韩泰东《两世燕行录》，《燕行录全集》第29册，页246。

岭外皆是清官耶？有汉官同守乎？答：清冷官署俱是汉人，如有钱在，满洲居多。问：闻蒙古向者来犯喜峰、辽东等地，信否？答：喜峰不远，绝未有闻。问：十三省绝无盗贼窃发之患乎？答：未闻。屡问，乃曰有之。问：何方为尤？曰：蒙古为首。又问：频来犯境乎？答：未闻犯边，但闻要赏。即又曰：四川下四府生民一无所有。问：为何无存者？答曰：皇上恶其通水盗。问：水盗为谁？曰：郑宏公。问：宏公时在何地？曰：不知去向。问：四府民被杀在何时？答：五年秋。问：郑是水盗，常在海中，四川去海绝远，缘何相通？答：何论远近？问：闻大臣执政者多夺汉民田，以与满人。然否？答：去年正月十六日，永平尽署满洲，十存一二。问：十取八九以与满洲，而汉民只得一二乎？曰：然。问：何人主行此令？答曰：但闻两黄旗换地，以至如此。问：两黄旗为谁？则不肯明说。问：皇帝亲政后，民心如何？曰：甚好。又问，则曰：皇帝好处甚多。问：闻明裔有在西方羌胡中者，果有此说耶？顺治长子亦在西鞑，常有争端，亦然乎？答：明之后未闻，先皇之后有此闻。臣所与问答者如此。其人亦似稍愿，故随闻以记。但见此流居路傍，多阅东使，故习于酬酢，视人意向，顺口便说，显有抑扬之色，所言未必尽信。

其中问及台湾郑氏，而姜秀才将“郑成功”误为“郑宏公”。而如前所述，一年之后，闵鼎重还向王公濯打听永历帝存没，得知其被擒后非常失望。而对于郑氏，得到比较准确的情报：

郑经在南海中，据有七十余岛，其中一岛长数百里，广七十里，时时出海掠夺。遣所谓相王者，领兵往福建防备，又疑南民与之相连，循海边三百余里，撤民居长芦荻不通人迹，只置侦候之官，而亦不得领兵，有变举烽则总兵登时进斗。自南海至北海皆禁渔采，渔利永绝，民不聊生。小艇片舸已尽毁去，只存漕船，自今夏亦废漕船云。漕船之废，未知的否，而通州江边旧船樯如簇，合行所见仅有七八小船，过山海关时，登望海楼，水边无一渔船，问之则有禁，不敢已久云。①

在三藩之乱期间，朝鲜使臣十分关注三藩与清朝之间战局的发展。如康熙十六年（1678）入燕的书状官孙万雄所著《燕行日录》内容十分单薄，但只要涉及三藩之乱，则不惜笔墨，大肆渲染。如途中他发现满人有厌战心理：

闻胡儿唱歌，歌曰：月明纱窗，情动闺里之儿女；秋高戍楼，思功塞外之征夫。父母相离，边事棘矣；战伐未已，曷月归哉？一唱后有惶惧之色。……问其故，答曰：此乃南征军思归之歌也。此歌一出，人心动摇，赴战者厌去，在家者皆悲，故令申曰：有敢歌此曲者罪之云。

又听说自吴三桂军兴以来，清朝“皆以三桂之奴摆站于各路，而盘山为尤多。摆站云者，我国所谓定配也”。盖配役关外驿站是一种极重的体罚。他本人对吴三桂其实并无好感，认为他“手握重兵，外召夷狄，一片神州，终为羯胡之窟”，可谓罪孽深重。但是对于吴三桂反清，使得清朝大伤元气甚感快意，提到“军兴四载，兵马之南征者，已过百余万，而对垒江边，水土为祟，人马病毙，有去无归”，并断言“清国之有三桂，比若腹心之疾”，覆灭命运已经无可挽回。到达北京入住玉河馆后，朝鲜使者不惜贿赂清朝的“门将”，打听最新战况：

庚午晴，门将来见上使，上使给面币致款，因问吴三桂事。答曰：我曾往南征阵中，前月始还。吴三桂方在长沙，而

① 《燕行录全集》第22册，页367—368。

头发已长，衣冠皆汉制，虽拥十万之众，率多乌合之卒。而但于手下有五六千敢死之兵，所谓苗奴也。沮齿漆膝，白布裹头，其目深而黑，其剑长而广，其勇如飞，其战无敌。且于江边高处，埋伏大椀砲，丸大如拳，触者尽碎，势难交锋，未易平定……又问：然则吴将军终不可擒耶？答曰：吴逆地陷兵利，坚壁不出，无可奈何。言讫竦身蹙头，盖不但畏吴将也，甚苦其征伐之状也。因译辈密闻兵部置簿，则自甲寅以后，南征之兵，至于百有二十万之多，而门将之所谓即今防戍者，只余八万云，信如斯言。①

关于上述战况，以“使臣别单”的形式向国内报告②，次年归国之后亦几乎原原本本地向肃宗报告③。实际上当时吴三桂军与清军在长沙相持，总体战局已向清朝有利的方向发展，孙万雄也打听到福建民间传唱这样的歌谣：“头戴明朝帽，身穿清朝衣。过了乙卯年，照样归康熙。”而果然“未久耿精忠果臣服于康熙云”。而在清朝后方，就连业已归化清朝的朝鲜被掳人也觉得“赋敛甚薄，安居而乐业”，与孙万雄觉得清朝命运已无可挽救的基本判断甚不相符④。而次年充三节年贡使团在入燕途中，一路陆续传来吴三桂已死的消息：

（十二月）初五……到辽东站，招李素问吴三桂消息，答以或云已死，或云未死，未能的知云。

初七日……张玹来言：逢新自岳州来人，则言吴三桂已死，其侄子永夔与马三宝守城。三宝已通降于清兵，岳州城

① 孙万雄《燕行日录》，《燕行录全集》第22册，页330、340、368、355。
② 《同文汇考》补编卷二《使臣别单·丁巳谢恩兼冬至行书状官孙万雄闻见事件》，韩国国史编纂委员会，1978年，页1585。
③ 《朝鲜王朝肃宗实录》卷七，肃宗四年三月丁丑，第38册，页381。
④ 孙万雄《燕行日录》，《燕行录全集》第22册，页370、322。

> 中毁家为薪，陷在朝夕，清兵又围长沙云。
>
> 初十日……闻吴三桂死于八月，其孙又死。吴永夔、马三宝方为守备，清兵围岳州，不久当平定，皇帝以此大喜，日事游田。①

对于这个惨淡的现实，朝鲜使者显然心理上难以接受，从《朝鲜王朝实录》的相关记载可窥知一二：

> 梗等探彼国情形别单曰："抚宁县榜文云：'吴三桂八月十七日身死。'又言：'衡州府城内城门，四日不开，二十一日伪将军马宝、胡国柱、王将军从永兴来，开城门。'又闻差人往岳州，唤吴应期、三娘娘于岳州，唤吴世琮于广西云。而金巨军曰：'长沙府既已得之，四五月间，当以吴贼之平，将颁赦。'此言难信。又得房姓人册子，上年四月三桂即位，定都长沙，又言：'马宝奉吴世霖密旨，葬三桂于云南，同都督陈寿组练军马，其后陈寿杀破清兵，而至称陈寿以神出鬼没。'又言：'清兵为马宝所败，急请援兵。'又言：'应期，三桂之侄；世霖，三桂之孙；三娘娘，三桂之姬妾，而鞠育世霖。'汉人或云：'三桂实不死，清人做出诳言。'或云：'三桂虽死，世霖胜于其祖，马宝、陈寿等，亦颇获胜。梧州陷没、广西全省归吴辅臣，屡为吴之茂所窘，郑锦跳梁海上，而耿精忠败走。况上以盘游无度，渔色无厌，下以贪饕成风，贿赂公行，国之危亡，迫在朝夕。'云。"②

根据《使行录》，康熙十七年（1678）十月三十日辞朝的三节年贡使团正使为福平君李梗，副使是议政府左参赞闵点，而书状官正

---

① 金海一《燕行日记》，《燕行录全集》第28册，页202、203。

② 《朝鲜王朝肃宗实录》卷8，肃宗五年三月壬寅，第38册，页405。

是司宪府执义金海一①。根据金海一的《燕行日记》可知，使团大致确认吴三桂已经死亡的消息，但是向国内报告情况的别单对此轻描淡写，转而突出吴三桂军依然骁勇善战，屡败清军，不愿直面相持局面已经打破、吴军实处下风的现实。而当康熙二十一年（1682）韩泰东入燕时，清军已于上年攻破吴军老巢昆明，彻底平定三藩之乱。韩泰东对吴三桂本人毫无好感，当他途中看见吴三桂父祖坟茔被清人掘毁，觉得他是罪有应得，指责吴三桂“始则延纳膻腥，秽乱区夏，末乃豪据一隅，身僭大号，盖未尝为朱氏扶立血胤、规复旧物之意，实中华乱贼，清虏叛臣，若祖父之骜逆子孙也”。但是面对清朝“自南方平定以后，君臣上下，益以骄逸，方此称述功德，贲饰乐章，山呼凤鸣之庆，一乳三男之祥，题奏频繁”的志满意得之态，心中又颇不是滋味，于是强调“吴家余党尚未尽剿，多有保举山谷，攻掠州县者。故调发军兵，更迭镇守矣。郑锦据有海岛，侵轶沿海地方”。②甚至在郑氏集团覆灭，清朝实现一统局面之后，朝鲜使者仍然很不甘心。如康熙二十三年（1684）入燕的南九万在其《甲子燕行杂识》中提到：

> 馆中愁寂，取见册铺所卖小说，则借陈亡后衣冠子孙不仕于隋室者为之说，而作诗曰：民间定有刘文叔，世外那无张子房。又见一画厨画天子与宫人宦官随四时淫乐之状，而其冠服皆清制，末题曰“成化二十二年太平游乐之图”，乃是假托成化，实讥当朝者也。人心所在，抑可知也。③

总之，尽一切可能丑诋清朝，而对于正面情况，则一概不愿面对。

---

① 参见《燕行录全集》第 27 册，页 128。

② 韩泰东《两世燕行录》，《燕行录全集》第 29 册，页 218、248、249。

③ 《燕行录全集》第 23 册，页 327。

(4)

但是,《燕行录》所记朝鲜使者对于清朝情报搜集的内容,十分有限且不全面。而清初朝鲜使者积极搜集清朝情报,又是理解这一时期朝鲜对清朝贡关系实态的一个非常重要的侧面。某种程度上甚至可以说,朝鲜获取清朝情报最重要的管道,就是燕行使的派遣。朝鲜使团在清朝期间的情报搜集,手段无所不用其极,如采买违禁图籍、购买清朝公文、贿赂清方人员,向各色人等打探(如琉球使者、被掳朝鲜人、清人等),在政局可能发生变动的敏感时期尤其活跃①。而相关的记载,除《燕行录》外,而比较集中地见于《同文汇考》补编所收《使臣别单》,《朝鲜王朝实录》《备边司謄录》《承政院日记》等大部头的编年体史书也有大量记载,而这里有必要着重提及《承政院日记》。承政院于定宗时设立,主管一切机密事宜,堪称国王的秘书室。现存《承政院日记》记事起于1623年(仁祖一年)3月,止于1894年(高宗三十一年)6月,历时272年,共计3 243册。《承政院日记》是朝鲜王朝最庞大的机密记录,在史料价值上与《朝鲜王朝实录》《日省录》《备边司滕录》相同,均是可让韩国历史和文化炫耀于世的资料,因编纂《朝鲜王朝实录》时以此为基本资料,所以其史料价值甚至在《实录》之上。《承政院日记》只有一套原本,被指定为国宝第303号(1999年4月9日),并且被认为是世界最庞大的第一手史料,2001年9月被联合国教科文组织指定为世界纪录遗产②。如其显宗十年(1669)三月四日条详记显宗与上年

① 相关研究可参见伍跃《朝貢関係と情報収集——朝鮮王朝対中国外交を考えるに際して》,收入夫马进编《中国東アジア外交交流史の研究》,京都大学学术出版会,2007年。

② 参见申镐《韩国の修史事业》(《朝鲜学报》第89辑,1978年)、孙卫国《〈明实录〉与〈李朝实录〉之比较研究》(《求是学刊》第32卷第2期,2005年)。

(1668)入燕的三节年贡正使李庆亿、副使郑錀、书状官朴世堂三人之间的对话：

上辰时出御帐殿。入侍，左议政许积，判府事郑致和，承旨张善瀓、宋时喆、李翊、姜镐、朴世城，注书姜硕昌，假注书许悏，记事官李藼、申翼相，文臣试官，领议政郑太和、洪重普、金佐明、赵珩、赵复阳、李庆徽、姜柏年，武试官，吴挺一、柳赫然、闵鼎重，左右侍卫将士……姜镐持使臣肃拜单子，李翊持咨文以进。上入幕次，传于政院曰，使臣等，使之留待午时。上出御帐殿后，引见使臣，又令郑太和偕进于前。上曰："今番所进，皆得于彼处者乎？"李庆亿曰："漂汉处置文书及汤若望历法会议文书，果皆勤苦得之，而汤若望之议，以时宪历为误，此议若伸，则造历者当被罪，而时未决定，群议纷纭矣。且山西深处，蒙古有犯边之奇云，而未能详其事情矣。题本有二，而一则莫时、莫远、清品哥，曾与大明为仇，今又不禀大朝，自相攻伐云云。一则秘书院尚书熊赐履上疏，而直言时弊，政令举措，不厌民望云。更为诘问，则答以唐虞三代，尚有吁咈之风，不但为山东灾变而发也云。则不为批答，群下请削职。答曰，一番则可以弃之云。盖闻其文学非轻，而疏辞亦善矣。苏辅政按律推案，则初不善书，故当从后善书，以备睿览，而无书手，未及传书矣。盖其所罪目，不至大段，而自初有谗间，非一朝一夕之故云。公廨之甓，私自取用等语，实非大段罪咎也。闻汉人之言，则辅政吴辈，交间而杀之，民情极以为冤云矣。"朴世堂曰："有一士密告吴三桂与西鞑将反，而□其言因嫌欲间，故吴三桂辞职，有不安之辞云矣。"李庆亿曰："闻汉人之言，则吴三桂志满气得，必将老死于其所处之地云，而似是云南之近处矣。且其一子，方为驸马云云。”郑太和曰：“所谓驸马，欲为质子之致，而曾闻汉人，皆曰吴王，或称吴爷矣。”朴世堂曰：“称以平西亲王云云。”郑錀曰：“清人则十人之中，只一二人，而刻骨称冤，非渠之福也。”李庆亿曰：“《缙绅便览》，亦来而实非夸大之意也。”郑錀曰：“岁给蒙古之说，似是浮虚，去路则清人或有传言者，而北京则无此奇矣。”郑太和曰：“有刘明者，每通如此等语，而若一发觉，则必生大事，清人则绝不言国事，而汉人或有传言者矣。”李庆亿曰：“使衙译辈，或因买卖得闻，而使臣辈入阙之时，汉人有欲观者，甲军辄必打却，甲军盖听衙驿分付，故如此矣。”朴世堂曰：“闻衙译之言，则上国无敕使可去之事，尔国何不册封世子乎？金三达、金巨军，当次出来云矣。”上曰：“其他事情，无可得闻？而皇帝动静，亦不可得闻乎？”李庆亿曰：“太和殿，欲于正月二十日始设，而已作一门，金碧照耀矣。臣等出去之时，闻皇帝方猎真定、（宝）〔保〕等地云，而及到北京则已还矣。”郑太和曰：“真定、（宝）〔保〕定，即山海关之西矣。”朴世堂曰：“新皇帝政多苛酷，故多思顺治之时云。”郑錀曰：“往来之时，有女人自南来者，问之则曰，南方士大夫，少有罪犯，辄杀之，其妻孥，皆送宁古塔云。”李庆亿曰：“无令闻而苛酷如此，故不及顺治云矣。”朴世堂曰：“沈阳则称以盛京，而财宝士女多所委输云。”……李庆亿曰：“时无兵革战争之事，极南皆已得之，故朝会之日，小小官皆着貂裘，朝官之外，至于车夫辈亦着貂裘，奢侈则极盛，而待清汉不均，有曷丧之叹，但汉人积其怨苦，故似或有浮张之言，而若有豪杰者倡之，则必有瓦解之患矣。”郑太和曰：“曾于往彼时，得见荣题，则至以何以待汉人为问，渠亦有难处之虑矣。”李庆亿曰：“辽路汉人，皆曰岁给蒙古三百万两，而北京人则元无是事云，虚实未可晓矣。”郑太和曰：“若一如顷者所闻，则今番必有中路作梗之患,而此事必非泛然矣。”李庆亿曰:“蒙古王太后,为沐浴来北京云。而适于路上逢着,所谓太后,率一(骇)〔孩〕儿,以红毡为服,令行人观光,而馈以油块,先请使臣入其幕,臣等依其言入坐,欲得烟草竹,故亦应其求而给之,仪仗器物,殊极奇怪,而其盛仪则堇如我国万户、权管辈矣。”上曰:“有交兵事云,果何事耶?”李庆亿曰:“非真大段交兵事,而凡有所诘责,辄以兵问罪云。”朴世堂曰:“蒙古有上寺供佛之举,而兵数至于五七十骑,故以其过多而接战云。”李庆亿曰:“得此文书,至费三百金,而山西文书则谓之重大,故给二百金矣。”朴世堂曰:“得见蜀外文书,则古所谓中国,果尽得之矣。”李庆亿曰:“西韃则姑无横反之举,而但其政令如彼,且皇帝之相貌,望之不似,所处颇远,故虽未详知,而非丰厚德气。”上曰“其阙比仁政殿几倍,而坐塔之高几许耶?”李庆亿曰:“间数则十二间,而当中间则极大,奢侈极盛,岁开太平宴,非止千官几万官,而龙眼荔枝,至于跡踵于阙庭矣。”朴世堂曰:“开宴时舞戏者,立于殿内,而若我国呈才人矣。”上曰:“其舞制,何如?”朴世堂曰:“一人着唐箕,而使人打之,又令人先唱,入于殿内而为之。”上曰:“太皇太后,不为亲政耶?”李庆亿曰:“大政则或禀于太皇太后,其余则帝亲为之云。杀苏哥事则出于急遽,故人不及知,而夺关外民田,皆为牧马之场,以此民怨亦多矣。”上曰:“皇帝之兄,时在蒙古云,然耶?”李庆亿曰:“皇兄往蒙古之说,似为虚浪矣。岁币方物进呈时,帝与数骑,亲往(舞)〔武〕英殿,谒见太后,而过去之时,无一问及,译官辈亦不为顾见云云。朝会时蒙古之在臣等之上,其容貌亦有如人者,而坐于臣等之下者,皆脱袴而坐,衣服制度,极涉骇怪,而去北京三千里,三月乃能得达云。”朴世堂曰:“文书中,亦举刺麻登,所谓剌麻登即西韃云，而眼青鼻高，恰似南蛮人矣。”①

其纤毫毕现的程度，令人惊叹，不少可与朴世堂《西溪燕录》形成有趣的对照。其中朝鲜君臣对于清朝政局的讨论，给人以生动的现场感，是其他史料中难以见到的。而实际上，许多不见于现存燕行录的燕行使情况，只有《承政院日记》留下最为详细的记载。如肃宗二年三月六日条：

> 未时，上御经筵厅。上使左议政权大运、副使庆㝡、书状官柳谭厚、同副承旨金德远、假注书李玄锡、记事官崔锡鼎、李后沆等入侍……上曰：别单外无他事耶？大运曰：别无事矣。行出关外，始闻征兵，而太极韃子与王辅臣合兵，故欲往攻云，而不能详知。但辅臣在西安府，兵势甚锐，彼素畏之。今若与韃子合兵，则其势诚急，而征兵之期似不急，使之二十四离发，二十七会锦州卫云，必是欲攻辅臣也，合兵之说，似非的传。上曰：变怪甚多，而至于白昼龙见云耶？大运曰：山东、河南变怪极多，而白昼龙见，地坼地陷等变亦多，年事又不登，湖广以南，兵连祸结，民不得安生云。且吴三桂，则尚在云贵，而侵扰于四千里外，盖当初欲移三桂于宁远，故图生而叛也，非必有大志也。清国兵力，亦能抗拒，数年相持，不能益进，此可知其不急也。王辅臣则在陕西，距北京不远，其间只隔山西一省，而乃最小之省也。上曰：陕西西安府则乃大省，而亦形势之地耳。德远曰：古长安也。大运曰：前闻彼中男丁稀疏云，今行所见，则不然矣。上曰：今则还集云耶？大运曰：青山贼乃剧贼也，与民杂居，出没作患，而又值蒙古作乱，人皆避匿，故路上数百里无行人云，今则平定，故

① 《承政院日记》，首尔大学奎章阁本，第212册，页77—83。

民复安集矣。且调军时，只发甲军，甲军皆清人为之，汉人则只戊午被掳者，入于甲军，号称乌金超哈，以汉语译之，则为右紧哨许云。甲申后所得汉人，不入于甲军，故军旅虽兴，而居民晏然，赋役亦轻，无异貉道，故民不怨上，虽不爱戴，欲其长存，而亦不至欲其速亡矣。小臣丁酉年以书状官往来，其时站上有若干人家，他处则无之矣。今则人烟相望，民物繁盛，男丁甚多矣。庆寂则丁未年奉使，而亦言比其时尤盛云矣。寂曰：比前日果似益盛矣。军兵既非汉人，故民物无凋耗之患矣。上曰：皇帝频频出入佛宇，观灯云耶？大运曰：黑舍利氏棺在沙河宫，尚不葬，故频频往见云矣。上曰：九月葬礼也，何至今不葬耶？大运曰：彼岂知礼乎？且葬时所费不少，故欲待国储丰盛云矣。上曰：所入几何？大运曰：别单已录之方姓人日记中，亦详载矣。且自明末风俗多不葬，故不以为怪矣。上曰：中原礼文未备，不用古者九月、五月之制耶？大运曰：礼文皆从中原出，岂曰未备？彼则不用故耳。寂曰：漆棺以朱，或施采色，且棺制极异，弃置路傍者亦多矣。大运曰：棺制上高下低，左右角则横出，下有足，可怪也。仍谓寂曰：其僧名为何？寂曰：南阿僧也。大运曰：此僧在皇城五里许，帝以师礼待之，频频往见，若入阙内，则皇帝亲自祗迎云矣。至于田猎，则乃本品也，但此外出入无常，沙河宫或间日往见，往则必废公事云矣。又曰：西路凶荒特甚，而山郡黍粟稍登，故民事不至如辛亥，而京中即今有田土根著者，则为农作，还归故土云。但麦秋尚远，敕使连出，后来者求请，未可豫料，民困力竭，诚可闷虑。上曰：凶年两敕，其弊无穷，闷虑何极！且辨诬一事，亦是不可已，故已定送使之计矣。大运曰：臣民闻此，岂敢晏然？固宜汲汲辨诬，而但别遣使臣，必是重其事之致，臣意则有不然者矣。于我国有弊，而

> 彼不厌我使之数来也，别遣使臣似无益，且此事则无不成之虑矣。上曰：安可必也？大运曰：于彼无利害，必可成矣，且彼中事，有赂则成。臣于今行使译官辈厚给赂物，探知事情，则受赂者皆来言曰，衙门当初疑我别咨，以为欲筑城池。且曰欲筑城池，虽万金亦难云，言必称赂，可知其重贿物也。此事亦行赂优厚，则必可成也。臣行所持则少，今番不可如此矣。上曰：别为赍送事，已分付矣。大运曰：彼之待我使，必以银货，贸易支供之需，故一日所费，几至累千金，彼甚厌之，须待李一善出来，从容问议以定，似可矣。上曰：初则亦欲于谢恩使兼之矣，诸议以为，非重其事也云，故别遣耳。①

需要注意的是，左议政权大运、副使庆㝡、书状官柳谭厚等三人属于南人派，与康熙八年（1668）入燕的三节年贡正使李庆亿、副使郑鑰、书状官朴世堂并不是同一派别。并且三人对于战局，有极其敏锐的洞察，断定清朝“军旅虽兴，而居民晏然，赋役亦轻，无异貉道，故民不怨上，虽不爱戴，欲其长存，而亦不至欲其速亡矣”。而实际上朝鲜君臣在三藩之乱期间虽然不臣之心蠢蠢欲动，如执政的南人派精神领袖尹鑴屡屡鼓吹南通郑氏、北伐清朝，但是基于现实政治的综合考虑，并未采取实际行动，而是谨慎地维持了与清朝之间的朝贡关系。对此，旅日华人学者伍跃指出，朝鲜的顾虑在于，如果明朝再兴，则朝鲜需要考虑如何辨明在明朝再兴之际，为何没有施以援手。在以中国皇帝为顶点的国际秩序下，无论是与宗主国明或者清维持朝贡册封关系，对于朝鲜王朝的存在都是不可或缺的，作为藩属国的朝鲜，并无自主选择宗主国的自由，也没有脱离这种国际秩序的愿望。朝鲜只是尽可能在允许的范围内追求自身利益，因此朝鲜的对清情报工作，是由作为藩

① 《承政院日记》，首尔大学奎章阁本，第252册，页35—37。

属国的国家性格所决定的[①]。

综上所述，可知包括大量燕行录在内的燕行记录，一个重要特点就是特别关注对清朝的情报收集。清朝入关四十年间，正是宋时烈尊周攘夷思想笼罩朝鲜各政治派别的时代，这决定了这一时期的燕行记录，对于清朝的观察特别注重政治方面的内容。如果与同时期朝鲜使者出使日本的记录对比，就会发现朝鲜使者虽然频繁往来于汉城与北京之间，但是几乎与清朝士人没有任何实质性的交往，这是由于朝鲜使者蔑视受满族统治的汉人，认为与之进行文化交流是肮脏的[②]。朝鲜使团成员与清朝士人订交往来，直到18世纪中叶洪大容、李德懋、朴趾源等人入燕时方才真正开始。明清鼎革期间的中朝外交，可谓几乎完全将文化交流抛在一边。朝鲜士人显然将乘着明末乱局窃取神器僭居大位的清朝蔑视为夷狄之邦，并视燕都之行为畏途。在他们看来，此时期清朝的所有一切似乎都不值一提，如康熙二十一年(1682)韩泰东概括其入燕之行不过是“黾勉驱驰，周旋异域，日见丑类，凌逼饱尽，无量苦痛，罄折腥膻之庭，跪叩犬羊之赐”[③]。同年出使的金锡胄也径称此番出使“所接者鳞介，与语者侏漓，剑槊盈路，荤羶塞鼻”，完全是类似“捣椒”一般的折磨身心的感受[④]。金锡胄甚至在诗作中尽情发泄华夷情绪，所谓“嫁汉娶胡都是虏，似驴非马亦成骡”云云[⑤]，已经陷入一种癫狂与偏执，类似近代荼毒天下的种族主义。既然清人已经被视为禽兽般的存在，那么朝鲜使者虽然

---

① 参见伍跃《朝貢関係と情報収集——朝鮮王朝対中国外交を考えるに際して》，收入夫马进编《中国東アジア外交交流史の研究》，京都大学学术出版会，2007年。

② 关于这一点，参见夫马进著、伍跃译《朝鲜燕行使与朝鲜通信使》，中华书局，2010年，页114。如闵鼎重《老峰燕行詩》中收有赠与出身福建、名为颜凤恣的广宁知县的七律一首，这样的赠答可以说是少有的例外。

③ 题韩泰东《两世燕行录》，《燕行录全集》第29册，页244。

④ 金锡胄《捣椒录》“后序”，《燕行录全集》第24册，东国大学出版部，2001年，页163—164。

⑤ 《燕行录全集》第24册，页47。

频繁往来于燕京与汉城之间，却与之鲜有交接就毫无足怪了。而朝鲜使团的大部分精力，都集中于积极搜集与台湾郑氏以及三藩相关的政治军事情报，这恰恰反映了此期间朝鲜与清朝之间的朝贡关系徒存形骸的实态。

（二）明清鼎革期间朝鲜与日本的交邻关系

通过考察《燕行录》《海行总载》等使行记录以及日本韩国现存的笔谈史料，可以看出朝鲜对清外交的重心集中于搜集清朝的政治军事情报，以因应华夷秩序的可能变局，而朝日外交则呈现情报交涉与文化交流交错的特征。1655 年的通信使团将注意力集中于诗文酬酢以宣耀文华，而 1682 年的通信使团则重视搜集关于三藩之乱及明郑政权的军事情报。明清鼎革期间朝鲜仅两次向日本派出通信使团，关于使团访日期间两国文士的交往，以李元植、仲尾宏、夫马进等为代表的韩日学者已多有详密的研究①，近来中国学者也日益关切②。本文在前人研究基础上对于朝鲜使团的两次使日之行及其特点略呈己见。

（1）

先来看 1655 年的朝鲜通信使团的日本之行。此次遣使的直

① 仲尾宏《大系朝鮮通信使 善隣と友好の記録》全 8 卷，与辛基秀共编，明石书店，1993—96 年；李元植《朝鮮通信使の研究》第八章《文化度（1811）の使行》，京都：思文阁，1997 年；夫马进著、伍跃译《朝鲜燕行使与朝鲜通信使》，中华书局，2010 年。上述三人亦多有单篇论文，兹不赘举。

② 张伯伟《汉文学史上的 1764 年》，《文学遗产》2008 年第 1 期。葛兆光《葛兆光再谈"从周边看中国"》，《东方早报》，上海，2013 年 12 月 8 日，第 B01 版；《文化间的比赛：朝鲜赴日通信使的意义》，《中华文史论丛》2014 年第 2 期。

接目的是贺新一代幕府将军德川家纲袭位。就当时的国际格局而言，清朝虽已定都北京，但南明政权还依恃剩山残水勉力支撑。就朝鲜国内的思想与政治形势而言，当时国王孝宗甚以羁留沈阳期间的质子生涯为耻，重用有“海东宋子”令名的宋时烈，推行富国强兵之策，图谋北伐清朝，以雪君父之仇。虽然围绕反清斥和问题西人或南人等不同政治派别各有缓急轻重的策略性区别，但“尊周思明”作为最高的政治思想原则各派无不凛遵。而清廷十分关切朝鲜的反清动向，通过威压或怀柔交替的手段予以严格控制。日本方面，在德川幕府建立之后就并没有与清朝建立任何政治联系，并且得益于隔海相望的地理阻隔，中国大陆的鼎沸乱局并没有造成多大地缘政治的实际压力。但大量明朝遗民东渡日本，向德川幕府极力渲染清朝的野蛮残暴，却使得日本朱子学者的华夷之辩理念具备了货与帝王家的国际氛围。其中林罗山(1583—1657)继承其师藤原惺窝之学统，奠定了林氏家学作为幕府官学凌驾于其他儒学派别之上的至尊地位，与其子林春胜(1618—1680)、其孙林信笃(1645—1732)一起习称林家三代。且在清朝入关的最初四十年，林家官学在日本儒林之中尚无有力的竞争者，可谓炙手可热。

有趣的是，在朝鲜通信使眼中，即便作为日本儒林翘楚的林氏一族，其文学素养也不值一哂。眼界颇高的南龙翼对于此行参与酬酢交接的日本文士显然印象不深，仅轻描淡写地提到“称为文士者八人”，其中除一个名叫李全直的被掳朝鲜人后裔外，其余则皆为林罗山一族及其门人。而对于后者，南龙翼几乎皆予以酷评，称林罗山“年过七十，位至民部卿，亦称法印，以文鸣于一国，制撰文书皆出其手，且多著述，有《神社考》等书”，尚称客观，但笔锋一转，称其“诗文则该博富赡，多读古书，而诗则全无调格，文亦犹昧蹊径”。至于其子林恕，则更逊一筹，仅仅称得上“能继家业，稍解诗文”。并且还特别称其“性质冥顽，举止倨侮”。倒是林恕之弟林靖（字彦复，号函三，又号读耕斋，1624—1661）及林恕之子林春信（1643—1666）给朝鲜使者留下不错印象，前者“颜面丰厚，性质纯真，言语文字比厥兄颇优”，后者“年十六，眉宇妍秀，亦能写字缀句”。至于林罗山的弟子之中，人见友元“年才二十余，姿状清明，应对恭谨，其才亦足以通书辞、制诗律”。藤潜（字子默，号勿斋）“性颇沈静，而解诗文，年貌才质略与林恕相近”。源尚胜“气质柔懦，文字答问之间虽不成说话，而亦颇引用古语，有似涉猎经籍者然”。可以说几无一句溢美之词[①]。林家尚得如此酷评，那么日本总体的文化水准当然更不值一提，南龙翼给出了总体性评价，谓“所谓行文颇胜，而犹昧蹊径。诗则尤甚无形，多有强造语。写字则无非鸟足，皆学洪武正韵。……（书籍）怪诞驳杂，皆无可观者……解之者绝少，而向慕之情，则上下同然。如得我国人只字片言，则宝藏而传玩之。尤喜书法，虽下辈乱草。争相求得。以为屏簇者亦多矣”。总之在南龙翼看来，日本在汉文化水准上还处于蒙昧混沌的状态，绝对无法与朝鲜争锋，心底肯定是极为得意的。

那么究竟是什么原因导致朝鲜通信使团对于大学头林家及其追随者的学问乃至品行有如许刻薄观感呢？而反过来，以林家为代表的日本文士又是如何看待朝鲜通信使团呢？如揆之日本史料，反差之大还是不免出人意料，其中林家与朝鲜使者酬酢的两个细节令人关注。首先一幕是林罗山之第四子林靖[②]及林春斋

① 南龙翼《南壶谷闻见别录 · 人物》，《海行总载》卷 21，韩国国立中央图书馆藏本（贵古朝 90－2），页 186—187。

② 林罗山第四子，名守胜，又名靖。字子文、彦复。僧号春德。学于松永尺五，正保三年（1646）仕为幕府儒官，与其兄编《罗山先生集》，万治四年三月十五去世，著有《本朝遁史》。其侄林信笃也称其“强记博文，英才绝伦”（林信笃《自叙谱略》，早稻田大学藏享保十六年自写本，第 10 页）。

在笔谈之际有不同寻常的言语，可能极大刺激到朝鲜使者的敏感自尊：

> 安藤右京、源定成二人请见洪译，使之往见，则颇问清国事，随便答之，则不为强问。①
>
> 林道春之子林靖函三子称号者，来门外请见读祝官。许闻其问安答说话，则书而问之曰："大明近岁之兵革如何？十五省迷入清国之手乎？年号顺治至今犹存乎？皇明之宗脉不绝如线乎？郑□龙、吴三桂存殁如何？陕西之李自成、四川之张献忠皆免摧灭乎？答以疆域绝远。未能详知云。则不为更问。②

以上两幕一发生在日方馆伴藩士与朝鲜通事人员之间，职司所系尚属情理之中。但林靖与李明彬（号石湖）笔谈之时，一连串关于时局的发问无疑显得咄咄逼人。李明彬当即以"文士相逢，只是一场论文是矣"搪塞，实际上已不经意间流露些微不悦③，因为根据上下文，当时李明彬和林靖不过是二度面晤，在前一天林靖刚

---

① 南龙翼《扶桑录》下卷十月初四日条，《海行总载》卷20，页56。实际上早在此前的一次通信使团滞留江户期间，林罗山和安藤右京就有类似举动，据癸未（1643）《东槎日记》七月十三日甲辰（韩国国立中央图书馆藏本）：道春及右京等来到馆中，招洪、李两译，以小纸所书……又问："自十余年前大明有乱，其巨魁曰李回。回起于陕西延安府，其后有曰李将军者，自陕西取山东，乱入河南、四川，既至大乱，其然否？贵国定闻其事，欲详其事衷云。"洪译答曰："……中原之有流贼自前有之，而此不过豪侠作乱之徒，不足为虑，故朝廷置之度外，所谓李将军曾未闻之。自海路见阻。不闻中原消息。近来之事。未知如何。"道春曰："海路之阻几年乎？"答曰："今已六七年矣。"道春曰："曾闻毛将在岛中防御，今亦在否？"答曰："毛将有罪被诛，其后他将守之，丁丑年见陷于清兵，自此海路阻塞矣。"又问："贵国与彼国今则如何？"答曰："两国结好相通，无他事矣。道春等颔之而去。"

② 南龙翼《扶桑录》下卷十月初九日己未条，《海行总载》卷20，页62—63。

③ 《续善邻国宝外记·韩使赠答》近藤瓶城编《史籍集览》第21册，近藤出版部，1926年，页28。函三："大明近岁之兵革如何。十五省悉入鞑虏之手乎？国号大清，年号顺治，至今独然乎。吴三桂存没如何？且陕西之皇明之宗脉，不绝如缕乎？郑芝龙、李自成、四川之张景宪，皆既摧灭乎？"石湖："示事则我国不能详知，亦无异于贵邦。既不能详知，则非所当书示。文士相逢，只是一场论文是矣，何必语及不知之事乎？"其中关于林家及其门徒与朝鲜通信使唱酬的内容，都来自雨森芳洲文库本《朝鲜信使東槎紀行》，此书未见，参见大塚鐙《芳洲文庫本朝鮮信使東槎紀行について》，《朝鮮學報》第10辑，1956年。

由其兄林春斋引见，但时隔一天李明彬忘记作为后辈的林靖之名讳，再度询及之后，后者突然发难，一时造成气氛之紧张可以想见。实际上此事并非偶然失态之举，因为林氏一族利用职务便利，在对华情报的搜集方面一直处心积虑。除了风说书例由长崎唐通事辗转进呈林氏案头外，与明末来日的遗民以及朝鲜使者交往过程中随时留心打听，无疑也是搜集情报的途径之一。林家祖孙三代似乎还着力搜罗与明清鼎革的有关书籍，如《华夷变态》林春斋自序就提到："崇祯登天，弘光陷虏……云海渺茫，不详其始末，如《剿闯小说》[①]、《中兴伟略》[②]、《明季遗闻》[③]等，概记而已。"根据浦廉一注，可知《剿闯小说》成书不久就传至日本，被抄写流传，余二书日本依次有正保三年（1646）刊本及宽文二年（1662）刊本。另外，松浦章撰文提到，关于明末毛文龙史事的《毛大将军海上情形》一书，也在正保四年（1647）前备置林罗山案头[④]。完全可以说林家不仅执掌幕府文翰，也是当时日本外事情报部门的最高主管。而实际上，朝鲜使团此行的情报搜集亦成果丰硕，南龙翼《扶桑日录》有很大一部分篇幅，都是涉及倭皇代序、关白次序、对马岛主世系、官制、州界、道里、山川、风俗、兵粮、人物等方面的情报，这些内容或许有很多不过是辗转沿袭历次出使报告，但也不乏作者亲身经历的最新体验与观察。或许情报搜集与诗文唱酬，本来就是构成当时国际政治博弈的里子与面子，交错缠绕又不可分离。

---

① 《剿阅小说》，全称《新编剿闯通俗小说》又名《剿闯小史》《剿闯孤忠小说》《剿闯小说》《忠孝传》等，存本最早为明弘光元年（1645）兴文馆刊十回本，题"西吴懒道人口授"，未详作者为何人。浦廉一注："《剿闯小说》，西吴懒道人，明版二册，日本写本二册。"

② 浦廉一注："《中兴伟略》，冯梦龙，明版二册，日本正保三年刊一册。"

③ 浦廉一注："《明季遗闻》，清邹漪，四册，日本宽文二年刊，四册。"

④ 参见松浦章《天启年间毛文龙占据海岛及其经济基础》，收入郑洁西等译《明清时代东亚海域的文化交流》，江苏人民出版社，2009 年，页 111—112。另可参见李光焘《跋毛大将军海上情形》（载《明清档案论文集》，联经出版社，1986 年）及王钟翰《毛大将军海上情形跋》（《淡江史学》1993 年第 5 期）。

综合其他史料记载,林靖除了这次在朝鲜使者面前表现唐突之外,总体留给后者的印象还算颇佳,南龙翼还特别给予"颜面丰厚,性质纯真,言语文字比厥兄颇优"的良好评价,且据林春斋其后回忆也承认,李明彬直言相告其虽为兄长,但文才较其弟"不及乡一头地"[①]。另外林春斋之长子林春信也给朝鲜使者留下不错印象,可惜后来英年早逝[②]。只是作为林家第二代家督的林春斋本人,却在接下来的酬酢过程中给朝鲜使者留下极坏印象。以下来看一段朝鲜使团成员李明彬与林春斋的笔谈记录:

春斋:朝鲜中城郭几多乎?

石湖:各道列邑皆有,城郭间或依险阻筑山城,其数仓促之间,何能一一历举乎?

春斋:唐李勣攻高丽入平壤,拔七十余城。平壤之内其垒何其乎?抑是七十余城,高丽国内乎?

石湖:所谓七十城,即平壤之内也。其时唐师大败,不能过平壤,而东所拔之城,皆复为我国之有。

春斋:朝鲜王城者,古于三韩之内,属何地乎?旧都平壤在何道内乎?今王城地名奈何?

石湖:都城旧是辰韩地,地名汉阳。平壤在平安道。

春斋:都城为辰韩之地,则马韩辨韩亦有都会,而使人治之乎?

石湖:马韩辨韩之地,皆属八道中,而方伯阃师及列邑守宰治之尔。

春斋:新罗、高丽、百济,其疆界分明否?今八道何为新罗?何为高丽、百济?欲详闻之。

---

① 《鹅峰先生林學士文集》卷第七十七《哀悼五 · 西风泪露上》。

② 《鹅峰先生林學士文集》卷第七十七《哀悼五 · 西风泪露上》。另可参见朱舜水著、朱谦虚整理《朱舜水集》卷二一《勉亭林春信碑铭》,中华书局,2008 年,页 596—601。

石湖：三国疆域皆分明之，新罗则庆尚道是也，百济则忠清道地也，高丽则统三国为一。

春斋：王城之外，有别都乎？若然则欲闻其名。

石湖：别都有松都、江都、南汉。

春斋：此三都使护人守之乎？

石湖：皆有留守经历等官。

春斋：贵国先儒李穑《贞观吟》曰："谓是囊中一物耳，那思白羽落玄花。"此谓唐太宗拔辽东安市城时，流矢中其目也。此事中华之书不记之。然太宗自辽东有疾，不几而崩，则李穑之言，非无其谓乎？贵国若知其放矢之人姓名，则详言之。

石湖：东史云：安市城主梁万春中伤唐太宗之目，太宗之班师也，万春于城上揖之，太宗赐百缣以谢之。

春斋：辽东今属鞑靼乎？附隶贵国乎？

石湖：鹤野西北，则皆非吾国有乎。

春斋：鹤野去鸭绿江几百里乎？

石湖：道里辽，未尝往来，不详知。

春斋：俸禄效中华之制，而以若干户为差等乎？其或以几千石几万户为俸乎？

石湖：余今春始登科第，即随使臣来。此朝廷间事，未得周知耳。或有所传闻，而未得其详，不能书耳。

春斋：贵国执政百官，在朝廷者，是文武官，各可官其职也。其外郡县置守令乎？

石湖：外郡县皆有守令，在廷文武官，各尽其职耳。

春斋：贵国王族分封郡国乎？其建国之数几多乎？

石湖：王族功臣，皆有采地，而其数亦难历举。

春斋：封国之爵，有公侯伯子男乎？

石湖：皆称君，如战国时四君之称耳。[1]

从上述笔谈看，林春斋似乎仅仅是向李明彬讨教历史的古史问题，如高丽时期与唐朝的关系等，然而却是非常巧妙地影射现实，并借机向李明彬套取朝鲜的内政与外交情报。考虑到他当时已年近不惑，度其学识似绝非不知高丽与唐朝的关系，如他提到高丽安市城主射伤太宗眼睛这一疑案，明显透露出其对于朝鲜古史的实际掌握程度，而其弦外之音可能是以历史上高丽面对盛唐的军事辉煌，来反讽朝鲜当下屈事清朝且疆土日蹙。整个提问过程看似平淡无奇而实则暗藏机峰，并且对于李明彬显有侮弄之意。也怪不得南龙翼给他一个“性质冥顽，举止倨侮”的不佳评价了。

饶有兴味的是，在朝鲜使者笔下，似乎作为日本儒林翘楚的林家汉文学水准不值一提。但是据林春斋事后回忆，此次朝鲜通信使团与林家文字交锋的高潮剧——即林罗山与朝鲜通信使团副使俞瑒（号秋潭）之间以五言长诗酬答的佳话[2]，应该是以林家完胜收场：

乐天悟真寺诗者长篇殊长者也，江匡房安乐寺诗二千言，效乐天乎？然事混真伪，用字不粹，近世谈长篇者唯以东坡五百言为无类之事。如五百言则先考及余与靖汝亦屡作之，且有至千言者。就中先考和朝鲜俞秋潭千五百言，惊动韩人，以为我国美谈。其时先妣病，诸家内纷忙，余虽在其侧，不能赞一辞。然秋潭发府前夕达其诗卷以需和，先考不能默，而先唱一句，靖笔之，余读来诗，以告其韵字，先考支枕叩齿，则句成，靖笔不休，仲龙在侧，逐句净书之，自亥刻至寅

① 《续群书类从》卷八八二《续善邻国宝外记·韩使赠答》，页 457—458。

② 关于林罗山与俞瑒相互酬答的五言诗长篇，全文见于《续群书类从》卷八百八十二《续善邻国宝外记·韩使赠答》，页 453—456。另可参见林罗山《罗山林先生诗集》卷四九《外国赠答下·和秋潭扶桑壮游并序》，页 110—114。

> 刻，百五十韵顿成，乃附驿使追及秋潭，其明到小田原达之，秋潭服其神速，举世皆所知也。先考时七十三岁，其老犹壮者，可类推之，靖或一夜作律诗长篇十余首，或数刻之间作绝句二十八首，其神速之达亚先考。

此次“文战”，是愈瑒离开江户前突然发难，以五言长篇托人向林罗上求取和诗。林家祖孙三代合力一夜写成“一百五十韵”并附驿使追及朝鲜使团，使得主动索战的愈瑒也不得不“服其神速”，甘拜下风。文人之间以诗歌唱酬，在东亚汉文化圈本不过是常态，私下场合不过是敦睦情谊的一种交流方式。但是此事一旦跨越国界，发生在外交场合，便成了攸观国体的大事了，用朝鲜通信使自己的话说，此关乎“宣耀我国文华者”，于是负责其事的制述官可谓“事繁而责大”[①]。而现代学者干脆指出“在外交场合以汉诗唱酬笔谈，乃中国文化圈同文诸国间习惯化的国际礼仪”[②]。如此一来，日本朝鲜之间这种在外交场合诗文唱酬的举动，就不再是单纯的文字游戏，而成为当时国际政治的一部分，于是双方都显得输不起，无不用尽心智，拼尽全力，谁也不肯承认己方落于下风。这样看来，诗歌唱酬以及穿插其间的情报搜集，呈现了当时国际政治的明暗两面，两者缠绕交错，共同演绎了当时日朝之间外交博弈的精彩历史活剧。

如要透彻了解上述活剧，或许应首先明确1655年朝鲜通信使团派遣的重要背景，乃是中国大陆清朝与南明对峙的时局。自清朝迫使朝鲜于崇德二年(1637)与之缔结宗藩关系之后，清朝默

---

① 申维翰《青泉集续集》卷三，《韩国文集丛刊》第200册，页422。
② 中村荣孝《朝鮮の日本通信使と大阪》，《日鮮関係史の研究》下，吉川弘文馆，1969年，页344。

认朝鲜与日本继续保持交邻关系[①],但清廷对朝日交往十分敏感,例如顺治七年(1650),朝鲜孝宗以日本举动异常为由,向清朝陈奏要求"修城集兵、整顿器械",而终未获清廷许可,且酿成重大的外交风波。朝鲜要求筑城备倭的真实意图被清廷识破[②],顺治帝甚至在敕谕中切责当时有"北伐"之意的朝鲜孝宗[③]。直到顺治八年这段公案才总算告一段落[④]。清初由于台湾郑氏纵横东南沿海,清廷对于朝鲜有选择的倭情咨报屡有不满,对于朝日交往可说是高度戒备。至于1655年的通信使团,鉴于清朝在筑城事件方面的高压,是在取得礼部回咨之后方才正式派遣[⑤]。

(2)

1655年朝鲜使团与日本文士的交锋可谓难分胜负,而1682年派出的朝鲜通信使团在诗文唱酬的表现则相当出人意料,以致引起日本文士极大轻蔑与不满。据日方出版的唱酬集记载,此次朝鲜使团"凡韩人三百六十二员,身通操觚者只四人,所谓学士成翠虚、进士李鹏溟、判事安慎徽、裨将洪来叔也,可谓得文材之难也",而相对而言,日方人员参与不仅有林春常(林信笃)、藤伦

---

① 《清史稿》卷五二六《属国一·朝鲜传》中提到三田渡之盟中有一条是"日本贸易,听尔如旧"。中华书局,1976—1977年,页14578。

② 《同文汇考》原编卷七八《陈请筑城备倭奏》,页1455—1456。

③ 《同文汇考》原编卷七八《饬虚张倭情敕》(页1456—1457):皇帝敕谕朝鲜国王某,据奏,倭国相恶,欲修城集兵,整顿器械,此语不止一二次。自尔先王以至今日,亦不知凡几。缘此,所以遣巴哈纳祁充格等赍敕,往问真伪。巴哈纳祁充格等回奏云:臣等提取庆尚道观察使李、东莱府使卢协等仔细讯问,答云"倭国、朝鲜素向和好,并无怨乱兵戈之事,前奏系欺罔巧诈"等语。由此观之,其修城集兵、整顿器械之事,原与倭国无涉,专欲与朕为难也。意图进修城池,招集兵马,整顿器械,所以期罔巧诈,礼节有违,朕惟备之而已,夫复何言。顺治七年七月二十日。

④ 《同文汇考》原编卷七八《谢饬谕表》《摄政王前谢饬谕及赐缎表》《辨明倭情饬谕及一表兼谢奏》《摄政王前辨明奏》《谕李㝢等复职斥和臣等免罪敕》《谢降敕及赐缎表》,页1455—1461。

⑤ 《同文汇考·原编》卷七八《报关白新立例遣信使咨》《报关白新立例遣信使咨》,页1461、1463—1465。

（藤士峰）、坂井伯元、人见友元等“林门之英杰”，而且还出现木下顺庵、柳顺刚、新井白石、贝原益轩等大量林门之外的儒士，其中木下顺庵门下的初露头角尤其引人注目[①]。此行日本文士不仅自称不仅林门“文风殆压韩人”，而且在学问造诣方面，木下顺庵门下新秀如柳顺刚等质询关于唐宋八大家等古文的见解以及诸多儒学问题，朝鲜方面几乎一败涂地[②]，暴露了使团成员主流皆为门阀低下的“委巷文士”的浅薄无知[③]。日本方面甚至对于此次朝鲜使团人员素质之低下大为不满，毫不客气批评朝鲜使团人员“称礼仪之邦，谓君子之国，而手厕筹，足文史，或箕踞涉笔，或侧卧读书，礼义之君子何入他邦而如斯之怠慢哉？”关于此点就连朝鲜使团的洪禹载也不得不承认其咎在朝鲜一方[④]。朝鲜使团种种行为令日方几乎所有参与酬酢的人士侧目，例如贝原益轩晚年还在其《扶桑纪胜》一书中对朝鲜加以酷评曰：“朝鲜国土地之形颇优，法制亦云颇佳，人物之性质劣于日本。其形体虽健于日本人，然武勇不及。多大山，草木茂盛，禽兽鱼介等多事胜于本邦，礼仪、法制、衣冠、文物拟于中华，然人品多欲、柔弱、不义、不信，甚卑劣。”[⑤]而自著《陶情诗集》获朝鲜使团制述官成琬作序并加以推崇的新井白石，实因此而暴得大名，得以投入木下顺庵门下，但似乎并没有因此衷心感激，反而极大地增强了自信，并从内心产生将日本凌驾于中国及朝鲜之上的道统自立和强烈自尊意识。

① 参见三宅元孝等编《和韩唱酬集》第七册《东使纪事》“序”，京都丁子屋源兵卫刊行，韩国中央图书馆藏，1683 年，页 2—4。关于此次通信使团的史料很多，京都大学人文科学研究所水野直樹編水野直樹编《朝鲜通信使関係資料目録》（http：//www.zinbun.kyoto-u.ac.jp/～mizna/tsushinshi/index.html）就列举了各种史料共计 69 件，其中《和韩唱酬集》是其中部头最大也是最主要的笔谈史料。

② 熊谷了庵《朝鮮人筆談竝贈答詩》，韩国中央图书馆藏本，页 32—53。

③ 李慧淳《朝鮮通信使の文学》，首尔：梨花女子大学校出版部，1996 年，页 115。

④ 洪禹载《东槎录》七月初一日：“行中下辈，不戢禁令，出入无常，与彼哄斗，责在吾侪，痛不可说。”

⑤ 转见郑章植《使行録に見る朝鮮通信使の日本観》，明石书店，2006 年，页 234。

不难推知,正是由于 1682 年朝鲜通信使团在“文战”中的拙劣表现,使得以新井白石为代表的日本文士获得极大自信,不免有些自我膨胀。甚至在唱酬集的序文中直斥朝鲜臣事清朝:

> 庶奴之欺倭人也,庶主如今臣事大清,而曰不隶之。用大清洪熙之号,而曰庶国无号。振古未闻文物之国无号。姑以《东国通鉴》论之,三韩或隶于渤海,或隶于契丹,或隶于女直,或隶于中国,韩主不能自立……胡为今不隶于清矣。凡中国进贡之主,皆受中国之封册,用中国之号。我日本自建太宝以来,岁序既一千年,官阶服色礼仪制度卓然自立,而无受他邦之号册。庶主皆受中国之册,岂不用号耶?脱讳隶于胡主欺之,元主又胡族也,古之庶主何进贡于元朝乎?虽欺倭,庶奴自欺也。

这段话语气激烈,充满对朝鲜使团掩饰屈事清朝这一事实的轻蔑,而夸耀日本之卓然独立。将此作为日韩唱酬文字的序文,至今读来还是可以体会到其中歇斯底里的华夷情绪。在序文末尾,干脆连朝鲜使团中“身通操觚”表现极佳的四人也予以讥讽,言“李氏姑舍之,若成、安、洪三氏,可谓沙中之金玉也,然尚未免有胡臭也”。① 这已经可以说是种族主义了。

只是朝鲜此次通信使团的派遣之所以显得马虎其事,或因当时关于三藩之乱的大陆事态更惹人关注,以致外交重心在中国大陆而非日本。在对朝鲜通信使团事宜漫不经意的同时,朝鲜在三藩之乱期间遣往清朝的燕行使团却相踵于途,并且非常注意从日方探听有关三藩及其同盟军郑氏的情报,而完全不关心什么诗文风雅之举。相比之下,朝鲜通信使团与日方交涉的中心任务,实

---

① 三宅元孝等编《和韩唱酬集》第七册《东使纪事》“序”,韩国国立中央图书馆藏本,韩文,页 4—7。

际上都委托给了职卑位低的堂上译官洪禹载以及押物通事金指南，二人也分别执笔完成出使报告《东槎录》及《东槎日录》，这与1655年的出使报告[①]由位崇才高的正使赵珩及从事官南龙翼亲自操刀形成鲜明反差，这恰恰说明在1682年通信使团的关切所在是大陆情报而非文学唱酬[②]，毕竟文学之士虽能为国家挣得颜面，而于情报工作却无从施其长技，反而是通晓倭语的译官更能派上用场。例如早在肃宗六年（1680）七月，安慎徽就从与之相厚的"馆倭"处得到"一张倭书"，内容是关于当年郑锦败退台湾前夕诛杀叛将施亥一事，并迅速将其译成汉文上报东莱府使，此倭书即风说书，今日文译文仍见存于《华夷变态》一书中[③]。可能正是因情报工作出众，1682年安慎徽才随团出使，洪禹载也对自己和安慎徽在内的四人所起到的关键性作用毫不讳言，声称"与学士较诗数句，写士李华立、李三锡、上判事安慎徽，飞笔数幅，夜深罢还……示服远人，诚可幸也，惟我四人。朴、卞、洪、安汨没公务，病于困劳。一行诸僚，无一相济"[④]。实际上在三藩之乱期间，由于朝鲜王朝与德川幕府在获取情报方面各擅胜场，双方产生情报交换的强烈需求，并围绕情报交换展开了错综复杂的外交博弈。日本屡屡以虚假情报试探朝鲜的反应，朝鲜则极力进行情报封锁，两国表面上依据交邻原则互通声气，实则同床异梦，时刻提防对方的情报讹诈。这或许既是源于日本曾经野蛮入侵朝鲜的历史积怨，而又面临朝鲜业已屈事满清的现实分野。而清朝鉴于

---

① 参见赵珩《扶桑日记》、南龙翼《扶桑录》，另有《日本纪行》，作者不详。

② 郑章植《使行録に見る朝鮮通信使の日本觀》："如从使行录中具有感伤气氛的诗来看，南龙翼具有夸示其诗才的深切欲望……对于使行之中主要关心汉诗唱和的使臣而言，国情探索等大概只能成为其次的问题了。"东京：明石书店，2006年，页199。郑章植的观点无疑印证了这一点。

③ 《华夷变态》补遗卷二《二番普陀山船之唐人口述》，页3003—3004；《朝鲜王朝肃宗实录》卷九，肃宗六年七月丁酉（10日），第38册，页463。

④ 洪禹载《东槎录》六月二十八日条，《海行总载》卷二二，页17。

三藩之乱长江以南半壁江山沦入乱军的时局，对于日本及朝鲜的丝毫不逞举动都加以关切，至于朝鲜与日本交往更是神经紧张，例如康熙十五年，就针对朝鲜所呈对马岛关于吴三桂举兵的咨文，特别晓谕朝鲜勿为日本所“煽惑”①。同样，1682年的通信使团，也是在取得清朝礼部回咨准允后方才正式派遣②。

明清鼎革期间的中朝外交，可谓几乎完全将文化交流抛在一边。朝鲜士人显然将清朝蔑视为窃取神器僭居大位的夷狄之邦，以燕都之行为畏途。在他们心目中，此时期清朝所有方面似乎都不值一提，而朝鲜使团的大部分精力，都集中于积极搜集与台湾郑氏以及三藩相关的政治军事情报，如采买违禁图籍、购买清朝公文、贿赂清方人员，甚至不惜重金为情报搜集拨出秘密专款③，以上种种也大量见诸燕行录记载，这恰恰反映了此期间两者之间朝贡关系的实质。

另一方面，在这一历史阶段尽管朝鲜仅向日本派遣过两次（1655、1682）通信使团，但文化交流却相对深入得多，如果算上1636年及1643年度两次正式遣使在内，会发现朝日之间文人的交流可谓既深且广。然而需要注意的是，朝日之间的通信往来，清朝绝非漠不关心的旁观者，其不仅密切关注日本与朝鲜之间的折冲樽俎，还要求朝鲜按期咨报“倭情”，甚至试图通过朝鲜与日本建立直接联系。而对于朝日之间的通信往来，无论在政治领域的名分、礼仪、文书上，还是在文化领域的衣冠、风俗、学问、艺术上，都不能忽视表面上缺席的清朝所施加的巨大影响，某种意义

---

① 《同文汇考·原编》卷七八《报岛倭来报吴三桂举兵咨》《礼部知会晓谕岛倭勿为煽惑咨》，页1461—1463。

② 《同文汇考·原编》卷七八《报关白新立例遣信使咨》，页1463。

③ 张存武《朝鲜对清外交机密费之研究》，《“中研院”近代史研究所集刊》1976年第5期。

上，清朝堪称“不在场的在场者”[①]。

（三）唐船风说书与燕行记录的比较研究：以明清鼎革期为中心

1644年清朝入关定鼎北京，日本对于相关情报最初得自两个渠道，其一是来自赴日商船船员的口述，即所谓“唐船风说书”。《华夷变态》卷一收有题为“大明兵乱传闻”的风说书二则，一则署期为“申八月四日 正保元年（1644）”，另一则署期为“酉六月三日”，内容是唐通事询问当时明朝灭亡及清军入关等一系列大事的基本情形，可见清军入关数月后，消息即传至日本。而日本证实这一消息，则源于竹内藤右卫门等五十八名日本人漂至清朝境内后经朝鲜回国的偶然事件，已在上文所述[②]。竹内藤等幸存的十五人到江户后，不久日本派使节橘成税、藤智绳等二人到达朝鲜东莱府，专向朝鲜致谢，其事见于《朝鲜王朝仁祖实录》仁祖二十四年（1646）十一月辛亥（九日）：

> 倭使橘成税、藤智绳到东莱府，盖为漂倭押还回谢事也。智绳谓东莱府使闵应协曰：“江户执政等闻漂倭入来，惊曰：‘鞑靼已得北京，送此漂人，正欲夸大，而朝鲜受而送之，必是与鞑为一也。大纳言【官名，即关白叔父云。】欲赴援南京，

① 葛兆光《葛兆光再谈“从周边看中国”》（《东方早报》（上海），2013年12月8日，第B01版）、《文化间的比赛：朝鲜赴日通信使的意义》，《中华文史论丛》2014年第2期。

② 相关研究，可参见园田一角《韃靼漂流記の研究》，东京：平凡社，1991年。是书系据伪满铁道株式会社铁道总局庶务课1939年刊本复刻，原本作为满铁出版物曾在伪满境内免费散发，广泛传阅，以达到鼓吹所谓“日满亲善”的目的。而根据是书第一章解题（页61），在伪满洲国皇帝溥仪于1935年春访日之际，日本内阁总理大臣冈田启介曾将《韃靼漂流記》的一个写本——竹内藤右卫门后裔竹内实所藏《异国物语》赠给溥仪，其猥琐而又志满意得的征服者心态，可谓昭然。

议者曰:‘彼兵不下百万,我虽发百万之众,平原广野则必不能抵当,不如假途朝鲜。’岛主言:‘顷年朝鲜酷被鞑兵之祸,人民死亡殆尽。且自釜山至北京八千余里,决不可轻举大众。’以此意,反复周旋云。”智绳仍曰:“岛主久留江户,且遭母丧,致吊之礼,不可废也。”应协曰:“内丧致吊,前无此例,朝廷必无听从之理。”智绳曰:“须即奏闻,期于得请。”应协依其言以闻,朝廷差遣接慰官。①

日本使者向朝鲜官员透露,德川幕府当局认为清朝送还漂流人是向日本夸耀武力,而关白叔父甚至“欲赴援南京”,但限于自身实力不敢轻举妄动,对马岛宗氏则居中弥缝周旋。其实二使系由对马派出,不免有虚张声势,市恩朝鲜之嫌,但其中透露了德川幕府高层中有相当一部分对于清朝攻占北京反应激烈,当是事实。而二使所递书契则甚为傲慢,“全无归美清国之语,而至以鞑靼国为言”②,使得朝鲜当局十分为难,认为事涉不敬,难以原样“报知北京”,于当年十二月与日本使节反复交涉:

甲午,遣译官李亨男、韩相国,随倭使问慰对马岛主。【岛主往江户,久而还岛,故遣使慰其行役也。】当初倭使之来,专请致吊,【岛主新遭母丧故云。】朝廷以为,内丧吊问无前规,有后弊,不许。橘倭尝因宴享,问于闵应协、任重曰:“鞑靼既得北京,南京、李将军见败云,然耶?【即李志诚也。】丙子之乱,王子被执云,国王与王子,同在一处耶?王子尚今未还耶?使价、币帛之数,一如事大明之时耶?鞑靼以顺治纪元云,朝鲜今用何年号耶?”应协等曰:“当初漂倭入送时,我

① 《朝鲜王朝仁祖实录》卷四七,仁祖二十四年十一月辛亥,韩国国史编纂委员会,1973年,第35册,页289。

② 《承政院日记》,仁祖二十四年十一月六日。

> 国书契中，以清国所送为言。而回答书契中，有鞑靼二字，方以为怪。今番又问鞑靼，所谓鞑靼，曾所未闻，未知指何国而言乎？”倭曰：“大明或称江南，朝鲜或称高丽，此亦互相称号之语也。”应协曰：“两国书契，或书清国，或书鞑靼，大相不同，须即改书可也。且我国书契，尔等每请改书，而朝廷无不曲从。尔国书契，何惜数字之改乎？”倭曰：“书契皆出于道春之手，岛主亦不得改一字。况俺等何可擅改？贵国若不受，则但当持还而已。且书契既传之后，不过为一休纸，将欲示之何处乎？”【朝廷欲以倭书契报知北京，故任重下去时，使之开谕，改其二字，而倭答如此。】倭又曰：“俺则初以鞑靼为清国之总称耳。今闻此言，俺亦当以清国称之。清国之拘执王子，未知因何衅耶。”应协等曰：“初称和亲而来，有此不意之举，其后王子即还，今已卒逝矣。”藤倭又书送小纸，有曰：岛主在江户时，大君问于岛主曰：“朱皇帝避乱于福州，请援于我国。南、北京皆为鞑靼之所据，而朝廷曾不言及于汝耶？”岛主答曰：“北京被陷，果已闻之，而南京见败，则曾所未闻矣。”大君、叔父二人曰：“宜假道朝鲜，出送援兵。”岛主曰：“朝鲜兵火之余，连岁饥馑，而途路险远，师行甚难。”云，则大君曰：“军粮不必借赖于朝鲜，当自我国船运。邻国之道，岂以假道为惮？”云。①

而橘成税、藤智绳二人不惟态度强硬，以书契系“皆出于道春之手，岛主亦不得改一字”（道春即林罗山）为由坚拒修改，且借机探问朝鲜东莱府使闵应协朝鲜与清朝的关系，得知朝鲜臣服清朝的事实后，则出言威胁，“关白、执政辈以朝鲜与鞑靼合，莫不骇愤，将欲兴师而来，先使人觇视泊船处而去”②，并且幕府将军德川家

① 《朝鲜王朝仁祖实录》卷四七，仁祖二十四年（1646）十二月甲午，第35册，页291。
② 《朝鲜王朝仁祖实录》卷四八，仁祖二十五年（1647）二月丁丑，第35册，页293。

光诘问对马岛主，“此处则南、北京消息连续相闻，而岛主素与朝鲜相厚，一不通报，是何故耶……以漂民之事言之，则清国送于朝鲜，朝鲜转送于我国，朝鲜与清国，果非相好而然耶？大明时，朝鲜为藩邦。即今贵国之于清国，亦如是耶？”[①]而清初朝鲜仍因循故例，作为朝贡国，定期向清朝知会“倭情”[②]。日本此时动向叵测，朝鲜方面自然也会在遣使赴京之际，向清朝呈报此事。据顺治六年入京的郑太和所记，当时清朝对于日本的动向也颇关切，摄政王多尔衮甚至专门“诘问以日本恐吓，欲征防兵”，应该就是针对日本来书的不敬言词，但是最终不了了之[③]。

(1)

与燕行录相比，唐船风说书在数量方面似乎难以企及。以明清鼎革期而言，现存收入《燕行录全集》的燕行录就有三十余部，这还不包括保存于《朝鲜王朝实录》《承政院日记》《备边司謄录》《同文汇考》等大型史籍中的相关内容，而东洋文库本《华夷变态》关于这一时期的内容仅有九卷，共计四百余页。但是，燕行记录很大程度上是朝鲜王朝获取对华情报的重要源头，而《华夷变态》作为江户时代最为重要的海外情报集，其所收风说书也在德川幕府获取中国情报方面具有类似的功能与地位。并且，燕行使的最后一站是北京，所以他们对于中国南方的各种信息，往往也只能道听途说，而至长崎贸易的中国商船船员大部都出生于南方，其所口述有关南部中国的各种情况，例如关于南明、郑氏集团

① 《朝鲜王朝仁祖实录》卷四八，仁祖二十五年三月丙寅，第35册，页297。

② 参见张存武《清代中国对朝鲜文化之影响》，收入氏著《清代中韩关系论文集》，台湾商务印书馆，页304。

③ 郑太和《己丑饮水录》，(顺治六年)五月十八日：三人来传九王之命，诘问以日本恐吓，欲防征兵，且问有助兵于中原之意与否。猝然当之，无以对答，自以浅虑答之曰：“天下已定，皇威远振，虽有用兵之事，岂待外国之助乎？”以此指辞，往复者再度，终以九王之命馈茶而罢。参见《燕行录全集》第19册，页337。

以及三藩之乱中耿、尚二藩的动向等，往往较为准确，这在唐船风说书很明显地体现出来。

如果细检燕行录不难发现，由于地理阻隔，燕行使节对于南明以及三藩之乱中耿、尚二藩乃至郑氏集团的活动，往往只能获得笼统模糊的认识。就南明而言，直到康熙八年(1669)，入燕使臣闵鼎重还在途中问玉田县书生王公濯曰："昨岁漂船来泊我国之境，传言永历尚保南徼，此言的否？"[①]而王公濯答以永历旧臣"降者降而死者死，永历遂为缅国所献，今已五年矣"，闵鼎重仍将信将疑。[②] 而对于台湾郑氏，朝鲜入燕使节往往也没有可靠的消息来源，如1656年入燕使臣麟坪大君获知："亲王率精甲万余出师，与福建郑芝龙子郑进功对垒未还。进功自明朝据九江口海岛作孽，是海贼也，拥甲百万，割据福建一带，钦戴永乐，不顺清朝，识者忧之。"连郑成功名字也弄错了，这种状况一直沿袭到康熙初年，如康熙三年(1664)洪命夏入京，问朝鲜被掳人，后者对以"郑成公死后，其子领其众据海岛，出掠云南、贵州，清兵击之，还入岛中"[③]。不仅郑成功的名字仍然不对，而且对于郑氏的活动范围不甚了然，夸诞失实。康熙七年(1668)入燕的朴世堂在途中问姜姓秀才，仍然未能获知准确情报：

> 即又曰四川下四府生民一无所有。问：为何无存者？答曰：皇上恶其通水盗。问：水盗为谁？曰：郑宏公。问：宏

---

① 这里所谓昨岁漂船，可能是指1667年漂至朝鲜的郑经所辖官船，为首者是郑氏官商陈得、曾胜、林寅观等三人，船员共九十五名，最后朝鲜将他们移送北京，全部被清朝处死。此次漂船携有永历二十一年的历书，与之交接的很多朝鲜官员士人都相信南明尚存。相关研究，可参见松浦章《李朝時代における漂着中国船の一資料——顯宗八年の明船漂着と「漂人問答」を中心に》，《关西大学东西学术研究所纪要》第15辑，1982年，页53—101；孙卫国《义理与现实的冲突——从丁未漂流人事件看朝鲜王朝之尊明贬清文化心态》，《汉学研究》第25卷第2期，2007年，页187—210。

② 闵鼎重《老峰燕行记》，《燕行录全集》第22册，页376。

③ 洪命夏《燕行录》，《燕行录全集》第20册，页326。

公时在何地？曰：不知去向。问：四府民被杀在何时？答：五年秋。问：郑是水盗，常在海中，四川去海绝远，缘何相通？答：何论远近？①

直到次年(1669)入燕的闵鼎重总算获得了清朝与郑氏在沿海争战的准确情报，得知"郑经在南海中，据有七十余岛，其中一岛长数百里，广七十里，时时出海掠夺。遣所谓相王者，领兵往福建防备，又疑南民与之相连，循海边三百余里，撤民居长芦荻不通人迹，只置侦候之官，而亦不得领兵，有变举烽则总兵登时进斗"②。

而在《华夷变态》中，对于郑氏集团从崛起到覆灭的全过程，几乎有连续且不间断的准确情报。对于耿、尚二藩的情况，也有相对客观的记载。但是，对于地理距离较远的吴三桂势力及北方中国的情况，往往流于想象。如三藩之乱发生之后，康熙十四年(1675)发自思明州(治今厦门)的商船带来有关清朝名将张勇叛乱的消息，甚至有些荒诞不经：

大清方陕西守将名张勇者，因私下里是为吴三桂义子，数年以来吴三桂与其预先秘密交通，促其转投大明。张勇心照不宣，在前年吴三桂举义之际，渐渐着手准备。双方密约由张勇居陕西进取。张勇此人乃无与伦比之大将，武勇过人，因此吴三桂与其约定，由张勇攻取山西与北京。但据说吴三桂虑北京乃帝都，事关重大，遂加派手下股肱大将王辅臣，率人数多达百余万的大军，或将直指北京。据百姓称，如攻陷北京，腹里数省自将降附。大清十五省之中，尚未入手者仅有北京、南京、山东、山西、河南以迄浙江、江西，此外皆已服属大明。张勇本就文武双全，大清任之为陕西守将，以

① 朴世堂《西溪燕录》，《燕行录全集》第23册，页344。
② 闵鼎重《老峰燕行记》，《燕行录全集》第22册，页367—368。

防西鞑靼。且北京之山海关为第一要害之城关，张勇虽远离此地，但因其乃是勇略过人之大将，康熙帝亦预将此关托付。但吴三桂举义之后，因张勇与吴三桂关系匪浅，康熙心生隔阂，虑若将张勇调至山海关，或有不虞之变。故而在去年四五月左右，秘密向西鞑靼乞请十万之援军，并刻意向张勇隐瞒。本想张勇身在陕西，西鞑靼到达山海关之际，应无它事，岂料有与张勇勾结之人，速将此事告知张勇。张勇庆幸守关布置一仍其旧，别以精兵伏山海关，西鞑靼通关之际，齐发伏兵，将之全部消灭。康熙帝闻之大惊，怒张勇犯逆鳞，遣敕使来咎其罪。张勇托敕使回奏曰，某虽不肖，身驻陕西，而受山海关之托付，衷心防备西鞑靼。不意此番西鞑靼十万余之乱军，攻破城关，此方为大事。一时思立战功，不辨是非，奏闻不久，全部殄灭，即依内旨受召而来，亦无济于事，望依前宣旨，容某仍驻旧地。就这么若无其事地回奏。此后张勇驻陕西，附吴三桂，转投大明。①

历史上张勇的确是吴三桂养子，但是他在三藩之乱发生后坚决站在清朝一边，为平定清陕西提督王辅臣的叛乱立下了汗马功劳，解除了清朝的肘腋之患，在平定三藩之乱过程中，他与受之提拔的赵良栋、王进宝、孙思克三人功勋卓著，合称“河西四将”。而风说书中的张勇却对吴三桂死心塌地，其中提到张勇自陕西驻地远程奔赴山海关切断蒙古入援，触怒康熙等事，纯属无稽之谈。考虑到思明州（厦门）出发的商船船员效力于参与三藩之乱的郑经，带来这种无稽之谈无非反映了他们渴望三藩战胜颠覆清朝恢复大明的急切心理而已。这也充分体现了风说书作为传闻、风闻的

① 《华夷变态》卷三《二十七番思明州船之唐人共申口》，页129—132。这则风说书署期为“卯七月廿日”。

本质特征。

（2）

《华夷变态》主要收录风说书特别是唐船风说书，但也收录了一定数量的汉文文书。而这些汉文文书，不少可以与朝鲜史料相互参证，且与燕行使的派遣亦不无关系。其中收于《华夷变态》卷二的《吴三桂檄》，最先传至日本，后来又流入朝鲜，而朝鲜则将其咨报清朝。吴三桂檄文的流播过程，对于考察三藩之乱期间清朝、朝鲜与日本三国微妙而复杂的关系，是非常好的一个个案。兹将其全文引述如下：

原镇守山海关总兵官、今奉旨总统天下水陆大师兴明讨虏大将军吴，檄告天下文武官吏军民人等知悉：本镇深叨明朝世爵，统镇山海关。一时李逆倡乱，聚贼百万，横行天下，旋寇京师，痛哉！毅皇烈后之崩摧，惨矣！东宫定藩之颠踣，文武瓦解，六宫恣乱，宗庙瞬息丘墟，生灵流离涂炭，臣民侧目，莫可谁何。普天之下，竟无仗义兴师勤王讨贼，伤哉！国运夫曷可言？本镇独居关外，矢尽兵穷，泪干有血，心痛无声，不得已歃血订盟，许虏藩封，暂借夷兵十万，身为前驱，斩将入关，李贼逃遁，痛心君父重仇，冤不共戴，誓必亲擒贼帅，斩首太庙，以谢先帝之灵。幸而贼遁冰消，渠魁授首，政（正）欲择立嗣君，更承宗社封藩，割地以谢夷人。不意狡虏遂再逆天背盟，乘我内虚，雄踞燕都，窃我先朝神器，变我中国冠裳，方知拒虎进狼之非，莫挽抱薪救火之（悮）〔误〕。本镇刺心呕血，追悔无及，将欲反戈北逐，扫荡腥气，适值周、田二皇亲，密会太监王奉抱先皇三太子，年甫三岁，刺股为记，寄命托孤，宗社是赖。姑饮泣隐忍，未敢轻举，以故避居穷壤，养晦待时，选将练兵，密图恢复，枕戈听漏，束马瞻星，磨砺竞惕者，盖三十年矣！兹彼夷君无道，奸邪高张；道义之儒，悉处下(辽)〔僚〕；斗筲之辈，咸居显职。君昏臣暗，吏酷官贪，水惨山悲，妇号子泣，以至彗星流陨，天怨于上；山崩土震，地怨于下；官卖爵，仕怨于朝；苛政横征，民怨于乡；关税重征，商怨于涂；徭役频兴，工怨于肆。本镇仰观俯察，正当伐暴救民，顺天应人之日也。爰率文武臣工，共襄义举，卜取甲寅年正月元旦寅刻，推奉三太子，郊天祭地，恭登大宝，建元周启，檄示布闻，告庙兴师，刻期进发。移会总统兵马上将耿(精忠)、招讨大将军总统使世子郑(经)，调集水陆官兵三百六十万员，直捣燕山，长驱潞水，出铜驼于荆棘，奠玉灼于金汤，义旗一举，响应万方，大快臣民之心，共雪天人之愤。振我神武，剪彼氛，宏启中兴之略；踊跃风雷，建划万全之策，啸歌雨露；倘能洞悉时宜，望风归顺，则草木不损，鸡犬无惊；敢有背顺从逆，恋目前之私恩，忘中原之故主，据险扼隘，抗我王师，即督铁骑，亲征蹈巢覆穴，老稚不留，男女皆诛；若有生儒，精谙兵法，奋拔谷，不妨献策军前，以佐股肱，自当星材优擢，无靳高爵厚封，其各省官员，果有洁己爱民、清廉素著者，仍单仕；所催征粮谷，封贮仓库，印信册籍，赍解军前。其有未尽事，宜另颁条约，各宜凛遵告诫，毋致血染刀头，本镇幸甚，天下幸甚！

永历二十八年四月初一日

吴三桂檄文与郑经檄文收在一起，皆署期为“永历二十八年(1674)四月初一日”。康熙十二年十二月丙辰(二十一日)吴三桂正式起兵，康熙十三年四月二十六日自福州起航，于五月到达长崎的福州二番船就将吴三桂和郑经起兵反清的檄文持至日本，六月四日檄文送达幕府老中久世大和守处，次日交付林春斋和写，六月六日，由林信笃进读，雅乐头、美浓守、大和守、但马守、播磨守等幕府五大老“列座听之”①，林春斋在两天之后写下了流传至今的《华夷变态》序文。实际上吴三桂檄文在到达日本后不久，就被日本对马使臣经过了一番改头换面，将其携至朝鲜，事见《朝鲜王朝肃宗实录》卷四，肃宗元年(1675)六月庚申：

对马岛太守平义真书至，其书皮封，大书双行曰：“问华戎兵事、邻壤安否，遗礼部大人。”其书略曰：“大明旧臣吴三桂，辅翊先帝幼子，久怀立孤，丕运恢复之筹，分札倡良将，杖节举义兵，方欲树创业守成之功，而今业已图南北两京。各天异地，未详斗乱情形。贵国地近鞣鞨，道通中原，不知干戈余殃，无及边徼耶?”其抵东莱、釜山书略同。东莱府使鱼震翼举而上闻，下备边司。

对于朝鲜王朝而言，不定期向清朝呈报“倭情”是作为藩属国的义务。但此次对于是否将对马岛使臣所携吴三桂檄文上呈清朝，朝鲜大臣意见发生分歧，据云：“尹鑴欲因日本通锦，庙堂欲以倭书告清，相争不决。”②尹鑴是当政南人派的精神领袖，备受肃宗信任，对于当时的朝鲜政局影响巨大。这次有关是否向清朝上呈吴三桂檄文的争论，似乎暂时以尹鑴一派的意见占了上风。但是当年派遣冬至使团之际，以左议政权大运为首的使团还是将吴三桂檄文携至北京：

遣左议政权大运等贺至，仍贺平蒙兵，又以马岛移书事咨礼部曰：上年夏秋间偶因馆倭得福商所传吴三桂檄文，不

① 《华夷变态》卷三《吴三桂檄》《郑锦舍檄》《二番福州船风说》《改定吴檄和解》《改定郑檄和解》，页53—68。

② 《朝鲜王朝肃宗实录》卷四，肃宗元年六月庚申，第38册，页287。

> 类汉人文字，即毁勿留，亦不敢烦闻大朝。近东莱府使鱼震翼，报岛主平义真委送差倭出来，取见其书有曰“大明旧臣吴三桂，辅翊先帝遗子，分札倡良将，杖节举义兵，业已图南北两京”等语。窃念倭性狡猾，而此书辞，明是卖哄荧惑之言，窥伺之态，有不可测知。语涉上国，理难隐蔽，为此合行移咨。上引见以送。①

从上引史料可知，朝鲜在康熙十三年(1674)夏秋间就从对马岛使臣那里获得吴三桂檄文，但判断“不类汉人文字”，将其毁弃，并没有将檄文原本上呈清朝，而次年(1675)朝鲜又再次获得对马使臣带来的檄文“大明旧臣吴三桂，辅翊先帝遗子，分劄倡良将，杖节举义兵，业已图南北两京”等语，虽判断“明是卖哄荧惑之言”，还是由权大运携至北京进呈。但这次进呈给清朝的吴三桂檄文，应该并非吴三桂檄文的原本，朝鲜真正获得与《华夷变态》所收文字上几乎完全相同的檄文，是在肃宗四年(1678)年，这见于成海应《研经斋全集》卷四十四《杂录·吴三桂搬家案解》记载：

> 肃庙戊午(1678)夏秋间，东莱倭馆译学等，因馆倭得福商所传吴三桂檄文。己未(1679)六月，东莱府使鱼震翼报称对马岛主平义直，委送差倭持书契出馆所，书契有“大明旧臣吴三桂辅翼先帝遗子，分劄良将，仗节举义兵，今已围南北两京。而各天异地，未详斗乱情，贵国地近中原，不知干戈余殃无及边徼”语。我国移咨燕京之礼部咨文，即金清城所撰。具见集中。檄文中所云总统兵马上将军耿，即耿精忠也。招讨大将军总统使世子郑，即郑成功也。

成海应这段话紧附于全文照录的吴三桂檄文之后②，对于事情始

① 《朝鲜王朝肃宗实录》卷四，肃宗元年十一月乙酉，第38册，页308。
② 见于《影印标点韩国文集丛刊》第274册，页453。

末说得非常清楚。据笔者目前所知,全文抄录吴三桂檄文的朝鲜史籍除《研经斋全集》外,还有《边例集要》[1],文字与《研经斋全集》基本相同。而所谓“我国移咨燕京之礼部咨文”,今天也全文保存于金锡胄(即金清城)《息庵先生遗稿》中(见本书第二章第一节)。[2]

而此咨文似乎引起清朝的极大关注,《同文汇报》保留了原编卷七十八保留了一则咨文,似是对于朝鲜咨文的回应:

> 礼部等衙门为委报邻岛移书语意非常事。准朝鲜国王咨前事内开云云,等因。康熙十四年(1675)十二月二十三日到部,本日本部具题,本月二十四日奉旨:“礼、兵会同议奏。钦此。”钦遵。于本月二十四日到部,该臣等会议得,据朝鲜国王咨称:“对马岛主平义真委送差倭十三人,持书契出来馆所,其中有曰‘大明旧臣吴三桂,辅翼先帝遗子,分札倡良将,仗节举义兵。贵国地近中原,不知干戈余殃,无及边徼’等语。臣等窃念本国,专赖大朝字恤之泽,邦内乂安,固岛人所已悉。今乃边徼干戈为问,荧惑之言,窥伺之态,有不可以测知者。捍卫之道,既不可有虞不戒,揆以藩服之义,亦不可有闻不奏”等因前来。查逆贼吴三桂,背恩反叛,散布伪札,煽惑无知,业经遣发宁南靖寇大将军顺承郡王等统领大兵,由湖广荆州进剿,安远靖寇大将军多罗贝勒尚善等统领大兵,由湖广岳州进剿,奉命大将军和硕康亲王等统领大兵,由浙江进取福建,定远平寇大将军和硕安亲王等统领大兵,自江

① 《边例集要》卷十七《杂条》戊午(1678)十二月,页491—492。

② 金锡胄《息庵先生遗稿》卷十九《以马岛来问中国事情事移礼部咨》,《影印标点韩国文集丛刊》,第145册,页463。这则咨文不署日期,且从内容和格式来看,似由署期不同的通咨文组成,第一通咨文与《同文汇考》原编卷七八《报岛倭来报吴三桂举兵咨》(页1461—1462)文字基本相同,而据《同文汇考》,该咨文署期为“康熙十四年十月 日”。

西由长沙进剿，定西大将军多罗贝勒栋格等统领大兵，由陕西往四川进剿，扬威大将军和硕简亲王等统领大兵，由江西往福建进剿，平南亲王尚之孝同镇南将军舒恕，由广东分头进剿。今王师四出征讨，逆贼消魂，元凶授首，指顾殄灭。逆贼吴三桂，现处危急，狡谋无措，复行煽诱岛倭，亦未可知。朝鲜国王感念字恤之泽，有闻即奏，诚知倭岛为逆谋煽惑，倘彼倭罔知顺逆利害，妄犯朝鲜国界，设或力有不足，朝鲜国王速行题请，到日迅发盛京、宁古塔、乌拉等处精兵，就近剿灭可也。臣等未敢擅便，谨题请旨等因。康熙十五年正月二十三日题本，本月二十五日奉旨："依议。钦此。"钦遵。到部。奉此，相应移咨朝鲜国王，查照旨内事理，钦遵施行。云云。康熙十五年(1676)正月二十八日。[①]

围绕吴三桂檄文，日本与朝鲜的处理值得玩味。对马使臣的正式来书，明显对吴三桂檄文作了一些手脚，将当时战局夸大为吴三桂"已围南北两京"，而朝鲜方面虽然在此之前就已经通过"馆倭"获得檄文，但是并不相信其内容。

清朝入关迄至台湾郑氏覆亡，是崛起白山黑水的满族统治者与明朝残余势力激烈角逐的历史时期。这个时期东亚诸国对于中国政治局势的变动非常敏感，不约而同地积极搜集相关情报，以应对可能发生的变局。而燕行记录和唐船风说书在两国获取中国情报方面具有相似的性质与功能，有千丝万缕的联系，而不能孤立地看待。

日本与朝鲜在对华观方面，表面上似乎高度一致，这或许是由于两国都以朱子学为正统。尽管两国国内的士人对于朱子学已有不同理解，并且产生了学派之争，但总体而言其学派论争所

① 《同文汇考》原编卷七八《礼部知会晓谕岛倭勿为煽惑咨》，页 1462—1463。

产生的裂缝尚未能使对华认识出现分歧。例如朝鲜士林虽然西人、南人政治上水火不容,西人党又分裂为老论、少论,南人党亦有所谓清浊之别。西人党的精神领袖宋时烈与南人党首领尹鑴在政治上势不两立,思想上亦形同水火。但是在感恩思明问题上,二人则立场完全一致。宋时烈的尊周思明理念,为朝鲜士林各派所凛遵。日本方面,自林罗山确立朱子学的官学地位以后,林氏一族自第三代林凤冈起,就世袭从五位下大学头,备极荣宠。虽然早在第二代林春斋时,就有阳明学派的中江藤树以及朱子学内部的山崎暗斋起而相抗,到林凤冈时甚至林家的学术及政治地位都遭到新井白石的有力挑战,但是,与林氏对立的儒学各派在认为明清鼎革是"华变于夷"这一点上与林家别无二致。

进入18世纪后,随着清朝统治的稳固以及两国儒学内部的发展,朝鲜与日本的对华观也发生大幅度变化。就朝鲜而言,康熙五十一年(1712)入燕的金昌业,在所著《稼斋燕行录》中对于清朝风俗的描写,已经趋向平实。而北学派先驱洪大容于乾隆四十三年(1765)入燕,甚至与所谓"剃头举子"严诚、潘庭筠等人订交,结为知己,相与剧谈,对清朝的认识也有较大改观。随后北学派士人如李德懋、朴齐家、朴趾源(1780入燕)等人相继入燕,而朴趾源所撰《热河日记》,对于宋时烈以来朝鲜士人奉为圭臬的尊周攘夷思想有了突破性的发展,认为:"尊周自尊周也,夷狄自夷狄也。中华之城郭宫室人民,固自在也。正德利用厚生之具,固自如也。崔卢王谢之氏族,固不废也。周张程朱之学问,固未泯也。三代以降,圣帝明王,汉唐宋明之良法美制,固不变也……然未闻愤夷狄之猾夏,并与中国可尊之实而攘之也。"公开提出:"诚欲攘夷也,莫如尽学中华之遗法,先变我俗之椎鲁。"[①]朴趾源将

① 朴趾源《热河日记》,上海书店出版社,1997年,页61。

清朝统治与中华风物制度、道德文章区分开来，较之早期的燕行人员将清朝视为一团漆黑的态度已有了根本区别。而无独有偶，日本儒林的对清认识也发生了转变与分裂。如出版于宽正十七年（1799，清嘉庆四年）的《清俗纪闻》，卷首几个序文在对清朝风俗的认识方面各执一词，代表保守立场的林述斋序仍顽固坚持大学头林家的顽固观念，认为清朝入关之后至今"先王礼文冠裳之风悉就扫荡，辫发腥膻之俗，已极沦溺，则彼之土风俗尚之不问可也"。对于当时"右族达官，贵游子弟，或轻佻豪侈是习，而远物珍玩是贵。即一物之巧，寄赏吴舶；一事之奇，拟模清人，而自诧以为雅尚韵事"表示担心。但是黑泽惟直序则有不同看法：

> 夫国于天地而有异立焉，日月彝伦推诸四海而无所不准，则奚必华贵而夷贱哉？然必推中国而华之而贵之者，以其三代（盛）〔圣〕王之所国，而礼乐文章非万国所能及也。而今斯编所载清国风俗，以夏变于夷者，十居二三，则似不足以贵重。然三代圣王之流风余泽，延及于汉唐宋明者，亦未可谓荡然扫地也。又清商之来琼浦者，多系三吴之人，则其所说，亦多系三吴之风俗，乃六朝以来故家遗俗确守不变者，就斯编亦可见其仿佛也。

竟然公开与林述斋唱反调，认为清朝风俗仍有很多是"三代圣王之流风余泽，延及于汉唐宋明者"，并未完全以夏变于夷。中井曾弘也附和黑泽惟直的意见，在三吴风俗之外，提出闽浙风俗也有可取之处[①]。

但需要注意的是，"尊周思明"与"华夷变态"所体现的华夷观，实际上有本质的区别。在地缘政治层面，清朝入主中原对于

---

① 参见中川忠英编著（方克、孙玄龄译）《清俗纪闻》卷首《序文》，中华书局，2006年。

日本与朝鲜所构成的压力差异巨大。日本与大陆隔海相望,而朝鲜则与清朝壤界相连,三藩之乱所导致的华夷秩序调整之可能,对于日本不啻秦越肥瘠,而对朝鲜实为休戚攸关。日本大可以极力鼓吹尊王攘夷高自标榜,而行太阿倒持、道统自立之实。而对于朝鲜,清朝胜利不符朝鲜尊周思明之本心,三藩胜出则朝鲜有"服事清国"之耻并遭"申罪致讨"之患,从而不得不在礼义与现实乖离的紧张感中疲于应付。在义理层面,"尊周思明"从一开始就缺乏自外于朝贡体制的内在动力,而是将朝鲜置于继承明朝道统的定位,这种情况下朝鲜大可以满足于"小中华"的自我地位与想象,同时心安理得地向清朝贡不辍。但"华夷变态"则不同,它是一种欲取中国而代之的道统自立宣言,成了为江户时代日本构筑以自我为中心的所谓日本型"华夷秩序"的思想源泉。可以说日本后来对周边国家和地区的蚕食、攻略甚至吞并与占领,为人们清楚地勾勒出日式华夷秩序"潜规则"渐次演变为"显规则"的大致经纬①。因此,在阅读燕行记录及唐船风说书这两类史料时,不能仅仅看到二者描述的相似性,还需认识到二者历史叙事方面的巨大差异,这种总体把握对于细部研究的深入,或不无裨益。

---

① 参见韩东育《关于东亚近世"华夷观"的非对称畸变》,《史学理论研究》2007 年第 3 期。

结　语

《华夷变态》卷一至卷八所收风说书及少量汉文文献，时间上起于顺治元年（1644），止于康熙二十三年（1683），这一历史阶段在中国的传统历史叙述中，可以说是满清与明朝残余势力争夺天命攸归与牧民正统的殊死角力时期，本文称之为明清鼎革期。所谓“鼎革”，本来分别是《易经》中的两个卦象，连起来用习指改朝换代。在这种历史叙事中，主要强调政权更替出自天命的转移。而明清易代在习惯传统历史语境的中国人看来，尽管也清楚两朝统治者的民族成分有满汉之别，但或许由于中国不乏异族入主中原的历史记忆，即便抱有强烈华夷观念的士人，似乎仍习惯于用“鼎革”或者“革命”（如林上珍《清朝有国论》）去描述这一政权更迭的历史过程。可是在《华夷变态》所呈现的日本朱子学者的历史叙事中，当时中国大陆“唐鲁才保南隅，而鞑虏横行中原”的现状，是所谓“华变于夷之态也”。朝鲜王朝的燕行记录中也有类似表述。总之是认为清朝取代明朝，意味着中国从此丧失了中华的地位。显而易见，这两种历史叙事的立场差异极大。

《华夷变态》作为一种历史叙事的倾向性，在其所收风说书中体现得十分明显。大体而言，在明清鼎革期间，朝鲜风说书往往夸大吴三桂及其盟友郑经军队之战绩，甚至有例如郑氏是朝鲜六大姓之一，可能君临朝鲜之类危言耸听的传闻。唐船风说书大部分情形下亦丑诋清朝。唯有琉球由于与明郑政权交恶，在其所提供的风说书中描述较为客观。这并不奇怪，实际上朝鲜使臣入燕之际，向国内报告中国情况的所谓“别单”亦存在类似问题，当时的清朝通事即所谓“笔帖式序班，多是南方窭人子”，由于生计艰难，专门迎合满怀“华夷”执念的朝鲜使行人员之所好，向朝鲜通事兜售丑诋清朝的相关情报，“其言务为新奇，皆怪怪罔测，以赚译辈剩银。时政则隐没善绩，妆撰秕政，天灾时变，人妖物怪，集历代所无之事；至于荒徼侵叛，百姓愁怨，极一时骚扰之状，有若危亡之祸，迫在朝夕，张皇列录，以授译辈。译辈以呈使者，则书状拣择去就，作为闻见事件，别单书启”①。总之在明清鼎革这样一个动荡的年代，风说书类似于一种口耳相传的国际新闻，渗入了当时人们的复杂立场、感情甚至想象②。本文在利用《华夷变态》考订史实之同时，也努力探寻这种异域风闻视野中的“华夷变态”，与中国史料所呈现的“明清鼎革”两种历史叙事之间的差异，以及这种差异之所以发生的思想背景。并且通过与朝鲜燕行记录的对比，试图拓展风说书研究的新路径。

奉明正朔的郑氏政权于康熙二十二年（1683）覆灭之后，其翼

---

① 朴趾源《热河日记》卷四《杨梅诗话 · 别单》，朱瑞平点校，上海书店出版社，1997 年，页 289。

② 例如在帕莱福所著《鞑靼征服中国史》中提到（何高济译，中华书局，2008 年，页 161—162）：“日本皇帝在他的邻邦被灭后产生新的恐惧，极野蛮的对待中国人……尽管众所周知这些人是无辜的，但中国沦陷的消息一传开，他们就被视为叛贼和懦夫……随后去做生意的中国商人更受到虐待。他们当时归顺了鞑靼人，剃了头发，穿上鞑靼服装。这种新装束在日本很不受欢迎，所以他们得到命令不得下船，也不许卸货，而是要立即回到原处，再不许穿鞑靼服装返回日本……他们受尽这些蛮人的虐待，以致当鞑靼人听说此事，他们表示十分愤慨，威胁要去日本报复，让那些低贱、灵魂怯懦的百姓知道，鞑靼人能够征服另一个帝国……可以看到中国在失国后怎样受到邻邦的对待。大部分邻国仅嘲笑他们，对他们进行辱骂和蔑视，唯有日本人尽量虐待他们。”可见在没有华夷观念的西方传教士笔下，“鞑靼”显然并非一个贬义词，反而虐待中国商人的日本的形象颇为负面，明清鼎革的历史完全是另一番景象。

卵之下的郑氏海商集团也随之土崩瓦解，此后前往日本的“唐船”构成发生急剧变化。康熙二十三年（贞亨元年）入港大多数皆为东南亚等地出发的华人商船，自中国大陆起航者只有广东船五艘及厦门船一艘，而其中的八番厦门船，是清朝福建水师提督施琅所派，提供了清朝统一台湾、准许渔船入海以及招徕郑氏海商等消息①。而自康熙二十四年起，由于清朝解除了长期施行的“迁界令”，进入长崎港的中国商船就占据了压倒性多数。时局及商船乘员结构的变动，也导致风说书的倾向性与明清鼎革时期相比发生微妙变化，其中关于清朝正面的描述亦日益增多。如康熙二十三年十二月入港的南京船、次年二月入港的一番福州船等陆续带来康熙南巡的消息，不无粉饰大清太平的描述。康熙二十六四月入港的五十六番南京船甚至带来了关于黄河出现十日澄清之太平瑞兆的消息，并提及顺治帝乃南明永历帝之子，故而康熙帝“诸多方面皆仰慕汉风”，颁行“圣谕十六条”，理学名臣汤斌受到重用，而清朝满洲根本之地的风俗也开始以夏变夷②。总之明清鼎革期之后，风说书关注面较之明清鼎革期间似乎大大拓展，开始关注清朝的风俗教化、礼乐政刑等，这或许说明三藩之乱被平定之后，日本也不得不认真打量清朝的正统性与合法性，而不再简单将其视为一个窃取神器的夷狄之邦③。可是只要清朝局势稍有不稳，风说书就以大量篇幅进行渲染，尽可能丑诋清朝，如对于康熙二十七年发生的武昌兵变，当年入港的百三拾九番普陀山船甚

① 《华夷变态》卷九《八番厦门船之唐人口述》，页425—429。

② 《华夷变态》卷十二，页716—720。

③ 如日人所著《兰园鸡肋集 · 清客新话》提到：“贞亨三（1686）丙寅春正月 日，大清福建人漂着对马，平田茂左卫门尉笔谈，同三月二十三归唐。问：清皇帝定天下之后，其典刑税敛欤？中国之盛无异乎？荆楚闽浙之际，虽边浦寒村之地方画皆无不染北服，倘如游侠之辈间着中原之服乎？虽士农工商蒙今皇帝之泽欤？中原之世为异乎？如古无有施仁义于民间如鲁斋者出，以道学名于世者为谁？从前流听说流甚夥矣，未知其实。希以公所议，详得报谕，则是幸。”参见大庭修编《近世日中交涉史料集五》，吹田：关西大学出版部，1997年，页138。

至将兵变原因归结于康熙贪恋八面观音美色流放在三藩之乱中立有大功的宿将蔡毓荣[1]。这或许说明风说书的历史叙事,仍然保持一以贯之的固有底色。

① 《华夷变态》卷十五,页974—975。

附录　汉文文书摘录及风说书摘译

文书一

大明兵乱传闻之二(卷一,页8—11)

大明之帝王称崇祯,王城燕国北京也。然日本之宽永二十一年三月十九日,义军大将谓李公子者,攻取北京,崇祯自杀。为此崇祯之臣下名吴三桂者,即位于大明与鞑靼交界之山海关大将,以北京见陷于义军为口实,恳请鞑靼人,同年四月攻入北京,追击李公子,李公子向山西国撤退,再度追及,则向陕西国收缩,又穷追不舍,李公子走投无路,于陕西国将各处百姓十人抽一,使之一战,战败后向四川国撤退,复居湖广国。闻说李公子军队有七八十万,总之李公子自领之军也未与鞑靼人一战,而将其北京所取之金银,皆运往居城陕西,铸为一个整体存放,故此次鞑靼人虽攻占陕西国,亦难以遽然用之。

崇祯皇帝因义军攻陷北京城而自戕,大明无主,诸大臣于去年五月十三日,奉崇祯之子谓福王者即位,年号弘光。然而鞑靼人及吴三桂等追击李公子,夺取北京、山西、山东、陕西,挟其威势,今年四月起进兵南京境内的扬州,同月中旬左右,攻陷扬州,五月九日,渡扬子江之际,与据守南京境内镇江城的一官老军,于扬子江拒战三日，鞑靼人用计，作稻草人数万，夜间登筏，举灯渡江，一官老军误之为真敌人，打尽铳子，而后真敌进逼相战，力尽军溃。同月十一日鞑靼人攻取王城南京，弘光皇帝不知下落。鞑靼人数百万攻占南京之事，各地风闻，南京境内苏州、常州、松江之人皆闻风弃城而遁，又鞑靼人于闰五月初进攻嘉兴府，嘉兴府拒战，战败城陷。

今年三月之际，吴三桂将崇祯帝之第三太子，自北京送往南京，告知尚未即位，望奉之。然南京诸大臣等，没见过此太子，然后因福王即位，就那样滞留南京。此次鞑靼人及吴三桂奉之于城门并款待之。鞑靼人大将之名，称为 yiwan。未知的否。

一官老溃军人等，亦撤往福建本地，大明大乱，江南江北境内败兵人马众多，且肆行胡为。

到闰五月为止，鞑靼人攻占之地，占大明三分之一。

右为此次来朝之唐人等所述。以上。

酉六月三日

文书二

无标题(卷二，页 85—86)

太仆寺卿管福建等处承宣布政使司，为谨陈返(掉)〔棹〕届期　呼恩绥以弘柔远事，本年四月十三日，承准礼曹照会，案准福建布政司覆，看得“琉球国陪臣昌威等所陈四事，据海防官张觐光详议允行，本司覆核无异，如往北未回官伴，应传谕守关官兵，听其回闽。其贸易一项，只许市买丝绢布帛等物，不许夹带违禁史书、硝磺、军器等项，夏至届期，凡在驿夷人，许其返(掉)〔棹〕，官伴廪饩，原有定例，合行驿粮二道支给。未回官伴，应令晋边驿，俟再贡旋归，合之旧例，皆应允从，以示礼恤无外之意。相应咨覆，伏候裁酌启奏”等因，咨呈到曹，随经本曹覆，看得“琉球国陪臣昌威等所陈四事，据福建布政司布政使萧，批福州府同知臣张觐光，查议允行。相应依其所请，行令浙闽汛守官弁，遇蔡彬等二十余人回闽，准其进关贸易，照旧令馆夫王朝等代为采买丝绢布帛，不许夹带违禁货物，如史书、硝磺、兵器等类，类风汛届期，现在夷人听其启奏回国，或蔡彬等迟归，不及附舟，(今)〔令〕暂住柔远驿，俟再贡同回，现在官伴口粮，应令管粮驿二道照例支给，以示天朝柔远之仁，岛夷益生向化之慕，相应启奏，伏候睿裁。奉令旨：‘依议。敬此。’敬遵，合照会福建布政司，抄呈统制使并移粮驿二道，仍行琉球国陪臣昌威等一体敬遵旋行”等因到司。承此，遵即移行粮驿二道，及行海防厅遵照在案，目今贡使乘汛回国，合行移启。为此，理合备由，移咨贵国。烦为知照施行。须至咨者。

右

琉 球 国 中 山 王 世 子 尚

甲 寅 年 伍 月 初 八 日

谨陈返(掉)〔棹〕届期等事

咨

表 太仆寺卿管福建布政使司公文仰铺递至

上包

里 琉球国中山王世子尚 当堂开(析)〔拆〕

甲寅年伍月初八日发行

文书三

従琉球国大清へ貢納之船帰帆仕往還之様子申上候覚[1]（卷二，页89—91）

一琉球より大清へ貢納之船大小弐艘、去年丑三月三日琉球出船、小船は同十九日福州之湊之内、閩安鎮と申所に着仕候、大船は十七日官塘山と申島に繋き、同十八日湊口五虎門を志乗候処に、定海と申島より賊船大小十三艘漕出し、鉦太鼓を打、鬨の声を揚、石矢火、弓、鉄砲を射懸打かけ、帆焼を擲かけ、礫を投入候間、琉船よりも石火矢弓鉄砲にて防候、後には右の船共にて、琉船を取囲四方より漕寄、鑓長刀を以て突掛り候、琉球人も鑓長刀にて防なから、湊口を心懸、船を乗候処に、順風能五虎門近く成申候に付、賊船は引退候、琉球船之垣廻散々被打破候得共、船は無恙、同申之刻閩安鎮へ入津仕候、琉船中に士壱人、水主四人討死仕候、手負上下廿四人、何れも浅手ゆへ死不申候事、

一右海賊は、錦舎「按するに、鄭経の字なり、」家老蕭啓と申者之手之者にて御座候、彼蕭啓当時は靖南王へ随身仕候、賊船にも討死十六人、手負十九人御座候由承及候、先年戌之年（康熙九年1670）之琉球貢納船を取候海賊も、右蕭啓手之者之由候、此等之旨於福州、琉球通事謝必振と申者物語候事、

一去年三月、福州へ着船仕、北京へ琉球使者参勤之儀相伺候処に、早速可罷上旨申来候、此飛脚往還に日数押移、漸同年十月十一日、琉球使者多賀真親雲上、喜友名親雲両人、上下廿人にて、福州罷立、当正月廿日北京へ参着致候由に御座候、我々共ハ

① 此风说书被全文收录于林复斋（1800—1859）《通航一览》卷二二《琉球国部二十二・唐国往来》。

福州に残居申候事、

一右福州へ残居候琉球人共、相談仕候ハ、大清戦国に罷成、北京往還之通路無御座候間、北京へ罷在候琉球之使者、福州へ罷下候儀、今程成申間敷候、我々共福州へいつとなく相待申候儀如何存候、第一琉球よりも無心許可存候間、先我々共帰帆仕、北京に罷在候琉球使者へハ、重て迎船可遣と各相談仕琉球通事謝必振、鄭褎と申両人へ申聞候得は、尤之儀に候、此以前にも、右之通北京へ参候琉球人福州へ遅く罷下候時は、福州へ居残候琉球人は、帰帆候例も御座候間、其通可然由申候ニ付、靖南王へ訴訟申候趣は、

一北京へ参候琉球使者罷下候を、いつとなく相待可申義如何に候間、福州へ残居候琉人は、先帰帆可仕候事、

一右北京に罷居候使者、福州へ罷下候刻、福州之御関所へ参懸候ハヽ、御通し候て、従琉球迎船差越候迄、福州に被召置可被下事、

一向後琉球人、福州に逗留仕候時分ハ、如跡々不相替用物売買御免被成可被下事、一従琉球罷渡候者には、如先規飯米被仰付可被下事、

右之通、両人之通事にて訴訟申候処に、四月十八日に、右之訴訟如願被申付之旨、靖南王返詞に申聞候、乍然此頃は、軍勢過分に抱置被申候に付、兵糧手つかへ之由にて、飯米ハ不被渡候事、

一五月二日、靖南王へ琉球人召寄饗応被申候、同日琉球人へ之書翰相渡、福州に罷居候琉人共は、不残可致帰帆候、北京に罷居候琉球之使者、福州へ罷下候ハヽ、関所無口能差通、福州に可召置候間、心安可存由被申聞候、同八日靖南王之役人布政司と申人より、「傍注、官の名なり、」琉球へ之添状被相渡候、

一琉球通事両人へ致相談候は、唯今乱国に罷成候間、猶以海賊可有之候、今程従琉球船を渡候儀、海上気遣に存候、如何可仕哉、両人之存寄をも承度と申候得は、両人之通事申候ハ、右之通乱国にて海賊之気遣尤に存候、長崎は毎年便宜有之事候間、大清国相治候様子能々承合、貢納船差越可然由申聞候間、右之通致約束帰帆仕候事、

一五月十七日福州致出船、同廿二日琉球之地へ着仕、六月二日琉球那覇へ着船仕候事以上、

寅七月廿日

译文:

从琉球前往大清朝贡的大小船只二艘,去年(康熙十二年,1673)三月三日自琉球发船,小船于当月十九日抵达福州港内名为闽安镇之地,大船于十七日泊于名为官塘山之岛屿,十八日欲前赴五虎门之际,自名为定海的岛屿涌出贼船大小十三艘,击鼓鸣锣,哄声大作,发射大炮、射箭放铳,投掷烧帆之物以及石头,琉球船亦放炮发矢鸣铳自卫。后来贼船一起自四面逼近并包围琉球船,持长刀突刺,琉球人亦以长刀设防。因乘船接近港口,顺风临近五虎门。琉球船之挡板多被打破,而船无恙。同日申刻从闽安镇入港,船中士兵一人、水手四人战死,负伤约二十四人,皆为轻伤而得以不死。

上述海贼,乃锦舍家臣名萧启者麾下,而萧启当时仕于靖南王。闻悉贼船中亦有十六人战死,伤者达十九人。在先(庚)戌(康熙九年,1670)年攻击琉球朝贡船者,亦属萧启麾下。上述情形乃福州琉球通事名谢必振者所述。

去年三月,抵达福州,问询琉球使者上京朝觐之事,有即刻上京之旨,然因信使往还有数日迟误,总算于同年十月十一日,

琉球使者多贺真亲云上、喜友名亲云上等两人，率领上下一行二十人等，发自福州，于今年正月廿日抵达北京，而我等则滞留福州。

我等滞留福州之琉球人等，共同商议，因大清已生战乱，往返北京之道路断绝，滞留北京之琉球使者，如今不能南下福州，我等未知候至何时，琉球亦无意许可，乃商议我等先行归航，可重新遣船，迎滞留北京之琉球使者归船。将此事闻于琉球通事谢必振、郑裴等二人，二人以为合理，告之此前前往北京之琉球人迟返福州之时，所余滞留福州琉球人亦有归航之例，当可如此行之。故此请于靖南王，事项如下：

（一）未知等候朝觐北京之琉球使者南下将至何时，故此残留福州之琉球人，当先行归航。

（二）滞留北京之使者，南下福州之际，如前来福州之关口，请予通过，迄至琉球派遣迎接船只为止，请于福州安置。

（三）琉球人滞留福州期间，请如前例，蒙允买卖日用物品。

（四）琉球侍从人员，请如例赐予粮米。

通事二人申述以上事项，四月十八日如愿上呈，闻悉靖南王回复，然此时所募军士超额，军粮紧缺，因此不予粮米。

五月二日，靖南王召琉球人赴宴，同日与之书翰，令居留福州之琉球人等，并皆归航。若留居北京之使者来福州，不能通关，可于福州安置，嘱咐我等放心。同月八日靖南王之官员名布政司者，将附信交与琉球人。

与琉球通事二人商议，如今战乱，加之或有海贼，先行琉球船渡海之事，海上可虞，何以处之？欲听取二人之见。通事二人劝谕曰，如所言因战乱海贼可虞，然长崎每年可权宜行事，颇能询知大清治乱之情形，故当派遣朝贡船。如此商定归航。

五月十七日自福州发船，同月廿二日抵达琉球，六月二日抵达那霸。

以上

寅七月廿日

文书四

福州求硫磺于琉球书三通[①]（卷四，页 159—164）

总统兵马上将军令谕：予惟军兴之际，需用惟繁，内附之邦，有无可告。惟王开国，琉球素称外海之名封，早识中华之大义，翊戴原无异视，尊攘谅有同心。予建义三年，提师四征，天南半壁，尽入版图，极北九边，尚烦绥靖，兹特遣员，前诣王国，采办硫磺，以佐军需。所望悉心指导，俾其趁候早归，庶藩屏兼资，而折冲有赖，他时入贡，伫待风帆，指日加封，洊膺天眷，故谕。

总 统 兵
丙辰年五月十八日
马 之 印

切照，伪清无道，民心思汉，处处皆然，我
千岁应天顺人，于甲寅年三月十五日，与郑世藩同日建竖义旗，兴师四出，我
千岁大兵所至，旬日之内福建全省尽复大明。即于三月末，兵分四出，东复浙江温州台州处，北复浙江衢州等处，西复江西广信、饶州、建昌、抚州、赣州、南康等府，南京徽州府。其时云南、贵州、四川、陕西、湖广诸省，尽属平西吴王；广西全省半属孙将

① 略“随带出使员役水手花名册”。

军，半属吴王；广东一省潮州、惠州等府，皆属郑世藩，其余各府州县半属吴王，半属平南王子。今我

千岁，复率大兵，西连吴王、孙将军，东连郑世藩平南王子，合攻南京。斐自起身之日，已得捷书小报。今伪清闻风丧胆，仅存河南、山西、山东、北京四省，我

千岁思军兴之际，需用硫磺，特差使者游府陈前来，

贵国主采办，着斐等随行引导，回闽之日，理当遣官致贺。

千岁、斐等愿力保大功，据实启报，伏启

睿鉴施行。

丙辰年七月初一日　　立保启通官　郑　斐　在判

同　林　祚　在判

同　王　明　在判

同　石　君　在判

工曹为咨会事，窃照中外地隔，胞与情同。迩因胡清煽虐，敝

主上建义兴师，于甲寅初夏，即遣归

贵国使舟，尚有在京正使吴美德等，恐其路途梗塞，本曹敬奉

上谕，严敕关津，俾加照护，但一时未见旋旌，不久自当还国。更甲寅十月初二日，据福宁州总兵解到岛人民杂视弗姑喇木沙家二马送加南北谬虎兔者琴茶喇土郝岑拔子麻子等十二名，据称籍系

贵国岛民。遂奉

令旨，优礼安插。但未知杂视等果否良歹，合行咨会，应候商舶往来，或使舟至日遣归，至于本曹，时际军兴，需用硫磺，现奉

上谕，差员前诣

贵国采办，希念舟谊指示，俾其趁候早归，则荷

贵国之赐不残矣。须至咨者。

右　咨

琉球国三法司

丙辰年五月 咨会事	十六日

文书五

郑祚爷伙计龚二娘之问答概要（卷五，页240）

郑祚爷大叔父辈名辰爷者，及祚爷末子元舍、祚爷孙四舍，此三人从来不去任何地方，蛰居泉州。现在特别蒙受锦舍之关照，每日登城。据世间传言，郑祚爷早年遭横祸去世，其时锦舍年幼，而谗言者多，因此锦舍心生芥蒂，导致祚爷自杀。（锦舍）去年入泉州城之际，宣称对此事之悔意。泉州详情渐渐闻知，迄今泉州祚爷一族自不待言，就连北京祚爷嫡子奎舍、祚爷侄按舍，锦舍也申言将不计前嫌珍惜对待。故此（锦舍）对元舍、四舍亦格外诚恳，丝毫不以二人此前叛逆之事为意。申明元舍今年渐近二十五岁，现亦是青年，不便同于以前，兼之无他姓，同姓族人在一起，愿此后再无嫌隙。去年锦舍进入泉州府之际，元舍、四舍闻知，意欲早早撤离。询问为何仍旧待在泉州，据二娘说称，本来自锦舍在东宁之时，元舍、四舍心中麻痹大意，现在纵欲逃离，似亦无可往之地，考虑到无论何种途径皆似应居于泉州，是以现在泉州。又元舍四舍与锦舍之间祖父辈相为仇雠，本当衔恨，如不逃离该当如何？其事乃如上述，锦舍如今悔悟前事，亲族之内皆加怜悯自不用说，对他人也都不计前嫌。在此之前，在锦舍、森官时代，有名施五者为森官麾下之大将，因其傲慢至极，森官欲治其罪，将其本人及弟弟二人以及年少之子齐舍一起关进大牢，施五逃生，森官乃将其亲弟二人处斩，其子齐舍因年幼免死。此后施五似降于大清，现在北京，然齐舍如今已成人，因其精明强干，又被锦舍任用为千人之头领，倚为心腹。又有名施武毅伯者，是为上述施五一族之人，也于森官时代叛变降于大清，到锦舍时代，又弃暗投明，如今权重，被授予五军都督之官，成为诸将之首。如此连他姓叛逆者都不究前愆，何况祚爷一族本非外姓，应胜于他人。因正在成大事之际，若有正其前非者来附，委以将军亦不无可能。凡来归之人，一概不会为难，也丝毫不计前嫌。居于北京之奎舍、按舍因路途遥远，身不由己。如稍得自由，如今亦怀归来之意，此项别有书信往来，无有他事。

留存贵处之银两，此次为请取之，此请来自奎舍、按舍、元舍、四舍，上呈书简署奎舍、按舍二人之名。因往年祚爷、开爷二人逝世之后，以奎舍、按舍二人之书信上呈，故而此次亦一仍前例，以二人书信上呈。此次我等为领取银两而渡海事，锦舍亦应确知，我等所乘之船，于锦舍船借取银两十贯目，且又船引一通出银五贯目。领取此银渡海事自不待言，亦为诸国共知。虽从前相互有如仇敌，彼此相争，到如今确定乃祚爷之银无疑，出于公允之心，锦舍亦丝毫没有异议，不加妨碍。此事奎舍、按舍事前特与锦舍沟通，正因得到首肯，方才被给予锦舍船之派遣证明，然后自泉州发船，奎舍、按舍之详细情形我等未曾知晓。

我以及此次同来之黄熊官，迄至去年六月都在福州，因元舍、四舍来言，无论如何要来泉州，遂于当年七月一同前来泉州。元舍、四舍立即说：熊官亦是锦舍所念者，当出而拜见。或因元舍、四舍言及生计，不久被锦舍召见，两人一起由元舍、四舍带领，亲眼见到锦舍，当时无一言提及银子之事，仅说到因久不见熊官，不意上了年纪，等等。同年腊月再次令由元舍、四舍带领黄熊官，再次会见，其时亦无缘由，锦舍仅言：世上传言，从军赴战，无过于漳州人，而商贩市场之事，则无过安海人。黄熊官等二人相熟，自嘲曰：怎么说商贩之事久与，元舍、四舍当可久为之。二娘、熊官二人俱为安海人氏之故，关于商贩之事，提及如上之闲话。此次出船之际，二娘一人又由元舍、四舍带领，晋见锦舍，当时锦舍曰：他虽上年纪，但见其格外康健，此次渡海当无他事。而当时黄熊官未晋见。二娘去年三次向锦舍进言，然终片言不提银子之事。

二娘言曰：我此番渡海，年岁已高，性命犹如露水之难定，事先请示元舍、四舍，请派遣黄熊官，虽再三告饶，乃言原本是熊官留存之银，而贵地复命期持存银票据晋见。屡屡上申，希务必将银两与我，年老退职不成，窘迫渡海。此外别无详情。

卯六月十五日

文书六

大清帝敕谕琉球并礼部书简二通（卷六，页 260—264）

（一）

朕惟昭德怀远，盛世之良规，修职献琛，藩臣之大节。输诚匪懈，宠赉宜颁，尔琉球国世子尚贞，属在遐方，克抒丹悃。遣使赍表纳贡，忠尽之忱，良可嘉尚。是用降敕奖谕，并赐世子文绮等物，而其祇承，宜励忠贞，以副朕眷。钦哉！故敕。

计开

蟒缎　二匹	青蓝綵缎四匹
蓝素缎二匹	衣　素　二匹
闪缎　二匹	锦　　　二匹
绸　　二匹	罗　　　二匹
纱　　二匹	

康熙十三年三月　月十二日

（二）

礼部为陈敬万不获已事情，不揣愚昧，冒渎天听，恳垂恩鉴，悯念下情事。主客清吏司案呈，奉本部送礼科抄出，该本部题覆琉球国中山王世子尚贞奏，前事内开，该臣等再议得："查康熙六年荷兰国进贡来使具呈：'贡船到广久住，恐船朽烂，乞准先回。'具题：'不准行。'又查康熙七年暹罗国握太耶大库呈称：'续发探贡船只查发回国，因海禁森严，嗣后进贡来使，如有接探者，永着停止。'具题，奉旨依议，钦遵在案。又查：'琉球国进贡员役到闽，据该督疏题：准正副使进京。若进京员役不与，在边人役水梢同去，则在边水梢先遣归伊国，恐下役不知法度，彼境内奸徒勾引，盗买违禁之物带去，或借贡使员役接探船只名色，妄行生事，难以防范。况正副使事毕回闽，必俟后次进贡船只前去，往返须用多日，其外国进贡员役，不可久留内地。'又查：'康熙五年琉球国进贡彝官郑思善等，因风汛未便，难回伊国，在闽久住，差伊国通事蔡彬等驾船来接。时兵部具题，移咨该抚，令回臣部，无有将进贡员役存留在边先行发回船只，候后贡船往换之处。'今既海禁森严，不便先将贡船遣回，仍照前议，俟贡使到闽之日，一同遣回。俟命下臣部之日，移文该国可也"等因，康熙十三年三月初十日题，本月十二日奉旨："依议。钦此。"钦遵，抄出到部，送司。奉此，相应移咨。为此，合咨前去，烦为查照施行。须至咨者。

右　　　　　　咨

琉球国中山王世子

康熙十三年三月十四日

咨

礼部为知会事。照得:"琉球国中山王世子差耳目官吴美德等,具表进贡方物到部,本部照例具题,查收所有,钦赏礼物,特颁敕谕一道,相应知会。"为此,合咨前去,烦为查照施行。须至咨者。

右 咨

琉球国中山王世子

康熙十三年三月十四日

文书七

无标题(卷六,页265—270)

福建等处承宣布政使司,为访询清朝事,康熙十六年三月二十九日,准琉球国中山王世子尚 咨称,照得:"甲寅五月内,前年在闽贡使,趋回本国,切切告称:'福建靖南王叛君猾夏,无名出师。'伏思我祖先王,蒙清朝高恩,封立藩王。是以兴举国臣民,即虑朝廷惊动,切恐天下烦扰,本欲飞越而同心戮力,恨奈海山万里,不能如意耳。为此特遣正议大夫使者都通事蔡国器、毛自彬、曾益、倪定基、郑明良等官,前诣福省,探访安否。移咨贵司,请乞察照施行"等因,到司。准此,案照,先为进贡事,康熙十二年三月二十六日,准琉球国中山王世子尚 咨开,照得:敝国遵依会典,两年一次朝贡,查康熙十一年该应循期,拟合进贡。不敢愆越,为此,虔备方物,海船二只,遣官坐驾,率领水梢,每船均帮上下员役,共不盈二百人数,解运方物,前赴福建布政司投纳,转解赴京进奉。为此,遵将常贡煎熟硫黄一万二千六百斤,马十匹,海螺谷参千个外,屡蒙皇恩,无异覆载,但敝国穷乏,愧无寸报,又将土产红铜一千斤,大水火炉二个,丝烟二百匣等进上。据此,合行遣官管解,前赴福建布政司投纳外,理合备咨告投,今遣耳目官吴美德、正议大夫蔡彬、都通事程泰祚等官，赍咨捧表赴阙外，其船二只，烦乞移咨转达礼部，及来夏风汛，先赐遣归，而赴京贡使官伴，俟后贡船只，替换驾归。为此，移咨贵司知会，仰祈察照施行等因，到司。准此，又为进贡事，康熙十二年八月初八日，奉巡抚都察院刘　案验，准礼部咨，主客清吏司案呈，奉本部送礼科抄出，该本部题覆福建巡抚刘　[1]题前事内开，该臣等议得，福建巡抚刘　疏称："琉球国先到贡船一只，于竿塘外洋，被贼攻打，署闽安副将军游击化守登官兵，出哨引进，听候部议等语，其进贡人役，于竿塘外洋，被贼攻打着伤，并官兵出哨引进缘由，听兵部议覆外，据称琉球国应于康熙十一年贡期，十二年（1673）三月十八日至闽，将贡物及来使，准其来京，其进贡硫磺留于福建，督抚照例收贮，臣部移文工部，俟应用处使用。至于贡马十四，内一匹倒毙，无容议"等因，康熙十二年六月二十八日，奉旨依议，钦此钦遵，抄部送司。奉此，相应移咨前去，烦为查照旨内事理钦遵施行等因到院。准此，拟合就行。为此，备案仰司，备照咨文，奉旨内事理，钦遵查照等因。奉此，又为进贡事，康熙十二年九月十二日，奉巡抚都察院刘　案验，准兵部咨职方清吏司案呈，奉本部，送兵科抄出，该本部覆，礼部尚书哈　等题前事等因，康熙十二年六月二十八日，奉旨依议，钦此钦遵，抄出到部，该臣等议得，礼部覆福建刘　疏称，琉球进贡人役，于竿塘外洋，被贼攻打着伤，并署闽安副将事游击化守登官兵出哨引进缘由，听兵部议覆等因，查该抚疏称："闽安镇左营把总柯美出哨五虎门，瞭见外洋有贼船十余只，与琉球国进贡船对敌，奋勇架炮攻击，贼船随即奔溃大洋而去，引带贡船等语，又琉球国都通事程泰祚报称，本国耳目官吴美德等百余人，前来进贡，至竿塘外洋，遇贼船大小十余只，前来攻打，被贼用炮打死随

---

[1] 即刘秉政，耿精忠反清之际，诓骗总督范承谟前往王府，后降耿精忠。

伴四人，被伤二十余人，本船正在危急，幸有闽安镇官兵船只，出五虎门巡哨，架炮冲打久攻，各贼船遂奔逊去，官兵船只引进镇口”等语，查琉球国进贡船只在外洋与贼船攻打，经出哨官兵，遇救引进，无有剿获，应无容议等因，康熙十二年七月二十三日，奉旨：“闽安镇官兵见（攻）〔贡〕船被贼攻打，即前往救护引进，可嘉，着再议具奏，钦此。”钦遵，抄出到部，该臣等再议得，覆礼部一疏内议，琉球国进贡人役在外洋，与贼攻打，经出哨官兵遇救引进，无有剿获，应无容议等因，具题奉旨闽安镇官兵，见贡船被贼攻打，即前往引进，可嘉，着再议具奏，钦此。查叙功之例，照武职官员斩获贼寇多寡，议叙，把总柯美并无斩获贼寇之处，不便议叙，相应仍照前无容再议等因，康熙十二年八月初一日，奉旨“依议，钦此。”钦遵，抄部送司，案呈到部，合咨贵院，烦为钦遵查照施行等因，到院。准此，拟合就行，备案行司，备照咨文，奉旨内事理，钦遵查照施行等因。奉此，又为札请循例体恤柔远以广皇仁事，康熙十六年四月十九日，奉总督部院郎、巡抚部院杨牌案，准礼部咨开，奉御前发下红本，该本部密覆，福建总督郎密题前事内开，该臣等议得，福建总督郎密题内开，琉球国难彝杂氏等十二名，照例给口粮银两，暂为豢养，题明前来，应仍照例给与银米豢养。又称，该彝既无原来船只，作何遣发回国，听候部议等语。查康熙十三年，江宁巡抚马佑，因琉球国贡使吴美德等奉敕归国，途次苏州，因闽省逆贼告变，难以前进，即于苏地觅馆暂栖，俟逆贼荡平之日，令其归国等因。具题奉旨，“该部知道”等因在案，今应俟福建地方平定之日，江宁巡抚琉球国贡使吴美德等，遣发回国，题报到日，令其遣发起程。又该督疏称：“琉球贡使吴美德等，原坐船二只，留同来李切铭等，住于闽驿，于康熙十三年五月内，靖藩打发回国，福建并无存留船只，今难彝杂氏等，应俟吴美德等到闽边界之日，或遇伊国进贡，或有来接船只，一同带回伊国。若无进贡来接船只，将吴美德等并难彝杂氏等，令该督酌量拨给船只，发回伊国可也”等因。康熙十六年二月二十六日密题，本月二十九日，奉旨：“吴美德等应即发往闽省，令该督抚酌议，一并发遣回国，看再议具奏。”钦此钦遵，于本日密封到部，该臣等再议得，福建总督郎　密疏内称，琉球国难彝雜氏等十二名，照例给口粮银两，暂为豢养，题明前来。应仍照例给与银米豢养。又称，该彝既无原来船只、其贡使吴美德等原坐船二只，同来李切铭等已打发回国、福建现无船只等语。今查，琉球国贡使吴美德等现在江南苏州府，臣部移文江宁巡抚，照例沿途拨给驿递夫役食物，发往闽省。应俟吴美德等到闽之日，令该督抚将杂氏等十二名一并酌议，如可遣回伊国，即速拨给船只遣发，如有难以遣发之处，该督题请之日，别议具奏等因。康熙十六年冬月初十日密题、本月十二日奉旨依议，钦此钦遵。于本日密封到部，钦此。相应密咨前去，烦为查照旨内事理，钦遵施行等因。到部院，准此拟合就行。为此，备案行司，备照咨文，奉旨内事理，即便钦遵查照汇详通报等因。奉此，又为禀报事，康熙十六年七月二十四日、奉巡抚部院杨　案验，本年七月二十四日准礼部咨开，奉御前发下红本，该本部密覆福建巡抚杨题前事内开，该臣等议得，福建巡抚杨　疏称：“琉球国彝官蔡国器等坐船一只到闽，臣行藩司驿道查称，该国世子尚贞差来探问天朝捷音，并接康熙十一年贡使吴美德等归国、带有执照咨文”等语，查康熙六年十月内、臣部具题嗣后如有彝文投到该督抚者，即行将原文开阅议题。今该抚将执照咨文开阅而未经议明，具题殊属不合。其来探问天朝捷音，世子尚贞非系特行，达部咨文无容议。又查，本年三月内臣部题覆福建总督郎密题一疏内称：“琉球国贡使　吴美德等现在江南苏州府，臣部移文江宁巡抚，照例沿途拨给驿递夫役食物，发往闽省。应俟吴美德等到闽之日，该督抚将琉球国飓风飘至杂氏等十二名，一并酌议。

如可遣回伊国，即速拨给船只遣回，如有难以遣发之处，该督题请之日，别议具奏”等因。具题，奉旨依议，钦遵咨行福建总督、江宁巡抚在案，今该国既有接取船只、相应移咨该督抚将前来贡使吴美德，及飘来杂氏等十二名，一并速行遣回伊国，通详速报施行等因。奉此，又为报明归国事，奉巡抚部院杨　批，该本呈详查得，进贡彝官吴美德等并飘风杂氏等，遵奉部文，俟吴美德等到闽之日，或遇伊国进贡，或遇有来接船只一同带去等因。今琉球国现差蔡国器等驾船来闽，接回贡使、查吴美德等原赴京官伴二十员名，除在苏物故官伴共三员名，已经回闽返国。官伴只一十七员名，并飘风杂氏等一十二名，接贡官伴九十三员名内，摘出存留在驿官一员，伴伍名，实摘回返国官伴八十七员名。以上三项返国官伴、水梢，通共一百一十六员名，一同遣发回国。至该彝启行之日，饬行闽安镇，派拨兵船护送出境，以防不虞，以示柔远者也。兹据该厅详覆，造册前来，相应据转，伏候宪台察夺批示，以便遵行等缘由。奉批如详，俟彝使定有行期，先行通报，缴册存查等因。奉此，今准前因，合将历奉部文，并贡使跟伴遣回缘由，备叙明白，合就咨覆。为此，理合备由，移咨贵国，请为察照施行。
须至咨者。

右咨琉球国中山王世子尚

康熙十六年七月廿一日

文书八

此次询问译官之唐兵乱之风说（卷七，页284—286）

或言，吴三桂在离北京三千里处，而离日本三百余里左右，黄河之南、南京之西，其地广，且陈兵极盛，北京军亦似众多，据黄河而守，胜负难知。

或言，北京军集惯战之武士，群起进逼南京各地，吴三桂用锦舍之谋，尽歼北京军一万，仅一战而得大利。

吴三桂与锦舍联合以后，锦舍停留海边。

或言，黄河迤南落入吴三桂手中，然据说目今北京南京马车往来无滞，商人通行一仍如前。由此看来，黄河以南落入吴三桂手之传言，或为伪说。

吴三桂自称帝，立其子为太子，百姓悉归附之。

据传闻，北京之先王，娶蒙古王之女为妃，怀孕后返回蒙古，诞生男子，今其子成年，因含恨或与吴三桂锦舍联合，常有谋叛之企图。

素日当地馆舍之当值者，据风闻告知，番船数艘积粮米，巡回于京城外围，到底有无此事，究竟是何意图，朝鲜方面如何竟不来告，询于译官，终模棱两可不得而知。据他们推测，北京如兵败，当留心其或将乱入朝鲜邻国，为此应预备粮米，且当留心航路。

上述为此次译官所申风闻，由派驻和馆之家臣呈递而来，若如所言，朝鲜国向唐国派遣援军，发自釜山浦约四十人许，自东莱则增至百人左右。皆私下传闻据以上呈。

午 (1679)十二月廿五日

右 未之三月廿一日 发自久世大和守。

文书九

十一番大泥船之唐人口述(卷八，页 379—381)

我等之船，乃当年正月自广东出发渡往大泥之贸易船。当年正月十二日自广东发船，二月十七日抵达大泥。稍行买卖后，五月十一日发自大泥，归航广东，闰五月三日抵达广东外海名为鲁万之岛屿。闻知广东之情形后，思当可乘船而入之际，恰逢渔船一艘,其船人等说称:我船为贸易船,此岛之内有名北瞭澳之港口,此港大清兵船众多,是为危地,如望见贸易船即行捕捉。最近有渡海往日本之商船一艘,船头名蔡胜官者,上月廿四日为兵船所捕,赶紧到某处躲躲吧。船中之人皆惊,正欲往近旁岛屿躲藏之际,又见小船一艘,注意到我等之船并前来,以其定为贼船,船中亦往火炮注火药以待之际,结果并非贼船,乃装载少量货物之小船,也即被兵船捕捉之蔡胜官船之名为三娘者,没赶上胜官之船,自上述渔船得知该消息后,无可往之处,靠近我等之船,以所载药种,自我船换取 kosewu 以及 yinsu。小船从船侧而入我船。三娘定要就便搭乘我等之船,此次遂同船而渡。如上所述,本无意来贵地,而打算由广东回国,据闻海边兵船众多,似无可入之理,遂于次日(四日),自鲁万发船,往航贵地。其时因迷失方向,并不清楚当往何方,我等向素来所信船神求签,托付神意,恳请前往日本则可逃难之签,于是渡海来到贵地。

蔡胜官去年于贵地买得大船,专事贵地与广东之贸易。自去年在广东筹集大部客人之货物,准备装载渡海,亦少量装载大号丝织品散货以及山货,如上所述,他于闰五月廿四日被兵船所捕之事,由搭乘我等船只之三娘逢渔船得知,而我等亦自渔船处获知。此名三娘者,曾事胜官船,其船停靠名北瞭澳之港口之际,时值三月,由广东内地有兵船出海,追击外国船只,其时胜官船早早逃离,返回东京港,然因其本就有心于广东贸易,正得顺风,乘船折返广东,于五月十七日抵达,乃将船停靠北瞭澳,欲搭载客人及货物出海,然有其身在广东内地而未出者,有其本人虽到,而货物未到者,故此胜官也急于渡海往贵地,特别是风向日趋不顺,碍难等待乘客,乃吩咐三娘,为催促客人于五月廿九日遣其前往广东内地。三娘于闰五月三日抵达广东内地,催促曾言欲乘胜官船之客人,当月十八日决心返回本船,从内地出发,当月廿二日抵达上述北瞭澳海边之际，因见近处兵船多有，特别是未见胜官船，虽觉可疑，但认定胜官乃因畏惧兵船，而移舟别港。三娘出陆之际，亦运出少许货物，则于北瞭澳之海边，以小船三艘装载，出海寻胜官船。兵船望见，出而追之，三艘一起逃跑，然两艘被兵船轻而易举捕捉，三娘所乘小船，幸运逃遁，乘之出港外，四处寻找胜官船而未遇，将遇危难之际，于当月廿八日遇渔船，相询：知胜官船之行踪否？渔船乘者说称：胜官船于上月廿四日被兵船捕获，船中乘坐之唐人六十七八人内，大部亡故，约十四五人残存，他们也被严行缉拿，递送广东内地。胜官船则于次日（廿五日）烧毁丢弃。闻此消息，无不吃惊。然跟随渔船之后，所乘小船亦无可停泊处，至名鲁万之岛附近，望见我船，随即催舟前来。正如上述，我等以其为贼船，正思防备，知无有贼船，乃三娘所乘之船，所幸其船中有相熟者，早先曾乘我船，以小船装载药种，换取我船之货物，小船遂离开。蔡胜官船，自渔船乘者处听闻，的否未能确知。二艘渔船同样如前述说，当无谎说。再者胜官船再遭逢兵船之前，泊于北瞭澳之船，唯其一艘，余无同类船只。

大泥之事，近年别无异状，国中静谧，亦无与他国争战之事。国主与从前一样乃女王，国中治理，别无异状。此外别无所述。东宁及大清方面之情形，丝毫不知，洋中亦无遇异样船只，亦不见唐船。

如右 唐人所述 书以上呈 以上。

亥（1683 康熙二十二年）六月廿四日

文书十

五十六番南京船之唐人口述（卷十二，页 716—720）

南京自前朝大明肇始，即为帝都，又名金陵。明朝数代之后，建帝都于今之北京，但南京亦被大清视为重地。现今天下一统，海陆安宁，乃自古以来罕有时节，是以因庆祝康熙御宇，益发以政道慈爱为治平之本，诸地官民感戴之举，无可尽述，兼之太皇太后为贤母，与亲子一致之德行，故而臣下百官迄至边境皆悦服，当今之世，此事下至我等下民百姓，亦万口同声，蒙其余润。然康熙为第二代贤君，益虑满洲本国夷风为不宜，欲专用汉土之遗俗，故此除尊敬儒释道三教之外无他。明朝之际，夷道、外道、外术之辈，所谓无为教、白莲教、回回教等等，各树其旨，游荡诸方，进入大清时代，尤其如今之康熙帝，因格外厌恶外道他术，连连向诸国下达敕命，儒释道之外不得用外道，不得隐瞒。故此近年命刊行名为《圣谕十六条》之新书，诸省府县乡各于其地，推选一人为讲师，厚与俸禄，于当地学校，定于每月之二日、十六日两天，共集人民老幼开始讲习，此乃确切之事。所谓十六条者，乃孝悌忠信礼义廉耻勤俭节慎爱敬读耕。此十六字合于先圣先贤之行止，寓之故事，使民俗得以教导，为专门之事，是以诸地国风民俗得正，诚为前代稀有之事。职此之故，异教外术之事不行。次则深敬佛法，正统之和尚，游方之僧侣，讲经说法释录戒律密法日益繁昌之事，自不待言。然前代以来，遍访经师之僧徒，自传法正宗之僧录处，领取所谓度牒，是为遍参行脚之证文，迄至沙弥僧人，服装如前所持，于各处检所，有改窜度牒之举。今以是举益多，故而来历不明之僧人，不得行脚，对于此辈，近年各地改弦更张，悉令还俗。又有比丘尼法度之事，此前老幼混杂，近年以来亦强加甄选，老尼特别处置，而幼年之尼姑则各地悉令还俗。是以如今之僧徒，无复假冒者。汉僧如上所述，再者来自满洲本土的满洲僧人，北京及诸地皆有之。北京城外安置供养此等僧人，满洲话僧之名一概称“啰嘛”，所谓“啰嘛”乃南无二字之音，南无唐音发为“nāmā”，与满语发音相通，故此安置在北京之和尚称“南无”，其次满语转唐音唤作“格棱”，又其次满语转唐音唤作“班积”。此三人居于北京，格外长寿，据闻百岁以上是常有事，为天下祈祷，并念咒祈雨，皆多灵验。

大清境内有名为黄河之天下第一大河，为流沙河，自古以来河水不曾澄清，似乎圣人在世，每有三日澄清之事。然而三年以前或许是如此盛世之先兆，有约十日间澄清之事，此天下莫不知晓。康熙帝父王顺治，乃大明永历皇帝之太子，无满洲血统，永历皇帝当时触怒父皇，被令暂时蛰居满洲，顺治在满洲诞生，当时满洲王无有子嗣，恳请永历帝之太子过继为后嗣。康熙毕竟乃大明苗裔之故，诸多方面皆仰慕汉风，前年康熙游幸南京境内之苏州时，亦不乘凤辇，而是乘马行幸苏州，下迄小民，亦不禁之瞻拜龙颜。因有敕免，贵贱群聚，宛若云霞，无不拜者。其时苏州土民着与康熙同色之衣服旁观，侍卫官有欲咎之举，达于圣听，谕令不咎土民不易服之罪，没有任何理由。总之如上所述，康熙帝无满洲血统，厌恶难看的满洲服装以及上下不分之事，每于朝议决定改易服制，而太皇太后不许。故此康熙将苏州细民不辩衣服尊卑之举上奏母后，动辄再三恳请改易官民服制，或因母后原为西鞑靼王妃嫔之故，如今变更服饰之事，未尝许之，康熙亦顾虑有违圣慈。再者康熙帝之太子，立为东宫之后，以苏州府官员名为汤斌者，其身具忠勤之名，尤为经学无双之儒官，拜之为东宫之师，授以宰相位阶，常使之随侍东宫，此事先船虽亦呈知，其情乃稍有不同。若如先船所述，则东宫似乎心智狂乱，汤斌开始虽被崇敬，后却遭到戏弄，所谓截去汤斌十指指甲，以纸覆其面之举，乃不知情由者之传闻。而其所言稍有来历者，乃汤斌罢职归苏州，是为指甲养伤之事，这与事实不符。实则汤斌如今，益发为朝廷所崇敬，一如其旧。南下苏州，是因汤兵言其父未得适宜棺椁下葬之地，不遂孝道，因而暂时告假，康熙即敕许之，大赏金银，而汤斌素来清廉无隐，专事勤俭，虽得圣命亦谢绝之，康熙乃重下敕命曰：若如是，希将此赏与尔子孙，置长久之田地。汤斌乃拜领之，南下苏州料理亲葬之事，随后返京上朝。所谓截指甲之事，乃因有翰林官名沈世奕者，此人指甲格外修长，煞是好看，前些时随侍东宫之际，见东宫龙颜之上有蚊虫停留，以手扇之，东宫摇首，不意指甲稍及东宫之面，留下指痕，母后帘后见之，亦别无咎之，唯敕命令剪去指甲，于是立即剪其修长之指甲。此事误传，遂成汤斌被戏之事。此事我能知晓，故上呈之。

船头诸君赞之叔父诸宿昇，作客于此船，于诸事襄助船头，其自幼年时期，即倾心商贩，惯熟四方行旅，于大清本土满洲，年轻时期亦曾往商贩。中华与鞑靼交界处，有谓秦之始皇所筑长城，乃备御鞑靼之版筑土墙，自此长城，约六十里许，其间一面为多沙野地，亦无山，自古即是所谓沙漠之地，过此沙漠，即为满洲，国中广大，于夷狄之国诚为稀有。似乎在大清未取大明之前，诚乃蛮夷之国土，取大明而后，累年诸事学中华之遗俗，成其国风，至于国土繁荣，人民众多，亦且难治，康熙特遣亲王守备，镇守坚固。当然就目前万民之风习所达水准而言，与中国相异，尚有万端鄙劣之事。其外别无他事。此次我等之船，即去年九十六番南京船，船头亦是我诸君赞。去年来贵地入港迟滞，未得卸货，稍以杂用货物代银支付，积货发船，归航出发地南京，去年乘船之客人们，迄至水手人等，去年未得丝毫分红，尤为遗憾。此次复有唐人数百搭乘，三月十三日自南京境内之上海发船，途中未停靠任何国家，直至今日入港，海上亦别无异事，亦未遇任何唐船。

如右 唐人所述 书以上呈 以上

卯四月十六日

唐通事等

文书十一

百三拾九番普陀山船之唐人口述(卷15,页974—975)

大清湖广一省,发生变乱之事。究其根源,乃因此前谓吴三桂者,领有四川、云南、贵州三省,大清授其王号,名曰吴王,然虽有威势,却因从前是大明重臣,怀有忠义,先前降伏大清并非出于本心,数十年间并未心服,斟酌时机,突然挟三省之势掀起叛乱,以湖广一带为战场,与大清方面对垒,相持累年,至末年时运不济,终至败亡。其时大清之大将蔡氏者,为武略超群之勇者,征讨吴三桂之际,功名最著,归阵之后,被康熙授予高位,升任四川、湖广二省总督部院之官,然而蔡氏事先得知吴三桂有美女二人,吴氏灭亡之际,搜而取之,一人名八面观音,名四面观音者次之,为无与伦比之绝色美人,无可隐瞒,乃强占八面观音,将四面观音献给康熙。然四面观音得康熙之心,蒙其宠爱,康熙乃询于四面观音：如卿之美人别有人否？四面观音奏曰：今有一人名八面观音者,为蔡大人强占。康熙遂以蔡氏为不敬,假托他事对蔡氏加以刁难,欲使其献出八面观音,蔡氏无奈,将八面观音送往北京,不意其于途中病死,此事触及康熙逆鳞,对于八面观音之死大为恼怒,终于削夺蔡氏二省兵权,并将他发配满洲,其大部兵卒或分与抚院及总兵,或分与布政司。兵卒及头目八百余人被剥夺俸禄,数年以来无田可耕,因无有积蓄,亦不能经商,到处流浪,由于无法营生,无奈结党。有名为冯龙者,虽为百总小官,此时被推为首领,于当月五月二十日,由冯率领,进迫于武昌府抚院之官丁氏府邸,向抚院申诉曰：我等为蔡总督麾下之兵,大部兵卒皆有分配,唯我等升斗之资亦被剥夺,累年以来无以为生,如蒙给予荒地,亦可自耕,然荒地亦无。故此很多人业已命在旦夕,且不必说养育妻子，连自身亦不得安堵。呼叫赐予兵粮，抚院大惊，被迫答复：兵粮等事由布政司所管，到他那里当可申诉。于是党徒们奔赴布政司府邸，言兵粮之事抚院大人已言明，我等可往布政司，大叫“予我兵粮”。布政司答复：如此说来，是否有抚院大人所给证文？如有则发兵粮。很多党徒变色曰：据抚院所言，似无提及证文一事，速速给粮。抚院亦见党徒如此举动，怒其将有谋叛之图，后者立即前往抚院府邸，将其围困。此时握有兵权之总兵官在远处，不久闻知此间暴动之举，以为或有不测之事，遂率所管兵士一二百众，前往抚院衙门，果如所闻有暴乱之举，言语不合，无奈只好下令兵士镇压，及被施以老拳，复又告饶。然乱兵已不顾性命，不惟诸官之事，就连对康熙帝也提出控诉，略曰：居天下之主位，惑于一介女流，撤换忠义有功之蔡总督，贬之为流人，何时乃有如许政道，故此连我等士卒濒于饿死，皆由妇人之故，总之告饶无用，就这般吧。说罢立将总兵斩杀于公堂，杀死堂上的布政使，并马上夺取府库。抚院心忖难逃，入中庭将身投井而亡。众人于当日举义旗，据闻当日各方所传，似在一日之内攻取武昌府，而其时正值山贼海寇蜂起，是以一日内人数达二万余之众，分兵汉阳府、黄州府，夜以继日，官府因事出意外，无不仓皇失措，府县之官避席而走，复有降伏者。从此数日内，又取荆州府、襄阳府，一府忘其名字，似于二十日内攻取七府。据风闻，为首者冯龙，旗印书曰“兴汉灭虏大将军”，军师名石麟生。其军到二十日为止扩至十万余人，再者诸省镇守之军，数年以来被剥夺军饷，流浪者众多，总之此类党徒以之为幸，或将日益附于冯龙。人们言称，如是或将酿成大清之大患。告急文书亦火速传至浙江宁波，详情我等皆知晓。浙江境内已有骚乱之事，故此浙江总兵及宁波总兵，在我等发船前于镇守兵卒二万之内，抽调三千先期发往湖广，不足部分，则由总兵官临时招募。且因此乱，急令诸处停发渡海船只，我等缘于生计，闻知此事，早先就计划入夜后突然出海，出海时后面虽还有渡海船只，大部应是停泊于各处港口，当不能渡海前来。因此次兵乱，或将暂时不允船只出洋，后或将允之。这都是确凿之内情，如此申述。我等发船之后，不知道里，此外别无所闻可述。

右为唐人所述，书以上呈。以上。

辰七月八日

参 考 文 献

（一）史料

1. 中国文献

《明史》，北京：中华书局点校本，1974 年。

（明）史可法《史忠正公集》，北京：中华书局，1985 年。

《清史稿》，北京：中华书局标点本，1998 年。

《清实录》，北京：中华书局影印本，2008 年。

（清）蒋良骐《东华录》，林树惠、傅贵九点校，北京：中华书局，1980 年。

（清）汪鹏《袖海编》，浙江大学图书馆藏《小方壶斋舆地丛钞》本第十帙，页 595—603。

（清）夏琳《闽海纪要》，福州：福建人民出版社，2008 年。

（清）陈伦炯撰《海国闻见录》，李长傅点校，郑州：中州古籍出版社，1985 年。

（清）江日升撰《台湾外记》，刘文泰等点校，福州：福建人民出版社，1983 年。

（清）阮旻锡著《海上见闻录定本》，福州：福建人民出版社，1982 年。

（清）杨英《从征实录》，福州：福建人民出版社，1981 年。
（清）吴伟业《鹿樵纪闻》，"台湾文献史料丛刊"第五辑，台北：大通书局，1984 年。
（清）徐鼒《小腆纪年附考》，北京：中华书局，1957 年。
（清）计六奇《明季南略》，北京：中华书局，1984 年。
《清代官书记明台湾郑氏亡事》，"台湾文献丛刊"第 174 种，台北：联经出版社，1995 年。
《康熙统一台湾档案史料选辑》，福州：福建人民出版社，1983 年。
雍正《钦州志》，董绍美修、吴邦瑗纂，国家图书馆藏雍正元年刻本。
道光《厦门志》，"台湾文献丛刊"第 95 种，台湾银行，1961 年。
《明清史料》丁编，北京：北京图书馆出版社，2008 年。

2. 域外文献

（日）林春胜、林信笃编《华夷变态》（三册），东京：东方书店，1981 年。
（日）林春胜《鹅峰林学士文集》，东京：ぺりかん社，1997 年。
（日）林信笃《自叙谱略》，早稻田大学藏亨保十六年（1731）自写本。
（日）林复斋编《通航一览》，大阪：清文堂，1967 年。
《唐通事会所日录》第一册，东京大学史料编纂所编，东京大学出版会，1984 年。
（日）雨森芳洲著、泉澄一编《宗氏实录》，大阪：清文堂出版，1981—1988 年。
（日）圆了源、前田勉译注《先哲丛谈》，东京：平凡社，1994 年。
（日）中川忠英《清俗纪闻》，方克、孙玄龄译，中华书局，2006 年。
（日）大庭修编《唐船進港回棹録・島原本唐人風説書・割符留

帳》,吹田：关西大学东西学术研究所,1974年。

（日）松浦允任《朝鲜通交大纪》,早稻田大学藏亨保十年(1725)序写本。

（日）田边茂啓、小原克紹《長崎實録大成》,丹羽漢吉、森永種夫校訂,长崎：长崎文献社,1973—1974年。

（日）新井白石《折焚柴记》,周一良译,北京：北京大学出版社,1992年版。

（日）川口长孺撰《台湾割据志》,"台湾文献史料丛刊"第六辑第115册,台北：台湾银行经济研究室,1995年。

《和蘭風説書集成》(上卷),日兰学会法政兰学研究会编,东京：吉川弘文館,1977年。

《边例集要》,首尔：韩国国史编纂委员会,1971年。

（朝鲜）申维翰撰、姜在彦译注《海遊録——朝鮮通信使の日本紀行》,《东洋文库》本,东京：平凡社,1975年。

（朝鲜）朴趾源《热河日记》,朱瑞平点校本,上海：上海书店出版社,1997年。

（朝鲜）宣若海撰《沈阳日记》,《丛书集成续编》史部第26册,上海：上海书店出版社,1994年。

《沈阳状启》,辽宁大学历史系编《清初史料丛刊》第十一种,1983年。

《沈馆录》,台北：广文书局,1968年。

《德川实纪》第一篇、第三篇、第四篇,《新订增补国史大系》本,东京：吉川弘文館,1976年。

《朝鲜王朝实录》,首尔：韩国国史编纂委员会,1973年。

（韩国）林基中编《燕行录全集》,首尔：东国大学出版部,2001年。

《同文汇考》(四册),收入《韩国史料丛书》第24,首尔：韩国国史编纂委员会,1978 年。
《承政院日记》,首尔大学藏奎章阁本。
（朝鲜）金指南《通文馆志》,首尔大学奎章阁韩国学研究院影印本,2006 年。
韩国国史编纂委员会编《边例集要》(二册),收入《韩国史料丛书》第 16,首尔：探求堂,1969—1970 年。
《备边司謄录》,首尔：韩国国史编纂委员会,1959—1960 年。
《国译海行总载》,首尔：韩国民族文化推进会,1974—1977 年。
（朝鲜）宋时烈《宋子选集》,韦旭昇点校,北京：中华书局,1999 年。
（朝鲜）南龙翼《壶谷集》,《影印标点韩国文集丛刊》第 131 册,首尔：景仁文化社,1993 年。
（朝鲜）金锡胄《息庵先生遗稿》,《影印标点韩国文集丛刊》第 145 册,首尔：景仁文化社,1995 年。
（朝鲜）成海应《研经斋全集》,《影印标点韩国文集丛刊》第 273—279 册,首尔：韩国民族文化推进会,2001 年。
（朝鲜）成大中《清城集》,《影印标点韩国文集丛刊》第 248 册,首尔：韩国民族文化推进会,2000 年。
《历代宝案》(十三册),和田久德校订,那霸：日本冲绳县教育委员会,1972 年。
《中山世谱》正卷、附卷,收入横山重编《琉球史料丛书》第 4—5 册,东京美术,1972 年。
戴可来、杨宝筠校注《岭南摭怪等史料三种》,郑州：中州古籍出版社,1991 年。
(西班牙)帕莱福《鞑靼征服中国史》,何高济译,北京：中华书局,2008 年。
(葡)伯来拉(Galeote Pereira)等著《南明行纪》,何高济译,北京：

中国工人出版社,2000年。

(二)论著

陈国栋《东亚海域一千年》,济南:山东画报出版社,2006年。
陈尚胜《朝鲜王朝(1392—1910)对华观的演变——〈朝天录〉和〈燕行录〉初探》,济南:山东大学出版社,1999年。
陈文寿《近世初期日本与华夷秩序研究》,香港:香港社会科学出版社,2002年版。
大庭修《江户时代日中秘话》,徐世虹译,北京:中华书局,1997年。
《江户时代中国典籍流播日本之研究》,戚印平、王勇、王宝平等译,杭州:杭州大学出版社,1998年。
夫马进《朝鲜燕行使与朝鲜通信使》,伍跃译,上海:上海古籍出版社,2010年。
葛兆光《宅兹中国——重建有关"中国"的历史论文》,北京:中华书局,2011年。
顾诚《南明史》,北京:中国青年出版社,1997年。
连横《台湾通史》,北京:商务印书馆,1996年。
木宫泰彦《日中文化交流史》,胡锡年译,北京:商务印书馆,1980年。
松浦章《明清时代东亚海域的文化交流》,郑洁西译,南京:江苏人民出版社,2009年11月。
孙卫国《大明旗号与小中华意识》,北京:商务印书馆,2007年。
滕绍箴《三藩史略》,北京:中国社会科学出版社,2008年。
朱谦之《日本的朱子学》,北京:人民出版社,2000年。
赵刚《林罗山与日本的儒学》,北京:世界知识出版社,2006年。
朱云影《中国文化对日韩越的影响》,桂林:广西师范大学出版社,2007 年。
增田涉《西学东渐与中国事情》,由其民、周启乾译,南京：江苏人民出版社,2010 年。
张存武《清代中韩关系论文集》,台北：台湾商务印书馆,1987 年。
大庭修《江戸時代における唐船持渡書の研究》,大阪：关西大学出版部,1967 年。
《江戸時代における中国文化受容の研究》,京都：同朋舍,1984 年。
《徳川吉宗と康熙帝：鎖国下での日中交流》,东京：大修馆书店,1999 年。
《蘭園鷄肋集》,《江戸時代の日中關係資料》五,吹田：关西大学出版部,1997 年。
松浦章《清代海外貿易史の研究》,京都：朋友書店,2002 年。
《14 世紀~20 世紀初頭の東アジア海域諸国における海外情報の研究》平成 15—17 年度科学研究費補助金(基盤研究 C)研究成果報告書,2006 年。
《江戸時代唐船による日中文化交流》,京都：思文閣出版,2007 年。
《東アジア海域の海賊と琉球》,宜野湾：榕樹書林,2008 年。
《海外情報からみる東アジア：唐船風説書の世界》,大阪：清文堂出版,2009 年。
《東アジアにおける文化情報の発信と受容》,東京：雄松堂出版,2010 年。
中村质《近世長崎貿易の研究》,東京：吉川弘文館,1988 年。
川胜守《日本近世と東アジア》,東京：吉川弘文館,2000 年。
岩下哲典、真榮平房昭編《近世日本の海外情報》,东京：岩田书院,1997 年。

石原道博《明末清初日本乞師の研究》,东京: 冨山房,1945 年。

村井章介《8—17 世紀の東アジア地域における人・物・情報の交流: 海域と港市の形成、民族・地域間の相互認識を中心に》,东京: 东京大学大学院人文社会系研究科,2004 年。

林陸朗《長崎唐通事: 大通事林道栄とその周辺》,东京: 吉川弘文館,2000 年。

小松原涛《陳元贇の研究》,东京: 雄山阁,1962 年。

山脇悌二郎《近世日中貿易史の研究》,东京: 吉川弘文館,1960 年。

《長崎の唐人貿易》,东京: 吉川弘文館,1964 年。

园田一亀《韃靼漂流記の研究》,东京: 平凡社,1991 年。

板泽武雄《阿蘭陀風説書の研究》,东京: 吉川弘文館,1974 年。

荒野泰典《近世日本と東アジア》,东京: 东京大学出版会,1988 年。

松方冬子《オランダ風説書と近世日本》,东京: 东京大学出版社,2007 年。

岩石哲典、真荣平房昭编《近世日本の海外情報》,东京: 岩田书院,1997 年。

喜舍场一隆《近世薩琉関係史の研究》,东京: 国书刊行会,1993 年。

野口铁郎《中国と琉球》,东京: 开明书院,1977 年。

(韩国) 李丙焘《韩国儒学史略》,首尔: 亚细亚文化社,1986 年。

(美) 马士著、区宗华译《东印度公司对华贸易编年史(1635—1834 年)》,广州: 广东人民出版社,2016 年。

Yoneo Ishii (石井米雄), *The Junk Trade from Southeast Asia:*

Translations of Tosen Fusetsugaki, 1674 - 1723, Singapore: Institute of Southeast Asian Studies, 1998.

（三）论文

1. 中文（按姓氏首字母汉语拼音顺序排列）

陈荆和《十七、十八世纪之会安唐人街及其商业》，（香港）《新亚学报》第3卷第1期，1957年。

《清初华舶之长崎贸易及日南航运》，《南洋学报》第13卷第1辑，1958年。

《十七世纪之暹罗对外贸易与华侨》，（台北）《中泰文化论集》，1958年。

《清初郑成功残部移植南圻》上，（香港）《新亚学报》第5卷第1期，1960年。

《清初郑成功残部移植南圻》下，（香港）《新亚学报》第8卷第2期，1968年。

陈尚胜《礼仪与现实冲突——李朝政府对清初漂流海商政策波动的研究》，北京大学韩国学研究中心编《韩国学论文集》第4辑，北京：社会科学文献出版社，1995年，第259—266页。

陈自强《就〈华夷变态〉谈康熙年间海外交通贸易的若干问题》，《海交史研究》1990年第2期。

程峰《从博爱唐村〈李氏家谱〉看李岩的籍贯》，《河南科技大学学报》（社会科学版）2006年第5期。

《明末农民起义军将领李岩籍贯考》，《安阳师范学院学报》2006年第4期。

《博爱唐村李岩故里调查》，《中原文物》2007年第4期。

蔡郁蘋《郑氏时期台湾对日本贸易之研究》，成功大学硕士论文，

2005 年。
段桦《松浦章〈清代海外贸易史的研究〉评介》,《中国社会经济史研究》2006 年第 2 期。
范金民《文书遗珍：清代前期中日长崎贸易的若干史实》,《文史》2010 年第 1 辑。
冯佐哲《日本德川幕府对乾隆南巡的反应》,《紫禁城》1987 年第 1 期,第 45 页。
葛兆光《西方与东方,或者是东方与东方：清代中叶朝鲜与日本对中国的观感》,载《九州学林》3 卷 2 期,香港城市大学出版社,2005 年。
《堂子乃祀邓将军》,《书城》2006 年第 7 期。
《从“西域”到“东海”：一个新历史世界的形成、方法及问题》,《文史哲》2010 年第 1 期。
《“不意于胡京复见汉威仪”——清代道光年间朝鲜使者对北京演戏的观察与想象》,《北京大学学报》(哲学社会科学版)2010 年 1 月号。
《边关何处：19、20 世纪之交日本“满蒙回藏鲜”之学的兴起及其背景》,《复旦学报》(哲学与社会科学版)2010 年第 3 期。
《文化间的比赛：朝鲜赴日通信使的意义》,《中华文史论丛》2014 年第 2 期。
顾诚《李岩质疑》,《历史研究》1978 年第 5 期。
《再谈李岩问题》,《北京师范大学学报》社会科学版,1979 年第 2 期。
郭松义《明清两代诏选“淑女”引起的动乱——由日本史籍谈起》,《故宫博物院院刊》1991 年第 1 期。
韩东育《关于东亚近世“华夷观”的非对称畸变》,《史学理论研究》2007年第3期。
《“华夷秩序”的东亚架构与自解体内情》，收入复旦大学文史研究院编《从周边看中国》，北京：中华书局，2009年。
华立《从日本的“唐船风说书”看康熙二十九年的乌兰布通之战》，《中国边疆史地研究》2010年第3期。
《“唐船风说书”与流传在日本的乾隆南巡史料》，《清史研究》1997年第3期。
刘序枫《清代的乍浦港与中日贸易》，《中国海洋发展史论文集》第五辑，台北：“中研院”中山人文社会科学研究所，1994年。
《清康熙、乾隆年间洋铜的进口与流通问题》，《中国海洋发展史论文集》第七辑上册，台北：“中研院”人文社会科学研究中心，1999年。
《清代环中国海域的海难事件研究——以清日两国间对外国难民的救助及遣返制度为中心（1644—1681）》，《中国海洋发展史论文集》第八辑，2002年。
《由〈华夷变态〉看清初东亚海域的海上交通情况——以船只的往来和人员的移动为中心（1674—1728）》，载李庆新主编《海洋史研究》第一辑，社会科学文献出版社，2010年。
刘小珊《活跃在中日交通史上的使者——明清时代的唐通事研究》，《江西社会科学》2004年第8期。
林子侯《明郑对日关系与存银事件》，《台湾文献》第25卷4期，1974年。
李光焘《跋毛大将军海上情形》，收入《明清档案论文集》，联经出版社，1986年。
聂德宁《明清之际郑氏集团海上贸易的组织与管理》，《南洋问题研究》1992年第1期。
《西方学者眼中的郑成功》，《中国史研究》，1998年第

4 期。
《郑成功与郑氏集团的海外贸易》,《南洋问题研究》1993 年第 2 期。
南炳文《“朱成功献日本书”送达者非桂梧、如昔和尚说》,《史学集刊》2003 年第 2 期。
《南明首次乞师日本将领之姓名考》,《史学月刊》2002 年第 1 期。
牛建强《从风说书看日本德川幕府对清朝情势的关注》,《郑州大学学报》(哲学社会科学版),2008 年第 6 期。
浦廉一《延平王户官郑泰长崎存银之研究》,赖永祥译,《台湾风物》第 11 卷 3 期,1961 年。
孙文《〈华夷变态〉研究》,浙江大学博士论文,2009 年。
《〈华夷变态〉所辑“风说书”非全为长崎原件》,《文献》2009 年第 4 期。
孙卫国《〈明实录〉与〈李朝实录〉之比较研究》,《求是学刊》第 32 卷第 2 期,2005 年。
《义理与现实的冲突——从丁未漂流人事件看朝鲜王朝之尊明贬清文化心态》,《汉学研究》第 25 卷第 2 期,2007 年。
石坚平《明末清初岭南移民与广南阮氏政权关系初探》,《青海社会科学》2008 年第 2 期。
徐善福《十七、十九世纪的越南南方华侨》,《暨南大学学报》哲学社会科学版,1981 年第 4 期。
杨国祯《松浦章与中国海洋史研究》,《中国史研究动态》2007 年第 3 期。
王兴亚《博爱发现明末李岩李牟的重要资料——唐村〈李氏家谱〉历史价值探析》,《中原文物》2005 年第 5 期。
《对李岩籍贯问题的再考证——兼论博爱唐村〈李氏家谱〉

的可信性》,《中州学刊》2007 年第 4 期。
《李岩故里、家世与身世考实》,《焦作师范高等专科学校学报》2008 年第 1 期。
王钟翰《毛大将军海上情形跋》,《淡江史学》1993 年第 5 期。
王勇《明代旅居日本的萧山人徐敬云及其后裔》,吕洪年、吕顺长主编《中日关系史上的浙江》,页 73—75。
吴伟明《17 世纪的在日华人与南洋贸易》,《海交史研究》2004 年第 1 期。
翁佳音《16、17 世紀福佬商人》,《中國海洋發展史論文集》七上,台北：中山人文所,1999 年。
朱德兰《清初迁界令时明郑商船之研究》,《史联杂志》第 7 期,1985 年。
《清初迁界令时中国船海上贸易之研究》,《中国海洋发展史论文集》第 2 辑,台北:"中研院"三民主义研究所,1986 年。
《明郑时期台湾海商经营日暹贸易之研究：以胡秋官、蓝泽两艘商船为例》,《东海学报》第 28 卷,1987 年。
《清康熙年间台湾长崎贸易与国内商品流通关系》,《东海大学历史学报》第 9 期 1988 年。
《清开海令后的中日长崎贸易商与国内沿岸贸易(1684—1722)》,《中国海洋发展史论文集》第 3 辑,台北:"中研院"三民主义研究所,1988 年。
《近世台灣長崎貿易——"華夷變態"を中心として》,收入近代日本华侨学术研究会编《近代日本华侨、华人研究》,长崎：近代日本华侨学术研究会,1998 年。
郑瑞明《台湾明郑与东南亚之贸易关系初探：发展东南亚贸易之动机、实务及外商之前来》,《台湾师大历史学报》第 14 期,

1986年。
《日本古籍〈华夷变态〉的东南亚华人史料》,《海外华人研究》第2辑,台北:海外华人研究学会,1992年。
《从明郑户官郑泰长崎存银事件看十七世纪中叶的日本唐通事》,《笠征教授花甲纪念论文集》,台北:学生书局,2001年。
《清领初期的台日贸易关系(1684—1722)》,《台湾师大历史学报》第32期,2004年。
张劲松《日本德川幕府锁国时期的日中日荷贸易及其比较》,《日本研究》1987年第3期,51—55页。
张存武《清代中国对朝鲜文化之影响》,收入氏著《清代中韩关系论文集》,台北:商务印书馆。
张国光《关于〈李岩质疑〉的质疑》,《北京师范大学学报》1979年第2期。
张伯伟《汉文学史上的1764年》,《文学遗产》2008年第1期。

2. 日文

浦廉一《台湾鄭氏と朝鮮との関係》,《広島大学文学部紀要》第3号,1953年。
《清初の遷界令の研究》,《広島大学文学部紀要》第5号,1954年。
《唐船風説書の研究》,《広島大学文学部紀要》第6号,1954年。
松浦章《長崎来航中国人名索引-1-附唐船番立名索引》,《史泉》第40号,197年。
《清に通報された「島原の乱」の動静》,《関西大学東西学術研究所紀要》第19号,1986年。

《江戸時代の台湾風説書》,《関西大学文学論集》第 52 巻第 2 号,2002 年。
《朝鮮使節の琉球通事より得た台湾鄭経・琉球情報》,《南島史学》第 63 号,2004 年。
《清代朝鮮使節の臺灣情報・林爽文の乱について 》,《南島史学》(65・66),2005 年。
《近世東アジア海域諸国における海難救助形態》,《関西大学東西学術研究所紀要》第 40 号,2007 年。
《十九世紀初期に朝鮮・中国へ漂着した難民との言語接触》,《朝鮮学報》第 208 辑,2008 年。
《清の冊封琉球船を襲った海賊》,《南島史学》第 71 号,2008 年。
《日本に伝えられた康熙四七年の浙東蜂起》,《東アジア文化環流》第 2 巻第 2 号,2009 年。
夫马进《日本現存朝鮮燕行録解題》,《京都大学文学部研究紀要》第 42 辑,2003 年,第 127—238 页。
《一七六五年洪大容の燕行と一七六四年朝鮮通信使——兩者が體驗した中國・日本の「情」を中心に》,『東洋史研究』第六十七卷第三号,2008 年 12 月。
《一六〇九年、日本の琉球併合以降における中国・朝鮮の対琉球外交——東アジア四国における冊封、通信そして杜絶》,收入《朝鮮史研究会論文集》第 46 辑,2008 年。
《朝鮮通信使による日本古学の認識——朝鮮燕行使による清朝漢学の把握を視野に入れ》,《思想》第 981 号,2006 年。
刘序枫《清代前期の福建商人と長崎貿易》,《九州大学东洋史论集》第 16 号,1988 年。

细谷良夫《三藩の乱をめぐって——呉三桂の反乱と楊起隆朱三太子事件》,收入日本历史研究会编《戦争と平和の中近世史》,东京:青木书店,2001年。
真榮平房昭《明清動乱と琉球·日本》,收入《第一届中琉历史关系国际学术会议论文集》,台北:联合报文化基金会国学文献馆,1987年。
《近世日本における海外情報と琉球の位置》,《思想》第796辑,1990年。
岩生成一《近世日支貿易に関する数量的考察》,《史学雜誌》第62卷第11号,1953年。
蔡雅芸《江戸時代前期における中国地名の字音——『華夷変態』を中心に》,《アジア文化交流研究》第5辑,2010年。
龐新平《『華夷変態』から見た清初の海禁と長崎貿易》,《大阪経大論集》第55卷第1号,2004年。
《清初海禁における広東地域の長崎貿易》,《東洋学報》第91卷第4号,2010年。
河原英俊《鄭成功の日本請援と隠元禅師の江戸行化——「華夷変態」所載:鄭成功援兵要請書の年代解釈について》,《黄檗文華》第120号,1999年。
山脇悌二郎《東洋文庫叢刊第15·華夷変態》,《史学雜誌》第69卷第12号,1960年。
石原道博《林春勝·林信篤編〈華夷変態〉》,《東洋学報》第42卷第2号,1959年。
伊東隆夫《浦先生と〈華夷変態〉》,《史学研究》第72号,1959年。
华立《「唐船風説書」に見る長崎貿易と海上交易ネットワーク》,《東アジア研究》第46号,大阪经济法科大学アジア研究所,2006年。

《江戸期日本に所伝の清代史料——「唐船風説書」を中心に》,《東アジア研究》第22号,大阪经济法科大学,1998年。
伍跃《朝貢関係と情報収集——朝鮮王朝対中国外交を考えるに際して》,收入夫马进编《中国東アジア外交交流史の研究》,京都大学学术出版会,2007年。
申镐《韩国の修史事业》,《朝鮮学報》第89辑,1978年。
沈玉慧《清代北京における朝鮮使節と琉球使節の邂逅》,《九州大学東洋史論集》第37辑,2009年。
《清代北京における朝貢使節間の交流——朝鮮・琉球使節を例として》,《九州大学東洋史論集》第39辑,2011年。
米谷均《対馬口における朝鮮・中国情報》,收入岩下哲典、真荣平房昭编《近世日本の海外情報》,页113—126。
片桐一男《和蘭風説書解題—和蘭風説書の研究—》,收入《和蘭風説書集成　上卷》,东京：日兰学会,1976年。
田川孝三《通文舘志の編纂とその重刊について》,《朝鮮学報》第4輯,1953年。
石原道博《朝鮮側よりみた明末の乞師について》,《朝鮮学報》第4輯,1953年。
阿部吉雄《林羅山の儒学と朝鮮》,《朝鮮学報》第10輯,1956年12月。
藤田明良《明清交替期の普陀山と日本——大蔵経日本渡来事件を中心に》,《アジア遊学》第132辑,2010年。

（四）工具书

吴晗编：《李朝实录中的中国史料》,北京：中华书局,1980年。
林英夫监修：《古文書大字叢》,东京：柏书房,1999年。

林英夫监修,佐藤孝之、天野清文著:《古文書用語大辞典》,东京:新人物往来社,2006 年。
松浦章编:《清代帆船东亚航运史料汇编》,卞凤奎编译,台北:乐学书局,2007 年。
石井正敏、川越泰博:《增補改訂日中・日朝關係研究文獻目錄》,东京:国书刊行会,1996 年。
末松保和编:《朝鮮研究文献目録 1868—1945》,東京:東京大学東洋文化研究所附属東洋学文献センター刊行委員会,1970—1972。
宮田安:《唐通事家系論考》,长崎:长崎文献社,1979 年。
纸屋敦之:《唐船風説書の編綴について》,收入《江戸時代長崎来航中国船の情報分析》(2003・2004 年度科学研究費補助金基盤研究(C)(2)研究成果報告書),2005 年。
《唐船風説書データベース1674~1728 年》(早稲田大学特定课题研究助成费研究成果报告书),2009 年。
《中国国家博物馆馆藏文物研究丛书》明清档案卷(清代),上海古籍出版社,2007 年。